Globale Gesellschaft und internationale Beziehungen

Reihe herausgegeben von
Thomas Jäger, Köln, Deutschland

Weitere Bände in der Reihe http://www.springer.com/series/12384

Mevlüt Özev

Religion und Außenpolitik

Der Islam in der Außenpolitik
nahöstlicher Regionalmächte

 Springer VS

Mevlüt Özev
Köln, Deutschland

Dissertation Universität zu Köln, 2020

ISSN 2626-2339   ISSN 2626-2347   (electronic)
Globale Gesellschaft und internationale Beziehungen
ISBN 978-3-658-32219-9   ISBN 978-3-658-32220-5   (eBook)
https://doi.org/10.1007/978-3-658-32220-5

Die Deutsche Nationalbibliothek verzeichnet diese Publikation in der Deutschen Nationalbibliografie; detaillierte bibliografische Daten sind im Internet über http://dnb.d-nb.de abrufbar.

© Der/die Herausgeber bzw. der/die Autor(en), exklusiv lizenziert durch Springer Fachmedien Wiesbaden GmbH, ein Teil von Springer Nature 2020
Das Werk einschließlich aller seiner Teile ist urheberrechtlich geschützt. Jede Verwertung, die nicht ausdrücklich vom Urheberrechtsgesetz zugelassen ist, bedarf der vorherigen Zustimmung des Verlags. Das gilt insbesondere für Vervielfältigungen, Bearbeitungen, Übersetzungen, Mikroverfilmungen und die Einspeicherung und Verarbeitung in elektronischen Systemen.
Die Wiedergabe von allgemein beschreibenden Bezeichnungen, Marken, Unternehmensnamen etc. in diesem Werk bedeutet nicht, dass diese frei durch jedermann benutzt werden dürfen. Die Berechtigung zur Benutzung unterliegt, auch ohne gesonderten Hinweis hierzu, den Regeln des Markenrechts. Die Rechte des jeweiligen Zeicheninhabers sind zu beachten.
Der Verlag, die Autoren und die Herausgeber gehen davon aus, dass die Angaben und Informationen in diesem Werk zum Zeitpunkt der Veröffentlichung vollständig und korrekt sind. Weder der Verlag, noch die Autoren oder die Herausgeber übernehmen, ausdrücklich oder implizit, Gewähr für den Inhalt des Werkes, etwaige Fehler oder Äußerungen. Der Verlag bleibt im Hinblick auf geografische Zuordnungen und Gebietsbezeichnungen in veröffentlichten Karten und Institutionsadressen neutral.

Planung/Lektorat: Stefanie Eggert
Springer VS ist ein Imprint der eingetragenen Gesellschaft Springer Fachmedien Wiesbaden GmbH und ist ein Teil von Springer Nature.
Die Anschrift der Gesellschaft ist: Abraham-Lincoln-Str. 46, 65189 Wiesbaden, Germany

Inhaltsverzeichnis

Abbildungsverzeichnis

Einleitung

1

Der Nahe Osten versinkt im Chaos zahlreicher Konflikte. Es vergeht kaum ein Tag, an dem die Ereignisse in der arabischen Welt nicht den Inhalt von Nachrichten und Zeitungen füllen. Die Region steckt in der tiefsten Krise seit dem Einmarsch der Mongolen im 13. Jahrhundert und steht womöglich am Rande eines ‚Dreißigjährigen Krieges' (Hermann 2014: 8, 2015: 110–113; Zapfe 2015: 10). Als Auslöser für die heutige Lage wird häufig der Irakkrieg 2003 genannt (Byman 2014: 80; Faath 2010: 205–206). Seither werden in vielen Flecken des Nahen Ostens etwa in Syrien und im Jemen gewaltsame Konflikte ausgetragen, die allesamt zur tiefen Spaltung der Region führen. Staatliche wie nichtstaatliche Akteure fördern diese Spaltung, die zuletzt eine bedrohliche konfessionelle Dimension erlangt hat (Hermann 2015: 116; Hinnebusch 2019: 46). Die Region erlebt eine Eskalation des sunnitisch-schiitischen Konflikts. Anstelle kooperativer Beziehungen verfestigen sich konfessionelle und ethnische Risse. In Folge dieser Entwicklungen steht die regionale Staatenordnung vor dem Aus (Hermann 2015: 13, 25). Sie war nach dem Zusammenbruch des Osmanischen Reichs mit dem Sykes-Picot-Abkommen entstanden. Seit 2011 hat der ‚Arabische Frühling' den Zerfall einiger Staaten beschleunigt, die vor einem Jahrhundert mithilfe europäischer Kolonialmächte geschaffen wurden. In dieser Gemengelage spielen drei Staaten, die aufgrund politischer, wirtschaftlicher und demografischer Aspekte oft als Regionalmächte bezeichnet werden, eine entscheidende Rolle: der Iran, Saudi-Arabien und die Türkei. Sie üben enormen Einfluss auf die Entwicklungen im Nahen Osten aus. Eine Deeskalation der angespannten Lage scheint ohne Einwirken dieser Akteure ausgeschlossen.

Die Region demonstriert den Wandel in der Beziehung zwischen Religion und Außenpolitik. Noch im 20. Jahrhundert galt das Verhältnis von Staat und Religion basierend auf den Westfälischen Prinzipien (siehe Abschnitt 2.2) als geregelt. Die westliche Staatengemeinschaft setzte säkulare und nationalstaatliche

© Der/die Autor(en), exklusiv lizenziert durch Springer Fachmedien Wiesbaden GmbH, ein Teil von Springer Nature 2020
M. Özev, *Religion und Außenpolitik*, Globale Gesellschaft und internationale Beziehungen, https://doi.org/10.1007/978-3-658-32220-5_1

Elemente in der internationalen Politik durch. So wurde Säkularismus zu einem
der wichtigsten Grundlagen der Weltordnung, während Religion an den Rand
gedrängt wurde (Haynes 2013: 3). Abgesehen von einigen wenigen Beispielen
wie den Iran und Vatikan sind heute nahezu alle Staaten säkular ausgerichtet. Jedoch ist im 21. Jahrhundert folgende Entwicklung eingetreten: Vielerorts ist der Aufstieg religiöser Bewegungen und Parteien erkennbar, nicht nur
im Nahen Osten, sondern auch in den USA oder Indien (Sandal 2017: 1;
Sandal/James 2010: 18; Selinger 2013: 225). Gleichzeitig nehmen Konflikte
mit religiöser Dimension zu, wie in Syrien, Nigeria, Myanmar und China beobachtet werden kann. Diese Entwicklungen haben unmittelbare Auswirkungen auf
das weltpolitische Geschehen und stellen die Politikwissenschaft vor Herausforderungen. Es treten prinzipielle Fragen auf, wie solche nach der Beschaffenheit
der internationalen Politik oder nach welchen Regeln die zwischenstaatlichen
Beziehungen funktionieren sollen. Die Westfälischen Prinzipien sind im europäischen Kontext auf Grundlage europäischer Erfahrungen entstanden. Allerdings
stellen zeitgenössische Entwicklungen vor allem im Nahen Osten den universellen
Anspruch der Westfälischen Staatenordnung infrage. Tiefverwurzelte Stammesbeziehungen verhindern hier den Übergang zum funktionierenden Nationalstaat
(Tadjbakhsh 2010: 189). Zudem haben konfessionelle und ethnische Verwur-
zelungen großen Einfluss auf das Verhalten politischer Akteure dieser Region.
Trotzdem sind konfessionelle Rivalitäten nicht die Ursache politischer Konflikte,
sondern lediglich eine Dimension von ihnen. Schließlich ist die vielfältige Konkurrenz zwischen den Staaten im Nahen Osten schwerlich zu ergründen, ohne
wirtschaftliche, geopolitische oder ideologische Gegebenheiten zu berücksich-
tigen. Dennoch nimmt Religion eine zunehmend bedeutende Funktion in der
Außenpolitik mancher Staaten ein; sie wird immer häufiger als außenpolitisches
Instrument genutzt (siehe Mandaville/Hamid 2018). Die Politikwissenschaft muss
daher zeitgemäße Analysemuster entwickeln und Religion in die Theorien der
Internationalen Beziehungen[1] einbeziehen. Ansonsten kann keine ausgewogene
Analyse zu den vielschichtigen Konflikten im Nahen Osten vorgelegt werden.
Eine solche ist jedoch notwendig, wenn etwaige Konzepte zur Lösung dieser Kon-
flikte entwickelt oder außenpolitische Entscheidungsträger entsprechend beraten
werden sollen.

---

[1]Die Schreibweise „Internationale Beziehungen" bezeichnet die politikwissenschaftliche
Disziplin, während die Schreibweisen „internationale Beziehungen" und „internationale
Politik" den Untersuchungsgegenstand dieser Disziplin meinen.

1.1   Forschungsstand und Forschungsfrage

Das Verhältnis von Religion und Außenpolitik ist in den vergangenen Jahrzehnten in den Fokus gerückt (Hunter 2017: 1; Sandal/James 2010: 5; Selinger 2013: 224–225). Maßgeblich dafür waren insbesondere die Revolution im Iran (1979), der Bosnienkrieg (1992–1995), die US-amerikanische Außenpolitik unter George W. Bush (2001–2009) und die konfessionellen Spannungen im Nahen Osten seit dem Irakkrieg (2003) (Hunter 2017: 1–5; Sandal/Fox 2013: 1). Dieses Interesse spiegelt sich in der wissenschaftlichen Forschung wider, die sich nun intensiver mit dem Thema beschäftigt. Der Forschungsstand lässt sich in drei Schritten darstellen:

(1) Der Faktor Religion ist in den Theorien der Internationalen Beziehungen lange vernachlässigt worden. Da die Staatenordnung auf Westfälischen Prinzipien beruht und die Rolle der Religion definiert schien, ist ihr wenig Relevanz beigemessen worden. Allerdings ändert sich diese Haltung allmählich: Erste relevante wissenschaftliche Beiträge sind die Studien „Religion and International Relations Theory – Towards a Mutual Understanding" (2010) von Nukhet A. Sandal und Patrick James sowie „Thinking about the Role of Religion in Foreign Policy – A Framework for Analysis" (2011) von Carolyn M. Warner und Stephen G. Walker. In beiden Studien stellen die Autoren eine gestiegene Relevanz der Religion in der internationalen Politik fest. Sie gehen der Frage nach, wie dieses Phänomen politikwissenschaftlich untersucht und in die Theorien der Internationalen Beziehungen eingegliedert werden kann. Vor allem Sandal hat sich in den vergangenen Jahren intensiv mit dem Einfluss der Religion auf die Weltpolitik auseinandergesetzt. Gemeinsam mit Jonathan Fox hat sie das Buch „Religion in International Relations Theory – Interactions and Possibilities" (2013) veröffentlicht. Darin liefern sie konkrete Ansätze für die Integration von Religion in die vorhandenen Theorien der Internationalen Beziehungen. Zwei weitere neuere Publikationen in diesem Bereich sind die Monografien „An Introduction to International Relations and Religion" (2013) von Jeffrey Haynes und „God on Our Side – Religion in International Affairs" (2017) von Shireen T. Hunter. Haynes konstatiert, dass in der vorhandenen Theorielandschaft Religion kaum berücksichtigt wird. Dabei könne dieser Faktor heute nicht mehr ignoriert werden (Haynes 2013: 49). In seinem Buch analysiert er zudem einige Fallbeispiele, darunter den Einfluss des Evangelikalismus auf die US-amerikanische Außenpolitik. Auch Hunter stellt in ihrem Buch eine steigende Relevanz von Religion in der internationalen Politik fest. Sie thematisiert die Frage, warum und wie Religion

das Verhalten internationaler Akteure beeinflusst, indem sie das russische Vorgehen in der Jugoslawienkrise, die türkische Politik im Bosnienkrieg und die europäische Haltung gegenüber einer Mitgliedschaft der Türkei in der Europäischen Union untersucht. Diese Publikationen behandeln den Einfluss der Religion auf die internationale Politik und fordern eine systematische Auseinandersetzung mit diesem Phänomen.

(2) Weitaus erforschter sind die allgemeine politische Situation im Nahen Osten und die verschiedenen Interessenkonflikte in der Region. Hierzu sind zahlreiche nützliche Monografien und Sammelbände vorhanden. Nachfolgend werden einige Publikationen repräsentativ vorgestellt: Die Monografie „Islam in Saudi Arabia" (2015) von David Commins thematisiert die zentrale Stellung des Wahhabismus in Saudi-Arabien. Er untersucht, wie entscheidend das Bündnis der Saud-Dynastie mit wahhabitischen Religionsgelehrten für die Gründung des Königreichs war. In der Monografie „Saudi Arabia and Iran – Friends or Foes" (2016) geht Banafsheh Keynoush den komplexen Beziehungen zwischen dem Iran und Saudi-Arabien auf den Grund. Sie liefert einen faktenreichen Überblick zum konfliktträchtigen Verhältnis beider Staaten und erforscht welche Auswirkungen dieses auf die Weltpolitik hat. Im Sammelband „Turkey's Relations with the Middle East – Political Encounters after the Arab Spring" (2018) herausgegeben von Hüseyin Işıksal und Oğuzhan Göksel beschäftigen sich die Autoren mit dem sogenannten ‚türkischen Modell' und wie sich die türkisch-arabischen Beziehungen nach dem Arabischen Frühling verändert haben. Neben solchen Monografien und Sammelbänden können zudem Veröffentlichungen von Thinktanks wie der deutschen *Stiftung Wissenschaft und Politik* (SWP) herangezogen werden. Eine in dieser Arbeit verwendete Publikation der SWP ist beispielsweise die Studie „Anführer der Gegenrevolution – Saudi-Arabien und der Arabische Frühling" (2014) von Guido Steinberg. Darin werden die Reaktion des Königreichs auf den Wandel in der arabischen Welt und die Effekte auf seine Regionalpolitik untersucht. Auch das *German Institute of Global and Area Studies* (GIGA) thematisiert in aktuellen Beiträgen die Entwicklungen im Nahen Osten. Ein solcher Beitrag ist „Saudi-Arabiens Krieg im Jemen: keine Ausstiegsstrategie" (2017) von Jens Heibach, in dem die Folgen der saudischen Militärintervention im Jemen behandelt werden. Darüber hinaus lassen sich zahlreiche nützliche Artikel in Publikationen wie *Middle East Policy, Foreign Affairs* oder *Internationale Politik* finden. Besonders in der US-amerikanischen Zeitschrift Foreign Affairs werden auch gelegentlich Beiträge von politischen Entscheidungsträgern veröffentlicht. „Turkey's Moment – A Conversation with Abdullah Gul" (2013) und „What Iran Really Wants –

Iranian Foreign Policy in the Rouhani Era" (2014) sind zwei Beispiele hierfür. Außerdem können Primärquellen in Form von Reden, Stellungnahmen und offiziellen Dokumenten auf Webpräsenzen von Regierungen und Ministerien eingesehen werden. Insbesondere die offiziellen Webpräsenzen des türkischen Staatspräsidenten (www.tccb.gov.tr) und iranischen Staatsoberhauptes (https://english.khamenei.ir) beinhalten viele Quellen, da ihre Reden und Stellungnahmen sorgfältig dokumentiert und online zur Verfügung gestellt werden. Auf der offiziellen Webpräsenz der saudi-arabischen Botschaft in Washington (https://www.saudiembassy.net) werden gelegentlich offizielle Dokumente online zur Verfügung gestellt. Das White Paper „Saudi Arabia and the Yemen Conflict" (2017) ist ein solches Dokument, in dem die saudische Regierung ihr militärisches Vorgehen im Jemen rechtfertigt und resümiert.

(3) Die spezifische Frage nach der Funktion von Religion in der Außenpolitik ausgewählter nahöstlicher Staaten hingegen ist unzureichend erforscht. Bisher sind nur wenige länderspezifische Studien vorhanden wie „Sectarian Dilemmas in Iranian Foreign Policy: When Strategy and Identity Politics Collide" (2016) von Afshon Ostovar, der den Einfluss von Religion auf die iranische Außenpolitik untersucht. Allerdings liegt keine reichhaltige Forschungsliteratur vor, da insbesondere gegenüberstellende Studien in diesem Bereich fehlen. Die vorliegende Studie füllt diese Forschungslücke und liefert eine vergleichende Analyse, indem sie die Bedeutung von Religion in der Außenpolitik von drei Staaten empirisch analysiert, Unterschiede und Gemeinsamkeiten feststellt und Regelmäßigkeiten ableitet. Diese Dissertation soll eine politikwissenschaftliche Anlaufstelle für solche bieten, die sich mit der Beziehung zwischen Religion und Außenpolitik auseinandersetzen wollen.

Die Forschungsfrage der Arbeit lautet daher: Welche Funktion nimmt der Islam in der Außenpolitik nahöstlicher Regionalmächte ein?

Analysiert werden der Iran, Saudi-Arabien und die Türkei. Der Fokus liegt darauf, wie diese Staaten den Islam als außenpolitisches Instrument nutzen, um ihre Ambitionen im Nahen Osten zu verwirklichen. Der Untersuchungsgegenstand ist nicht die Religion selbst, sondern wie sie von einem Staat in die Außenpolitik eingebracht wird. Der Schwerpunkt liegt folglich nicht auf theologischen Aspekten, sondern auf außenpolitischen Erwägungen.

1.2   Aufbau

Der Aufbau der Arbeit lässt sich folgendermaßen skizzieren: Zu Beginn erhält die Abhandlung ihr theoretisches Fundament. Dafür wird der Realismus in Abschnitt 2.1 als Theorie der Internationalen Beziehungen eingeführt. In diesem Abschnitt werden realistische Ansätze dargestellt, die als Grundlage für die außenpolitische Analyse dienen. In Abschnitt 2.2 wird das Verhältnis von Staat und Religion behandelt. An dieser Stelle wird herausgestellt, wie Religion die Außenpolitik von Staaten und die internationale Politik beeinflusst. Danach besteht die Dissertation im Wesentlichen aus vier Analyseschritten: In Kapitel 3 wird zunächst das politische System des Iran, Saudi-Arabiens und der Türkei unter die Lupe genommen. In diesem Abschnitt liegt das Augenmerk auf der Stellung des Islam in Staat, Verfassung und Institutionen des jeweiligen Landes. Vor diesem Hintergrund werden in Kapitel 4 die außenpolitischen Strategien der nahöstlichen Regionalmächte untersucht. Hierbei wird herausgestellt, wie sich der Iran, Saudi-Arabien und die Türkei im Nahen Osten positionieren, welche außenpolitischen Interessen sie in der Region verfolgen und auf welche Weise sie Religion als außenpolitisches Mittel einsetzen. In Kapitel 5 werden die bilateralen Beziehungen der genannten Akteure geprüft. An dieser Stelle wird analysiert, wie sich die Akteure gegenüberstehen, wie tiefgründig ihre politische und wirtschaftliche Zusammenarbeit ist, in welchem Ausmaß ihre Interessen sich decken oder unterscheiden und wie Religion ihre Beziehungen beeinflusst. Anschließend werden die Ergebnisse in Abschnitt 6.1 diskutiert. Hierbei wird aufgezeigt, welche Funktion der Islam in der Außenpolitik dieser Staaten erfüllt, indem Unterschiede und Gemeinsamkeiten herausgearbeitet werden. Außerdem wird in Abschnitt 6.2 erörtert, inwiefern Religion einen kooperativen Beitrag für die Beziehungen zwischen diesen Staaten leisten kann. Schließlich werden die Ergebnisse im Fazit zusammengefasst und eine abschließende Stellung zur Forschungsfrage bezogen.

1.3   Methodik

Die empirische Untersuchung der Forschungsfrage wird qualitativ und deskriptiv-analytisch durchgeführt. Da die wissenschaftliche Messbarkeit von Religion strittig ist, muss ein Vorgehen entwickelt werden, das zumindest eine Annäherung an die Forschungsfrage zulässt. Im Anschluss an die theoretische Ausarbeitung sollen die folgenden vier Analyseschritte eine Annäherung ermöglichen:

1. Zunächst wird die Stellung der Religion im politischen System der nahöstlichen Regionalmächte untersucht. Dieser Schritt ist erforderlich, wenn die außenpolitische Funktion der Religion herausgestellt werden soll. Denn eine entscheidende Frage ist, ob ein Staat säkular, religiös geprägt oder gar theokratisch ist und eventuell einflussreiche religiöse Institutionen hat. Die Antwort auf diese Frage hat direkte Implikationen auf die Außenpolitik, denn die Annahme ist, da wo Religion eine besondere Stellung im Staat genießt, dürfte auch ihr Einfluss auf die Außenpolitik größer sein.
2. Vor diesem Hintergrund werden im nächsten Schritt explizit die außenpolitischen Interessen und Strategien untersucht, die der Iran, Saudi-Arabien und die Türkei im Nahen Osten verfolgen. Das übergeordnete Ziel dabei ist die Hervorhebung der außenpolitischen Funktion von Religion. Hierbei soll herausgestellt werden, wie die nahöstlichen Regionalmächte den Islam in die Außenpolitik projizieren.
3. Daraufhin werden drei Beziehungsgeflechte analysiert; die iranisch-saudischen, saudisch-türkischen und türkisch-iranischen Beziehungen. Dieser Schritt soll konkret aufzeigen, welchen tatsächlichen Einfluss Religion auf die Außenpolitik ausübt, etwa in den Beziehungen untereinander.
4. Abschließend werden die Ergebnisse aus den vorigen Schritten zusammengetragen. Welche außenpolitischen Funktionen sind erkennbar? Welche Unterschiede und Gemeinsamkeiten sind vorhanden? In diesem Schritt sollen Regelmäßigkeiten abgeleitet und diskutiert werden.

Für die Analyse werden neben wissenschaftlichen Veröffentlichungen insbesondere Reden, Interviews und Schriften von außenpolitischen Entscheidungsträgern herangezogen. Die nachfolgenden Beispiele illustrieren diese Quellen: „The U.S. opposes anything that will make Iran powerful" (2018) von Ali Khamenei ist ein Beispiel für eine Rede, die in der Arbeit genutzt wird. Darin thematisiert das iranische Staatsoberhaupt die Spannungen seines Landes mit den USA. „A Conversation with Adel al-Jubeir" (2018) ist ein Interviewgespräch des damaligen saudischen Außenministers al-Jubeir, das er bei einer Veranstaltung des Council on Foreign Relations in Washington gab. Das Gespräch liefert zentrale Einblicke in die Haltung seiner Regierung gegenüber aktuellen Entwicklungen im Nahen Osten. „Strategische Tiefe" (2001) von Ahmet Davutoğlu hingegen ist die Schrift eines ehemaligen außenpolitischen Entscheidungsträgers. In diesem Buch entwickelte er ein umfangreiches Konzept, das die Außenpolitik der Türkei zu Beginn des 21. Jahrhunderts prägte. Diese und ähnliche Quellen werden in der Arbeit verwendet, um ein besseres Verständnis für die Außenpolitik dieser Staaten zu entwickeln und, soweit dies möglich ist, die Bedeutung der Religion für ihre Außenpolitik herauszufiltern.

Die Auswahl der Fallbeispiele begründet sich aus realistischer Sicht mit der Polarität des Systems. Der Iran, Saudi-Arabien und die Türkei sind gegenwärtig die drei stärksten Staaten in der Region (siehe Kapitel 4) und begründen daher ihre Polarität. Außerdem ist der Vergleich zwischen diesen Staaten aus mehreren Gründen geeignet: Erstens dominiert in allen drei Ländern ein unterschiedliches Islamverständnis. Während der Iran schiitisch geprägt ist, genießt in Saudi-Arabien der Wahhabismus eine Sonderrolle und in der Türkei findet der sunnitische Islam weitgehend Beachtung. In allen drei Ländern unterscheidet sich die geläufige Religionsauslegung teilweise vehement. Zweitens repräsentieren die drei Staaten verschiedene Nationen mit unterschiedlichen kulturellen Eigenheiten. Im Iran dominiert die persische Sprache und Kultur. In Saudi-Arabien hingegen wird Arabisch gesprochen und Stammesbeziehungen zelebriert. In der Türkei wiederum ist die Amtssprache Türkisch, während die anatolische Kultur gepflegt wird. Drittens haben alle drei Staaten unterschiedliche politische Systeme etabliert. Der Iran und Saudi-Arabien verknüpfen theologische Elemente mit politischer Macht. Die Türkei hingegen hat ein säkulares Staatskonstrukt. Viertens verfolgen sie völlig verschiedene außenpolitische Strategien, die drastisch im Widerspruch zueinander stehen. Denn der Iran verfolgt eine revolutionäre Außenpolitik und setzt die bestehende Ordnung heftig unter Druck. Saudi-Arabien hingegen will diese Ordnung wahren und betreibt eine Außenpolitik im Sinne monarchischer Interessen. Die Türkei dagegen versucht über wirtschaftliche Verflechtungen ihren Einfluss in der Region auszubauen. Kurzum, die ausgewählten drei Staaten sind durchaus sehr verschieden und versprechen umfassende Ergebnisse, um die politischen Prozesse im Nahen Osten und die außenpolitische Funktion von Religion zu durchleuchten.

Zeitlich liegt der Fokus auf den Entwicklungen zwischen 1979 und 2019. Drei Jahreszahlen tauchen in der Abhandlung immer wieder auf: 1979, 2003 und 2011. Als zeitlicher Ausgangspunkt gilt dabei die Iranische Revolution (1979), die einen politischen und ideologischen Umbruch in der Region eingeleitet hat. Seither ist Religion in den politischen Diskurs der nahöstlichen Länder zurückgekehrt. Allerdings geht die Arbeit stellenweise auch über dieses Ereignis hinaus in die Geschichte zurück, wenn es für die Herleitung der aktuellen Lage erforderlich ist, um zum Beispiel den Wandel in den iranisch-saudischen Beziehungen vor und nach der Revolution aufzuzeigen. Der Irakkrieg (2003) und der Arabische Frühling (2011) haben ebenfalls einen besonderen Stellenwert in der Arbeit, da sie den Untersuchungsgegenstand der Analyse noch stärker in den Fokus gerückt haben. Seither haben sich konfessionelle Spannungen im Nahen Osten intensiviert. In der Arbeit wird also ein relativ langer Zeitabschnitt untersucht, in dem viele Regierungen und Staatsmänner gewirkt haben. Unabhängig davon soll die Arbeit übergreifende Erkenntnisse über die außenpolitische Funktion der Religion liefern.

1.4 Ausgangslage

Damit der Leser von Anfang an eine genaue Vorstellung über den Charakter dieser Studie bekommt, sollte die folgende Ausgangslage beachtet werden:

- Im Fokus dieser Arbeit stehen anerkannte Staaten, die als Völkerrechtssubjekte einen legitimen Status genießen. Ob die untersuchten Staaten ihrem Wesen nach als Nationalstaaten bezeichnet werden können, kann durchaus kritisch betrachtet werden. Schließlich ist das Konzept des Nationalstaates in Europa entstanden und nach dem Zerfall des Osmanischen Reichs auf den Nahen Osten übertragen worden. Bis heute ist strittig, ob beispielsweise Saudi-Arabien dem Konzept des Nationalstaates entspricht. Denn das Land hat einen ausgeprägten tribalen Charakter und wird von einem bestimmten arabischen Stamm regiert, der im ersten Viertel des 20. Jahrhunderts weite Teile der Arabischen Halbinsel eroberte (siehe Abschnitt 3.2). Daneben werden in der Region auch andere Konzepte zur politischen Organisation von Gruppen diskutiert. Ein solches Konzept ist die Umma, die jede Nationalstaatlichkeit ablehnt, da sie nicht die Einheit einer Nation, sondern die Einheit einer religiösen Gemeinschaft betont (siehe Abschnitt 2.2). Diese Gemeinschaft hingegen vereint alle Muslime weltweit und sprengt daher zwangsläufig die Grenzen von Staaten, Sprachen und Kulturen. Beide Konzepte stehen im Widerspruch zueinander.[2] Doch aus völkerrechtlicher Sicht sind der Iran, Saudi-Arabien und die Türkei eigenständige staatliche Organisationen. Solange das Konzept der Umma keinen rechtlichen Bestand hat und anstelle dieser Staaten tritt, bleiben auch im Nahen Osten anerkannte Staaten die zentralen Akteure des politischen Geschehens. Die zahlreichen Konflikte unter den Staaten dieser Region kann zudem als Beleg angeführt werden, dass die Region von einer religiösen Einheit, wie sie die Umma vorsieht, weit entfernt ist. Alle Staaten betreiben eigene

---

[2]Henry Kissinger thematisiert diesen Widerspruch ausführlich in seinem Buch „Weltordnung" (2014).

Agenden und versuchen den eigenen Einflussbereich auszuweiten (siehe Kapitel 4 und 5). Selbst die Organisation für Islamische Zusammenarbeit (OIC) ist nicht selten Schauplatz divergierender Interessenkonflikte zwischen muslimischen Ländern, obwohl sie laut Charta die Interessen aller Muslime vertreten soll (siehe Abschnitt 6.2). Daher durchzieht ein realistischer Ansatz diese Studie und prägt die am Ende vorgestellten Ergebnisse. Dennoch gehören die Machtressourcen, Loyalitäten und Zielsetzungen nicht ausschließlich dem Nationalstaat. Zum Beispiel unterstützt der Iran außerhalb der eigenen Staatsgrenzen nichtstaatliche Akteure. Diese sind nicht gegenüber den Regierungen in ihren Heimatländern, sondern dem iranischen Regime gegenüber loyal. Beispielsweise betrachtet die Hisbollah das iranische Staatsoberhaupt als höchste politische wie religiöse Autorität, obwohl die Organisation im Libanon beheimatet ist. So beeinflusst der Iran über diesen Akteur die Prozesse im Libanon und darüber hinaus (siehe Abschnitt 4.1). Daher fokussiert sich diese Studie nicht lediglich auf die offizielle Politik der Regierungen, sondern untersucht ihr Handeln im Kontext der regionalen Entwicklungen.

- Außerdem wird der Islam in dieser Studie nicht als homogene Einheit, sondern als Religion mit unterschiedlichen Strömungen betrachtet. Die religiöse Pluralität im Nahen Osten wird etwa in der SWP-Studie „Pluralismus im Islam – ein Schlüssel zum Frieden" (2017) von Sabine Riedel thematisiert. Im Iran, in Saudi-Arabien und in der Türkei sind völlig verschiedene Auslegungen des Islam vorherrschend (siehe Kapitel 3). Selbst innerhalb dieser Staaten gibt es ganz unterschiedliche Ausprägungen. Die religiöse Zersplitterung ist ein prägendes Merkmal des Nahen Ostens und bewirkt nicht selten innen- wie zwischenstaatliche Konflikte. Dieser Aspekt durchzieht die gesamte Analyse und wird in Abschnitt 6.1 abschließend herausgestellt.

- Ferner liegt der Fokus dieser Studie auf dem Nahen Osten. Deshalb werden vorwiegend die außenpolitischen Strategien der nahöstlichen Regionalmächte in ihrer eigenen Region untersucht – wohlwissend, dass sie sich auch in anderen Regionen wie Europa und Afrika betätigen. Am Ende der Abhandlung beziehen sich die Ergebnisse folglich auf die Außenpolitik des Iran, Saudi-Arabiens und der Türkei gegenüber dem Nahen Osten. Die Außenpolitik dieser Staaten gegenüber anderen Regionen muss gesondert untersucht werden. Da sich die Strategien von Region zu Region unterscheiden, weil etwa die Rahmenbedingungen abweichen, können auch die Schlussfolgerungen unterschiedlich ausfallen. Zum Beispiel ist ein Ergebnis dieser Arbeit, dass Saudi-Arabien im Nahen Osten den Islam als defensives Mittel nutzt, zumal es als Status-quo-Macht agiert und die regionale Ordnung verteidigen will. Der Iran hingegen nutzt den Islam als offensives Mittel und will die regionale

Ordnung revolutionieren. Nun ist Saudi-Arabien als ein Staat bekannt, der die weltweite Verbreitung des Wahhabismus fördert. Daher können die Ergebnisse dieser Studie, die einen klaren regionalen Fokus haben, nicht zwingend für die Außenpolitik der nahöstlichen Regionalmächte gegenüber anderen Regionen stehen. Denn die Interessen und Prioritäten von Staaten können regionale Unterschiede und Widersprüche aufweisen.

Religion und Außenpolitik – Was die Theorie besagt

*„Da es aber meine Absicht ist, etwas Nützliches für den
zu schreiben, der es versteht, schien es mir
angemessener, der Wirklichkeit der Dinge nachzugehen
als den bloßen Vorstellungen über sie."*

(Machiavelli 1986 [1532]: 119)

Der Nahe Osten[1] genießt seit Jahren beachtliche Aufmerksamkeit. Mit dem Ende des Kalten Krieges ist die Region ins Zentrum des weltpolitischen Geschehens gerückt. Jede kleinste politische Entwicklung in der Region wird genauestens beobachtet. Tatsächlich kommt sie schon seit Jahrzehnten nicht zur Ruhe. Zahlreiche Kriege haben immer wieder für Verwüstungen gesorgt und eine nachhaltige Entwicklung behindert. Unter diesen Kriegen hat die Militärinvasion der Vereinigten Staaten im Irak 2003 die größten Spuren hinterlassen. Sie hat eine Welle von Entwicklungen angestoßen, die zu einschneidenden Veränderungen geführt haben: Das regionale Mächtegleichgewicht ist aus den Fugen geraten und die ohnehin brüchige Staatenordnung steht nun vor dem endgültigen Aus. Das aufgekommene Machtvakuum hat die Rivalität zwischen dem Iran, Saudi-Arabien und der Türkei befeuert. Sie wollen der Region ihr eigenes politisches Konzept aufprägen. Das ist eine Zäsur in der nahöstlichen Politik, da nach dem Zusammenbruch des Osmanischen Reichs über ein Jahrhundert hinweg externe Akteure die regionale Ordnung vorgegeben haben. Zuerst die Kolonialmächte Großbritannien und

---

[1]Der Nahe Osten wird hier als das geografische Gebiet aufgefasst, das im engeren Sinn die gesamte Arabische Halbinsel einschließlich Israel, Palästina, Jordanien, den Libanon, Syrien und Irak und im weiteren Sinn zudem die angrenzenden Länder Türkei, Iran und Ägypten umfasst (siehe Fawcett 2011: 158; Haynes 2013: 254; Hubel 2005: 179; Zapfe 2015: 14; Zarras 2018: 118–19).

© Der/die Autor(en), exklusiv lizenziert durch Springer Fachmedien
Wiesbaden GmbH, ein Teil von Springer Nature 2020
M. Özev, *Religion und Außenpolitik*, Globale Gesellschaft und internationale
Beziehungen, https://doi.org/10.1007/978-3-658-32220-5_2

Frankreich, später die Vereinigten Staaten. Nun drängen die Regionalmächte in einem bisher nicht gekannten Maße darauf, die Staatenordnung ihres Umfelds zu gestalten. Die Konflikte im Nahen Osten haben drei Dimensionen. Hierfür ist der Syrienkrieg ein geeignetes Beispiel, das musterhaft auch für andere Konflikte in der Region gilt:

- Von innen heraus erscheint der Syrienkonflikt als ein Bürgerkrieg zwischen innenpolitischen Interessengruppen. Oppositionelle Akteure wollen die inneren Machtverhältnisse verändern, das Assad-Regime dagegen den Status quo wahren.
- Regional gesehen erscheint dieser Konflikt als Wettstreit zwischen den Regionalmächten. Während der Iran seinen Verbündeten sichern will, versuchen Saudi-Arabien und die Türkei ihr Einflussgebiet zu erweitern.
- Aus globaler Perspektive hingegen gewinnt der Syrienkonflikt eine dritte Dimension hinzu und erscheint als Stellvertreterkrieg, in den auch globale Akteure wie die Vereinigten Staaten und Russland verwickelt sind.

Diese Dissertation analysiert die zweite Dimension, nämlich die Rivalität der Regionalmächte. Dazu muss eine Theorie der Internationalen Beziehungen herangezogen werden. Denn in dieser Dimension handeln die Akteure in einem Territorium, das nicht der eigenen Staatshoheit obliegt. Ihr Handeln ist außenpolitisch begründet. Deshalb werden sie einer außenpolitischen Analyse unterzogen. In diesem Kapitel wird der Realismus als Theorie der Internationalen Beziehungen vorgestellt. Sie gibt Aufschluss über das außenpolitische Handeln von Staaten und bietet Interpretationsansätze. Die realistische Theorie ist im nahöstlichen Kontext besonders geeignet. Denn im Realismus genießen Staaten eine hervorstechende Rolle. Ebenso dominieren unumschränkte Regionalmächte die nahöstliche Politik. Allerdings ist der Realismus, wie nahezu die gesamte Theorielandschaft der Internationalen Beziehungen, eine im westlichen Kontext entstandene Theorie, die regionale Eigenheiten kaum berücksichtigt. Deshalb werden realistische Ansätze hier eingeführt, wohlwissend, dass sie im nahöstlichen Kontext einer Erweiterung bedürfen.

2.1 Realismus

Der Realismus besitzt unter den Theorien der Internationalen Beziehungen die
älteste Tradition. Viele Theorien sind entweder als Anknüpfung oder Abgrenzung zu ihm entstanden. In der zweiten Hälfte des 20. Jahrhunderts wurden
verschiedene Formen des Realismus ausgearbeitet. Seine klassische Variante vertritt grundsätzlich folgende Annahmen: Es herrscht ein offenes und multipolares
Staatensystem, in welchem eine anerkannte Ordnungsmacht fehlt, die endgül-
tige Entscheidungen aussprechen kann. Die zentralen Akteure des Staatensystems
sind souveräne Nationalstaaten, die sich in einem permanenten Überlebenskampf
befinden. Aus Furcht sind diese Staaten bestrebt, durch Machterwerb ihre eigene
Sicherheit zu garantieren, da das internationale System anarchisch bedingt ist.
Dauerhafte Machtstrukturen existieren nicht. Dementsprechend ist das wichtigste
Ziel von Staaten, das eigene Überleben zu sichern. *Macht* gilt dabei als ultimatives
Mittel.

Die ideengeschichtliche Entstehung der realistischen Tradition geht bis in die
Antike zurück (Brummer/Oppermann 2014: 14; Donnelly 2000: 1; Sandal/Fox
2013: 31). Der griechische Historiker Thukydides (ca. 460–400 v. Chr.) formulierte
in seinen bekannten Aufzeichnungen „Geschichte des Peloponnesischen Krieges"
zwei zentrale Ideen der realistischen Denkweise: Erstens begreift er Macht als ausschlaggebende Konstante der Politik und zweitens sieht er die Politik als den Raum,
in dem Interessenkonflikte ausgetragen werden (Jacobs 2006: 40). Ausgangspunkt
seiner Beobachtungen sind die militärischen Auseinandersetzungen zwischen Athen
und Sparta. Für Thukydides liegt die Ursache des Konflikts hauptsächlich im Machtzuwachs Athens (Jacobs 2006: 40). Diese Beobachtung ist von zentraler Bedeutung:
Mit ihr wird in der europäischen Ideengeschichte erstmals Macht als konstituieren-
des Element der Politik eingeführt.

Zwei weitere Werke haben den Realismus in seiner historischen Entwicklung ausschlaggebend geprägt: Das viel beachtete und zeitlebens umstrittene
Buch „Der Fürst" von Niccolo Machiavelli aus dem Jahre 1532 sowie der unter
dem Eindruck des Englischen Bürgerkriegs entstandene „Leviathan" von Thomas
Hobbes aus dem Jahre 1651 (Brummer/Oppermann 2014: 14; Donnelly 2000:
1). Auch Machiavelli begreift Macht als zentrales Instrument der Politik und
zugleich als Ziel jeder politischen Praxis (Jacobs 2006: 40). Zudem ist er der erste
realistische Denker, der idealistischen Ansätzen eine Absage erteilt. Machiavelli
vertritt die Ansicht, dass praktische Erfahrungen Theorie hervorbringen können,
aber Theorie nicht imstande ist, Praxis hervorzubringen (Machiavelli 1986 [1532]:
119). Diese Auffassung zählt zu den wichtigsten Maximen des politischen Realismus. Dieser orientiert sich an den tatsächlichen Zuständen der Politik, statt

theoretische Überlegungen in die Realität zu projizieren (Jacobs 2006: 40). Daneben bringt Hobbes mit dem *Naturzustand* eine weitere zentrale Komponente in
den realistischen Diskurs ein. Damit begründet er einen Zustand, in dem keine
zentrale Gewalt existiert, die zur Einhaltung der Gesetze und der bestehenden
Ordnung aufzurufen imstande ist. Es herrscht ein Kriegszustand, in dem selbst
der Schwächste den Stärksten töten könne, entweder durch List oder mithilfe
anderer (Hobbes 1970 [1651]: 113). Deshalb müssten alle Individuen ihr Recht
einem Souverän abtreten, der über alle wacht und den jeder fürchtet (Donnelly
2000: 15). Diesen Souverän bezeichnet Hobbes in seinem Werk als *Leviathan*,
der den omnipotenten Staat symbolisiert (Hobbes 1970 [1651]: 151–156). Der
Leviathan ist ursprünglich eine biblische Figur, die in der Schrift als Ungeheuer
beschrieben wird, das jeder fürchtet (Voegelin 1993: 43). Der Realismus überträgt
dieses Bild auf die internationale Politik und zieht Konsequenzen aus dem Fehlen
eines globalen Leviathans. Das internationale System gleiche dem anarchischen
Naturzustand, da es einer solchen Ordnungsmacht entbehrt.

Machiavelli setzt sich überdies mit der Beziehung zwischen Religion und
Politik auseinander. In seinem Werk „Discorsi" (1531) stellt er am Beispiel
des Römischen Reiches die funktionale Bedeutung der Religion für Staaten
heraus. Der zweite römische Herrscher Numa Pompilius habe sich der Religion bedient, um das Volk an bürgerlichen Gehorsam und die Künste des
Friedens zu gewöhnen (Machiavelli 1925: 47). Durch Religion seien die Bürger zu Gesetzestreue erzogen worden. Dadurch fiel es dem Staat leicht, seine
politischen Interessen zu verfolgen. Demnach habe Religion dazu beigetragen, die Heere in Gehorsam und das Volk in Einigkeit zu halten (Machiavelli
1925: 48). Machiavelli räumt Numa ein wichtigeres Wirken als Romulus ein,
obwohl dieser als Gründer Roms gilt. Numa Pompilius habe mit der Einführung einer Religion für ein nachhaltiges Bestehen des Römischen Reiches
gesorgt (Machiavelli 1925: 48). Er habe Zuflucht bei der Religion gesucht,
weil er tiefgreifende Erneuerungen anstrebte (Machiavelli 1925: 49). Machiavelli zählt die von Numa Pompilius eingeführte Religion zu den wichtigsten
Gründen für den Aufstieg Roms (Machiavelli 1925: 50). Er vertritt die Ansicht,
wenn ein Staatsführer die Grundpfeiler der Religion aufrechterhält, werde es ihm
leichtfallen, den Staat gut und einig zu halten (Machiavelli 1925: 52). Als Beispiel nennt er die Belagerung Vejis im fünften Jahrhundert vor Christus. Dort
seien die überdrüssigen Soldaten durch religiöse Symbolik motiviert worden, die
langwierige Belagerung fortzusetzen (Machiavelli 1925: 56). Auch die Wiederein-
setzung des Adels in das Tribunat sei religiös begründet worden. Die „Discorsi"
sehen Religion als Grund für die Größe eines Landes, ihre Abwesenheit hingegen als Zeichen des Verfalls und Niedergangs (Machiavelli/Zorn 1954: 21).

Demnach bedienten sich die Römer der Religion, um den Staat in Ordnung zu halten und Aufstände zu unterdrücken (Machiavelli/Zorn 1954: 24).

Thukydides, Machiavelli und Hobbes stimmen in vielen zentralen Aspekten überein: Sie pflegen ein misstrauisches Menschenbild und betrachten den Menschen als ein moralisch ambivalentes Wesen, das nicht von Natur aus gut und vernünftig ist (Hobbes 1970 [1651]: 112–118; Machiavelli 1986 [1532]: 119–121). Sie lehnen ein lineares Geschichtsverständnis, nach dem die menschliche Entwicklung stets fortschrittlich ist, als utopisch ab. Im 20. Jahrhundert haben Politikwissenschaftler diese Grundüberzeugungen auf die internationale Politik übertragen und daraus politische Gesetzmäßigkeiten sowie kausale Zusammenhänge abgeleitet. Allerdings konnte sich der Realismus erst nach dem Zweiten Weltkrieg als zentrale Referenztheorie der Internationalen Beziehungen etablieren. Zu verdanken ist dies vor allem Hans Morgenthau, der mit seinem Werk „Politics among Nations" (1948) erstmals eine zeitgemäße realistische Theorie der internationalen Politik formulierte. Dabei haben die europäischen Erfahrungen der beiden Weltkriege die ideelle Ausgestaltung des modernen Realismus durchaus beeinflusst (Jacobs 2006: 42). Morgenthau war Zeitzeuge des Aufstiegs der Nationalsozialisten und der damit verbundenen Veränderungen in Europa. Er emigrierte 1937 in die USA, wo er die Ausarbeitung seiner realistischen Theorie vorlegte.

Morgenthau benennt sechs Prinzipien des politischen Realismus (Morgenthau 1960: 3–15): (1) Die Politik wird von objektiven Gesetzen beherrscht, die ihren Ursprung in der menschlichen Natur haben. Demnach muss der Realismus diese Gesetze widerspiegeln. Die realistische Theorie soll Tatsachen feststellen und sie mithilfe der Vernunft beleuchten. (2) Daneben bleibt er den historischen Vordenkern des Realismus treu, weil bei ihm ebenfalls Macht als ausschlaggebende Komponente der Politik gilt. Staaten wie Politiker sind primär an Machterhalt und Machtausbau interessiert. Dafür bleibt Macht stets das Mittel zum Erreichen staatlicher Ziele. (3) Individuelle Interessen leiten den Menschen und Staaten, die durch Menschen organisiert sind. Laut Morgenthau sind nur wenige bereit ihr privates Interesse dem öffentlichen Wohl zu opfern. (4) Außerdem gibt es in der internationalen Politik keinen universellen Moralbegriff. Der Gegensatz zwischen sittlichem Gebot und erfolgreichen politischen Handelns schränkt Staaten und Staatsmänner ein und verhindert, sich auf Tugenden wie Ehrlichkeit zu verlassen. Trotzdem gibt es in der Politik eine moralische Verantwortung, obgleich sich Staaten nicht auf moralische Werte verlassen können. (5) Außerdem stellt der Realismus das sittliche Streben einer Nation nicht mit den sittlichen Gesetzen gleich, die in der internationalen Politik prägend sind. Denn viele Nationen haben das eigene Streben und Handeln mithilfe universeller sittlicher Ziele zu verdecken versucht. Deshalb sind nicht die politischen Absichtserklärungen von Staaten und Staatsmännern entscheidend, sondern ihre tatsächlichen politischen Taten (Jacobs 2006: 46). Daher müssen die Interessen hinter den ‚moralischen Ambitionen' untersucht werden. (6) Nicht zuletzt begreift Morgenthau den Bereich des Politischen als autonome Sphäre, die unabhängig von anderen Sphären analysiert werden müsse. Der Realismus stellt dabei die Frage, welche Wirkungen eine spezielle Politik auf die Macht des Staates hat: „Internationale Politik ist, wie alle Politik, ein Kampf um die Macht. Wo immer die letzten Ziele der internationalen Politik liegen mögen, das unmittelbare Ziel ist stets die Macht" (Morgenthau 1963: 69).

Dieser Auffassung nach ist Macht das wichtigste Mittel, um außenpolitische Interessen durchzusetzen. Politik ist darauf ausgerichtet, Macht zu erhalten, zu vermehren oder zu demonstrieren (Jacobs 2006: 49; Morgenthau 1963: 81). Doch wie wird Macht definiert? Morgenthau legt keine präzise Erklärung seines Machtbegriffs vor. Macht sei die Herrschaft von Menschen über das Denken und Handeln anderer Menschen (Morgenthau 1963: 71). Demzufolge kann Macht alles beinhalten, solange sie der Beherrschung von Menschen dient (Jacobs 2006: 49). Es fehlt eine klare Einordnung und Abgrenzung des Machtbegriffs. Daher ist bei Realisten auch die Definition Max Webers geläufig: Danach ist Macht jede Chance, in einer Beziehung den eigenen Willen auch gegen Widerstreben durchzusetzen (Weber 1972: 28).

Diese Ansichten stoßen nach wie vor neben Zustimmung auch auf Ablehnung. Sie seien keine Theorie, sondern nur eine Sammlung von Ideen, lautet eins der zentralen Kritikpunkte (Waltz 1990: 26). Der Realismus tue sich schwer, den Anspruch einer Theorie zu erfüllen (Donnelly 2000: 2). Kenneth Waltz, der als Begründer des Neorealismus gilt, kritisiert, Morgenthau habe es nicht vollbracht seine Überlegungen in eine Theorie umzuwandeln: „Elements of a theory are presented, but never a theory" (Waltz 1990: 26). Jacobs fasst die Kritik am klassischen Realismus in drei Punkten zusammen (Jacobs 2006: 57–59): (1) Vor allem das Menschenbild des Realismus stoße auf Ablehnung. Kritiker bezeichneten es als ideologisch geprägt und wissenschaftlich nicht begründbar. (2) Daneben stehe der bereits oben diskutierte Machtbegriff häufig im Zentrum der Kritik. (3) Nicht zuletzt werde die Theorie und Methode von Morgenthau als unzureichend bezeichnet. Die Reduzierung der internationalen Politik auf den Faktor Macht werde als vereinfachendes Bild politischer Prozesse gesehen.

Als ein weiterer Vertreter des modernen Realismus setzt sich Waltz mit seinem Konzept davon ab. Allerdings ist die Ausgangslage bei ihm ähnlich: Aufgrund der Abwesenheit einer Weltregierung sei der natürliche Zustand zwischen Staaten ein

Zustand des Krieges (Waltz 2010: 102). Dieser gelte nicht allein für die interna-
tionale Politik, sondern auch für die Innenpolitik von Staaten. Die Geschichte
liefere unzählige Beispiele blutiger Kriege auch innerhalb von Landesgrenzen
(Waltz 2010: 103). Außerdem begrenze die Struktur des internationalen Systems
die Kooperation unter Staaten, da jede Einheit das eigene Überleben bezwecke.
Die Unsicherheit über die künftigen Absichten der anderen gelte als zusätzliches
Hindernis der Kooperation (Waltz 2010: 105). Zudem seien Staaten besorgt, durch
Kooperation in eine Abhängigkeit von anderen Staaten zu geraten. Im anarchi-
schen ‚Selbsthilfesystem' ist die Abhängigkeit von anderen eine äußerst missliche
Situation. Darüber hinaus beschäftigt sich Waltz mit der *Polarität* des Systems
und welche Auswirkungen verschiedene Polaritäten auf das Mächtegleichgewicht
(Balance-of-Power) haben. Ein solches Gleichgewicht werde in bipolaren und
multipolaren Systemen unterschiedlich gewährleistet. Während zwei Mächte ein
Ungleichgewicht durch interne Bemühungen korrigieren können, seien bei mehr
als zwei Mächten deutlich größere Anstrengungen nötig (Waltz 2010: 163). Er
betrachtet ein System bestehend aus drei Mächten als instabil. Denn zwei Staaten könnten sich gegen den dritten verbünden, die Beute teilen und erneut ein
bipolares System schaffen. Um eine relative Stabilität des Systems zu haben,
müssten multipolare Systeme aus mindestens vier Mächten bestehen. Doch unter
dem Strich schätzt Waltz die Stabilität bipolarer Systeme deutlich höher ein als
die von multipolaren. In bipolaren Systemen sinke die militärische Interdepen-
denz, weil die Mächte sich nur auf ihre eigenen Fähigkeiten verließen: „Militarily
interdependence is low in a bipolar world and high in a multipolar one" (Waltz
2010: 169). Denn Machtunterschiede werden mit internen statt externen Mitteln
ausgeglichen, sprich die Akteure setzen auf die eigenen Fähigkeiten und nicht auf
die vermeintlicher Verbündeter, wie es in multipolaren Systemen zwangsläufig der
Fall ist. Das interne Ausgleichen von Machtverhältnissen sei verlässlicher, als ein
externes durch unzuverlässige Bündnisse. In einer bipolaren Weltordnung sinke
die Unsicherheit, da es leichter sei zu kalkulieren. In multipolaren Systemen hingegen seien Großmächte in Krisen und Kriegen abhängig von der militärischen
und politischen Unterstützung anderer. Um internationale Politik zu analysieren,
muss deshalb zunächst die Polarität des Systems herausgestellt werden. Dafür ist
es notwendig, die Großmächte eines Systems festzustellen.

Ein anderes zentrales Konzept im Realismus ist das *Sicherheitsdilemma* von
John Herz, welches ein Grundproblem der internationalen Politik behandelt. Da
eine globale Autorität fehle, die für Recht und Ordnung sorge, seien in der Welt
anarchische Bedingungen vorherrschend. Um die eigene Sicherheit zu garantieren, strebten Staaten nach Macht, um anderen mächtigen Staaten entgegenzutreten

(Herz 1974: 39). Diese wiederum fühlten sich dadurch unsicherer und strebten ebenfalls nach Macht. Es entstehe ein Wettkampf, den Herz zutreffend auch als „Teufelskreis" bezeichnet (Herz 1974: 39). Demnach beschreibt das Sicherheitsdilemma den Machtzuwachs des einen Staates als die Unsicherheit anderer Staaten. Solange die globale Ordnung einer übergeordneten Autorität entbehrt, werde Macht das regulative Mittel der internationalen Politik bleiben (Herz 1974: 57). Daher fürchteten schwächere Staaten von stärkeren Staaten zerrieben zu werden (Herz 1961: 25). Folglich entsteht ein Sicherheitsdilemma, wenn Staaten nebeneinander bestehen, ohne der Kontrolle einer höheren Instanz unterworfen zu sein (Herz 1961: 131). Notgedrungen streben sie nach Macht, da das eigene Überleben sonst nicht gesichert ist.

Welche Kriterien werden in einer realistischen Analyse berücksichtigt? Der Realismus hat eine gruppenzentrierte Perspektive. Gruppen sind die primäre Einheit politischen Handelns, mit denen sich Individuen identifizieren und in denen sie sich organisieren (Brummer/Oppermann 2014: 14). In der Moderne ist diese Gruppe der Nationalstaat. Dieser handelt im internationalen System eigennutzorientiert, weshalb Konflikte unausweichlich sind. Schließlich ist Macht das zentrale Medium, um außenpolitische Interessen durchzusetzen (Brummer/Oppermann 2014: 15). Wenn Macht das zentrale Medium in der Außenpolitik ist, dann muss eine realistische Analyse unvermeidlich die Machtposition eines Staates feststellen. Laut Brummer und Oppermann ergibt sich die Machtposition eines Staates aus den Fähigkeiten, die zum Durchsetzen der eigenen Interessen zur Verfügung stehen. Dabei werden insbesondere die materiellen Ressourcen eines Staates mit denen eines anderen Staates verglichen. Ausschlaggebend hierfür sind Faktoren wie militärische Fähigkeiten und ökonomische Stärke (Brummer/Oppermann 2014: 18). Auch die Größe der Bevölkerung und des Staatsterritoriums sowie die vorhandenen natürlichen Ressourcen werden in die Analyse einbezogen. Allerdings werden auch nichtmaterielle Ressourcen berücksichtigt wie die Qualität der politischen Führung, Effizienz der Institutionen, öffentliche Unterstützung und Legitimität des politischen Systems sowie das internationale Prestige des jeweiligen Staates (Brummer/Oppermann 2014: 19). Ein weiterer Aspekt ist die Polarität des internationalen Systems, nämlich ob das Staatensystem uni-, bi-, oder multipolar beschaffen ist. Die Polarität wird festgestellt, indem die Großmächte des Systems herausgestellt werden, also all jene Akteure, die sich militärisch gegen jeden anderen Akteur des Systems mit Aussicht auf Erfolg behaupten könnten (Brummer/Oppermann 2014: 19). Ist die relative Machtposition eines Staates analysiert, müssen nun Erwartungen über die Außenpolitik abgeleitet werden. Die realistische Analyse sieht vor, zunächst die Machtposition eines Staates zu bestimmen und anschließend Erwartungen über seine Außenpolitik abzuleiten (Brummer/Oppermann 2014: 21).

Macht ist im Realismus die zentrale Komponente jeder politischen Handlung. Dadurch entsteht der Eindruck, dass sie nahezu als Selbstzweck fungiert. Können mächtige Staaten tun und lassen wie ihnen beliebt? Dem Realismus zufolge kann Macht durch die *Moral* gezähmt werden (Jacobs 2006: 53; Morgenthau 1963: 199). Gemäß Morgenthau sind Politiker und Staatsmänner nicht ausschließlich vom Machttrieb geleitet, sondern haben auch eine moralische Komponente (Jacobs 2006: 53). Aufgrund moralischer Erwägungen nutzten sie nicht jede Chance, die sich ihnen bietet, um ihren Einfluss auszubauen. Dennoch ist im Realismus der Einfluss moralischer Prinzipien auf die Politik eher begrenzt. Sie könnten nicht auf das Verhalten staatlicher Akteure übertragen werden (Donnelly 2000: 161). In der Politik gebe es zweifelsfrei eine sittliche Verantwortung, doch Staaten könnten sich nicht auf moralische Werte verlassen. Der Machtkampf sei nicht gemacht, um moralische Prinzipien durchzusetzen. Im Gegenteil werde selbst die Moral als Instrument der Machtpolitik durch Staaten genutzt (Donnelly 2000: 161).

Zweifelsfrei haben Staaten auch andere Motive als das Streben nach Macht. Zudem ist Macht nicht der einzige Faktor in der internationalen Politik. Daneben ist der Mensch nicht lediglich als ‚egoistisch und böse' zu beschreiben. Ein angemessenes Bild, das ‚Höhen und Tiefen' der menschlichen Natur widerspiegelt, ist zwingend notwendig (Donnelly 2000: 161). Der klassische Realismus vernachlässigt das rechtschaffene Potenzial des Menschen und der Staaten, die sie bilden. Dieses Potenzial könnte in der Lage sein, moralische Prinzipien in der internationalen Politik zu fördern, um willkürliches Handeln von Staaten zu verhindern (Donnelly 2000: 162). Jedenfalls kann der Realismus auch als eine Warnung verstanden werden. Denn er legt offen, dass Staaten in erster Linie eigene Interessen durchsetzen wollen. Wenn in der internationalen Politik keine Regeln vorhanden sind, die den Machttrieb und die Interessenkonflikte der verschiedenen Staaten regulieren, sind immerwährende zwischenstaatliche Konflikte unvermeidbar. Aus dieser Perspektive heraus kann der Realismus auch als Aufruf für die Schaffung internationaler Regeln verstanden werden.

Morgenthau nennt zudem drei Begriffe, die vor Willkür schützen: Ethik, gesellschaftliche Moral und Recht (Morgenthau 1963: 199). Der Machtkampf werde durch diese drei Normen begrenzt (Morgenthau 1963: 203). Allerdings stellt sich die Frage, wie und von wem diese Begriffe definiert werden sollen. Weltweit gibt es über zweihundert Staaten. Es wäre ein äußerst kompliziertes Unterfangen, eine gemeinsame Haltung in diesen Punkten zu finden. Selbst bei einer Übereinkunft in ethischen, moralischen und rechtlichen Normen bleibt weiterhin ein Problem:

Wer überwacht die Einhaltung dieser Normen? Das Völkerrecht ist ein gutes Beispiel dafür, wie internationale Regeln häufig missachtet werden. Die internationale Politik demonstriert, wie sich Staaten gängigen Rechtsprinzipien widersetzen. Die realistische Position, nach der es in der internationalen Politik lediglich um Macht und Interessen geht, gewinnt dadurch an Stichhaltigkeit. Deshalb hebt Morgenthau die Bedeutung der Diplomatie hervor. Sie sei das beste Mittel zur Erhaltung des Friedens, das eine Gesellschaft souveräner Nationen bieten könne. Verantwortungsbewusste und moralisch fundierte Diplomatie könne zur Wahrung von Frieden und Stabilität in der Welt beitragen (Jacobs 2006: 53).

Zusammenfassend sieht der Realismus souveräne Nationalstaaten als die zentralen Akteure des internationalen Systems. Dieses hingegen ist anarchisch geprägt, da es keine Ordnungsmacht aufweist. Daher verfolgen eigennützige Staaten ihre Interessen über das Medium der Macht (Brummer/Oppermann 2014: 13). Deshalb sieht der Realismus vor, die relative Machtposition eines Staates auf internationaler Ebene herauszustellen (Brummer/Oppermann 2014: 13). Veränderungen in der Außenpolitik eines Staates werden im Realismus auf relative Machtgewinne oder Machtverluste zurückgeführt. Um die Machtposition eines Staates festzustellen, müssen nach realistischer Auffassung materielle wie nichtmaterielle Ressourcen berücksichtigt werden.

2.2   Rückkehr der Religion

Der Islam wird von einigen nahöstlichen Staaten in die Außenpolitik eingebunden. Vor allem die Regionalmächte nutzen jeweils verschiedene Religionsauslegungen, um ihr politisches Konzept in der Region zu verbreiten. Die zwei bekanntesten Beispiele hierfür sind der Iran und Saudi-Arabien. Sie haben ein unterschiedliches Staatsverständnis und implizieren völlig verschiedene politische Prinzipien, obwohl sie sich beide auf den Islam berufen. Sie sind in der heutigen internationalen Staatengemeinschaft unübliche Akteure (Haynes 2013: 2). Daher erscheint es an dieser Stelle angebracht, genauer über die Beziehung zwischen Religion und Außenpolitik nachzudenken. Doch was ist Religion? Im Sammelband „Religion in der Friedens- und Konfliktforschung – Interdisziplinäre Zugänge zu einem multidimensionalen Begriff" (2016) herausgegeben von Ines-Jacqueline Werkner, wird die Problematik einer allgemeingültigen Religionsdefinition aus unterschiedlichen fachlichen Perspektiven diskutiert. Eine weitgehend anerkannte Religionsdefinition gibt es nicht, obwohl unzählige Definitionsvorschläge in Umlauf sind (Pollack 2016: 60). Die Vielfalt religiöser Formen erschwert die Definierbarkeit von Religion (Pollack 2016: 61). Manche Autoren fordern trotzdem den Rückgriff auf Definitionen, da der Untersuchungsgegenstand bestimmt und von anderen Gegenständen abgegrenzt werden müsse (Baumgart-Ochse 2016: 32; Pollack 2016: 62). Bereits vorhandene Religionsbegriffe lassen sich in substanzielle und funktionale Definitionen einteilen. Substanzielle Definitionen nehmen den transzendenten Charakter von Religion in den Fokus. Sie versuchen Religion durch den Bezug auf übernatürliche Mächte zu bestimmen (Baumgart-Ochse 2016: 33; Pollack 2016: 64). Funktionale Definitionen hingegen nehmen die Funktion von Religion in den Fokus. Sie schauen darauf, was Religion leistet und welches Problem sie lösen soll (Baumgart-Ochse 2016: 33; Pollack 2016: 68).

Religion stand lange im Abseits der internationalen Politik (Hunter 2017: 8; Sandal/James 2010: 3) und ist im außenpolitischen Diskurs noch ein relativ neuer Begriff. Einige weltpolitische Ereignisse und Entwicklungen der jüngeren Vergangenheit haben ein Umdenken bewirkt und Religion ins Zentrum der Aufmerksamkeit gerückt: Die Revolution im Iran, die Jugoslawienkriege und die Außenpolitik der Vereinigten Staaten unter George W. Bush sind nur einige Beispiele, die manche zum Anlass genommen haben, eine ‚Rückkehr der Religion' auszurufen. Laut Sandal und Fox sind nahezu alle seriösen wissenschaftlichen Beiträge zum Einfluss von Religion auf die internationale Politik im 21. Jahrhundert entstanden (Sandal/Fox 2013: 2). Darin sehen sie einen Beleg für das steigende Interesse der Politikwissenschaft an diesem Phänomen. Sie fordern eine Eingliederung von Religion in die Theorien der Internationalen Beziehungen (Sandal 2017: 1). Zudem fordert Sandal eine Untersuchung friedlicher wie gewaltbereiter Theologien. Denn nur so könne die konstruktive Rolle von Religion herausgestellt werden, die sie in Konflikten spielen könnte (Sandal 2017: 1).

Wieso genießt Religion plötzlich eine solche Aufmerksamkeit? Das Ende des Kalten Krieges und die fortschreitende Globalisierung werden häufig als Grund für die Rückkehr der Religion angeführt. Zumindest hat sich die Beziehung zwischen Religion und Politik seither deutlich verändert (Selinger 2013: 224–225). Diese Entwicklung ist nicht allein in der islamischen Welt zu beobachten; die Außenpolitik der USA zwischen 2001 und 2009 ist ein westliches Beispiel hierfür (Selinger 2013: 225). Seit den 1990er-Jahren wird verstärkt auf religiöse Faktoren geschaut (Sandal/James 2010: 5). Populärstes Beispiel ist Samuel Huntingtons These vom „Clash of Civilizations". Sie hat eine intensive Debatte über die Rolle der Kultur in der internationalen Politik entfacht. Da bereits unzählige Autoren auf diese kontroverse These geantwortet haben, werden hier nur die Kernideen ins Gedächtnis gerufen (Huntington 1993: 22–25): Demnach werden Konflikte in der heutigen Zeit nicht mehr primär aus ideologischen oder ökonomischen, sondern aus kulturellen Gründen geführt (Huntington 1993: 22). Nationalstaaten bleiben zwar die wichtigsten Akteure, allerdings werden Konflikte zwischen verschiedenen Zivilisationen geführt. Deshalb mache es keinen Sinn mehr, Länder in politische oder ökonomische Systeme zu unterteilen. Sie müssten nach ihrer Kultur und Zivilisation beurteilt werden. Zivilisationen hingegen unterscheiden sich durch Geschichte, Sprache, Kultur, Tradition und insbesondere durch Religion (Huntington 1993: 25). Damit gehört Huntington zu den ersten, die in der neuen Weltordnung eine wachsende Bedeutung von Religion beobachtet haben, auch wenn seine These immense Schwächen offenbart und bereits vielfach widerlegt worden ist.

Shireen T. Hunter ist eine weitere zeitgenössische Wissenschaftlerin, die sich mit der Beziehung zwischen Religion und Außenpolitik auseinandersetzt. Sie bemängelt, dass Politikwissenschaftler nahezu 50 Jahre lang die Rolle von Religion ignoriert haben. Religion werde in modernen Gesellschaften keine nennenswerte Rolle spielen, sei die vorherrschende Annahme gewesen (Hunter 2017: 8). Diese hingegen könne auf die Modernisierungstheorie zurückgeführt werden und den Glauben, die unvermeidliche Modernisierung werde expandieren und gleichzeitig säkulare Prinzipien etablieren (Hunter 2017: 8; Sandal/Fox 2013: 23). Hunter räumt ein, dass Religion in den vergangenen Jahrhunderten weltweit auf dem Rückzug war. Die politischen Eliten hätten sich zunehmend am Säkularismus orientiert. Selbst heute noch, trotz des Aufstiegs religiöser Bewegungen, werde sogar der Großteil der muslimischen Länder weiterhin säkular regiert (Hunter 2017: 11). Auch die Politik macht auf die wachsende Bedeutung der Religion aufmerksam. Ein Beispiel liefert der ehemalige Bundesaußenminister Sigmar Gabriel, der im Auswärtigen Amt eine Konferenz mit verschiedenen Religionsgemeinschaften einberief. Die deutsche Außenpolitik müsse sich mit der Frage beschäftigen, welche Rolle die Religion in der Weltpolitik spiele: „Denn in Wirklichkeit ist es so, dass die Bedeutung von Religion weltweit eher zunimmt" (Auswärtiges Amt 2017: 10).

In Europa spielte Religion bis ins 17. Jahrhundert hinein eine wesentliche Rolle in der Politik. Oft wurden religiöse Faktoren für die Entstehung von Konflikten maßgeblich verantwortlich gemacht. Der Dreißigjährige Krieg (1618–1648) demonstriert die Instrumentalisierung der Religion von Königreichen und Fürstentümern, die miteinander um Macht, Interessen und Einfluss konkurrierten. Allerdings etablierte der Westfälische Frieden einige Grundsätze, die seither nicht nur die Weltordnung prägen, sondern zugleich auch das Verhältnis von Religion und Politik regelten. Sandal und James betrachten den Westfälischen Frieden als Anstoß zur Säkularisierung der Staatenordnung (Sandal/James 2010: 5). Kissinger bezeichnet den Westfälischen Frieden als „Wendepunkt in der Geschichte der Nationen" und erörtert fünf Prinzipien der *Westfälischen Staatenordnung* (Kissinger 2014: 38–39): (1) Die

Nationalstaaten als zentrale Akteure der Ordnung, (2) die staatliche Souveränität, (3) das Verbot der äußeren Einmischung in die inneren Angelegenheiten souveräner Staaten, (4) die Gewährleistung der freien Religionsausübung auch für Minderheiten (5) und die Vereinbarung des diplomatischen Austausches. Seither hat sich die europäische Staatenordnung weitgehend säkularisiert und den Einfluss der Religion auf die Politik verringert. Zusammengefasst sind die Kernelemente des Westfälischen Staatensystems die Souveränität, Unabhängigkeit, Gleichberechtigung und territoriale Integrität von Staaten sowie das Nichteinmischungsgebot (Bunge 2016: 50). Diese Prinzipien haben maßgeblich zur Säkularisierung beigetragen. In der Konsequenz hat Religion ihre einflussreiche gesellschaftspolitische Stellung zuerst in Europa und anschließend in der Welt verloren. Sie wurde ins Private zurückgedrängt (Bunge 2016: 51).

Als Ergebnis des Westfälischen Friedens sind heute nahezu alle Staaten säkular ausgerichtet (Haynes 2013: 3). Der *Säkularismus* hat sich mit dem wachsenden Einfluss Europas durch den Imperialismus und Kolonialismus weltweit ausgedehnt (Haynes 2013: 3). Letztlich ist Säkularisierung zu einem der wichtigsten Prinzipien der Staatenordnung geworden, bei gleichzeitiger Marginalisierung der Religion. Die materielle und technologische Übermacht Europas haben die globale Verbreitung der Westfälischen Staatenordnung und seiner Prinzipien begünstigt. Die Säkularisierungsprozesse selbst sind von heftigen innenpolitischen Debatten begleitet worden, in denen es nicht selten um die Identitätsfrage ging. Schließlich waren die anderen Weltregionen gezwungen, nicht nur ihre jahrhundertealten Staatenordnungen aufzugeben, sondern auch ihr Gesellschaftssystem zu revidieren. In Ostasien beispielsweise herrschte lange Zeit ein sinozentrisches Weltbild, das ein Tributsystem mit dem chinesischen Kaiser an der Spitze vorsah. In der muslimischen Welt hingegen war seit dem Propheten Muhammed (571–632) bis zum Zerfall des Osmanischen Reichs (1922) der Islam über 1300 Jahre die Säule der gesellschaftlichen Ordnung. Der Vormarsch des Westfälischen Systems hat beide Regionen in ihren Grundfesten erschüttert.

Die heftigsten Säkularisierungsdebatten werden in muslimischen Ländern geführt und halten auch heute noch an. Ein Grund für diese Intensität liegt darin, dass Säkularismus oft als Antithese zur Religion gesehen wird, als ‚feindlich‘ gegen jede Form von Religiosität (Hunter 2017: 19). Hunter zufolge muss Säkularismus, verstanden als die Trennung von Staat und Religion, nicht per-se antireligiös sein. Schließlich seien unterschiedliche säkulare Konzepte vorhanden (Hunter 2017: 19): John Lockes Säkularismus begnüge sich damit, Religion ins Private einzugrenzen, doch der Säkularismus der französischen Revolutionäre verbanne Religion komplett aus der Gesellschaft. Heute folgten die meisten europäischen Staaten dem Lockeschen Verständnis. Sie grenzen Religion nicht aus.

Im Gegenteil, zum Beispiel in Deutschland haben Kirchen auch heute noch einen festen Platz in der Gesellschaft. Der deutsche Staat erhebt zur Finanzierung von Kirchen sogar eine Kirchensteuer. Die nahöstlichen Länder haben es versäumt, einen Säkularismus zu entwickeln, der weite Teile der Bevölkerung zufriedenstellt. Stattdessen wurden ausgrenzende Säkularisierungsansätze eingeführt, die bis heute für innenpolitische Unruhen sorgen. Jedenfalls zeigt sich heute mehr denn je, dass die Säkularisierung dem Einfluss der Religion kein Ende bereitet hat (Hunter 2017: 21). Sie hat lediglich ihre Hegemonie im gesellschaftlichen Diskurs und ihr Monopol in der Politik verloren (Hunter 2017: 21). Nicht ohne Grund taucht jüngst der Begriff Postsäkularismus auf. Dieser werde laut Haynes inzwischen in vielen akademischen Disziplinen genutzt, um die unerwartete Rückkehr der Religion in säkularisierten Gesellschaften zu beschreiben (Haynes 2013: 40). Der Begriff sei eine Reaktion auf die neue Sichtbarkeit religiöser Praktiken.

Gleichzeitig ist auch ein anderes zentrales Konzept der Westfälischen Ordnung unter Druck geraten; der *Nationalstaat* (Fawcett 2011: 159). Die Macht und Gestaltungsmöglichkeit des Nationalstaates ist geschrumpft (Hunter 2017: 55). Insbesondere die Globalisierung hat die Steuerungsmöglichkeiten des Staates begrenzt. Zudem sind viele zeitgenössische Herausforderungen global verwurzelt: Klimawandel, Migration, Terrorismus und Armut sind transnationale Fragen, die kein Nationalstaat alleine bewältigen kann. Selbst die etablierten internationalen Organisationen zeigen sich unfähig, diese Probleme konstruktiv anzugehen. Daneben setzen auch nichtstaatliche Akteure den Nationalstaat unter Druck. Sie bieten Dienstleistungen an, die der Staat nicht oder nur unbefriedigend zur Verfügung stellt. Dennoch ist der Nationalstaat weiterhin der wichtigste Akteur in der internationalen Politik, da trotzdem nichts an seine Stelle treten konnte (Hunter 2017: 55). Allerdings haben diese Entwicklungen auch eine Gegenbewegung angestoßen. In Europa fordern vor allem rechte Parteien die strikte Rückbesinnung auf den Nationalstaat. Der Austritt Großbritanniens aus der Europäischen Union kann ebenfalls als nationalstaatlicher Reflex gedeutet werden. Obwohl der Staat in den vergangenen Jahrzehnten bedrängt wurde, ist paradoxerweise gegenwärtig durchaus auch seine Wiederbelebung zu verzeichnen. In Europa äußert sich diese durch das Erstarken rechter Bewegungen und außerhalb Europas durch die Etablierung autoritärer Systeme. Dabei ist das Entstehen autoritärer Regierungen auch in Europa nicht mehr ausgeschlossen. Erste Tendenzen hierfür können vor allem in Osteuropa zum Beispiel in Ungarn und Polen beobachtet werden. Im Nahen Osten hingegen steht der Nationalstaat zudem noch anderen Herausforderungen gegenüber (Fawcett 2011: 159). Das Westfälische Modell führt staatliche Legitimität auf nationale Identität und Souveränität zurück (Tadjbakhsh 2010: 189). Allerdings sind im Nahen Osten grenzüberschreitende

Identitäten vorhanden. Sie schwächen die Loyalität zum Nationalstaat. Die Identifizierung mit einem Stamm, einer speziellen Gruppe oder der islamischen Umma ist historisch stärker ausgeprägt als die Bindung zum Territorialstaat (Tadjbakhsh 2010: 189). Die Nationalstaaten sind erst im Zuge der Kolonialisierung entstanden. Deshalb stehen sie im Nahen Osten neben der zunehmenden Globalisierung zugleich vor regionalen Herausforderungen.

Religion beeinflusst auf vielseitige Weise außenpolitische Entwicklungen, da sie einige Besonderheiten aufweist. Anders als der Nationalstaat kennt Religion keine Staatsgrenzen. Ihr direkter Einfluss geht weit über die Grenzen von Ländern hinaus. Zudem beeinflusst sie Werte und Normen einer Gesellschaft und somit auch wie politische Entscheidungsträger sich verhalten (Haynes 2013: 7). Denn Religion kann Individuen und Gruppen dazu verleiten, ein bestimmtes Verhalten zu verfolgen (Haynes 2013: 7). Außerdem besitzt sie im Leben von Menschen verschiedene Dimensionen; sie kann ein Faktor der Weltanschauung und Identität oder eine Legitimationsquelle und ein Wertesystem sein (Sandal/James 2010: 5–6; Warner/Walker 2011: 114). Die religiöse Tradition eines Landes könne durchaus seine allgemeine außenpolitische Ausrichtung bestimmen und entscheiden wer als Verbündeter taugt und wer nicht (Warner/Walker 2011: 115). Daneben könnten Staatsführer religiöse Überzeugungen der eigenen Bevölkerung oder auch anderer ansprechen, um außenpolitische Entscheidungen zu legitimieren und Unterstützung aufzubauen (Warner/Walker 2011: 115).

Sandal und Fox führen in ihrem Werk „Religion in International Relations Theory" grundlegende Begriffe ein (Sandal/Fox 2013: 12–29). Anhand dieser versuchen sie darzulegen, wie Religion die internationale Politik beeinflussen kann. (1) Zunächst nennen sie den Begriff der religiösen Weltanschauungen (religious worldviews) (Sandal/Fox 2013: 13–14). Demnach könne eine religiöse Weltanschauung die internationale Politik in zweierlei Hinsicht beeinflussen; erstens könne sie den Wertekanon eines politischen Entscheidungsträgers prägen und damit seine Entscheidungen beeinflussen. Oder Aufschluss darüber geben, wer als ‚Freund oder Feind' einzustufen ist. Viele Studien hätten gezeigt, dass Länder, die in ethnische Konflikte intervenieren, dies durch Minderheiten tun, die ihnen religiös nahestehen. Zweitens zeige sich dieser Einfluss durch Einschränkungen, beispielsweise etwas zu unterlassen, wenn es gegen Werte spricht, die durch die eigene Wählerschaft geschätzt werden. (2) Als nächstes bringen sie den Begriff der religiösen Legitimität (religious legitimacy) ein (Sandal/Fox 2013: 15–17). Dabei definieren sie zuerst ihren Legitimationsbegriff. Demnach bedeute Legitimation, jemanden davon zu überzeugen, eine Herrschaft oder Institution zu befolgen beziehungsweise eine bestimmte Politik zu unterstützen. Allerdings zeigen sie auch die Grenzen der religiösen Legitimität auf: a) Diese Art von

Legitimität sei beschränkt auf solche Personen, die eine bestimmte Theologie teilen, da religiöse Legitimität sich auf eine spezielle Theologie stütze. b) Zudem hänge diese Art der Legitimation auch davon ab, in welchem Ausmaß jemand an Religion glaube. c) Schließlich sei die Person von großer Bedeutung, die religiöse Legitimität einfordert. Ein religiöser Führer werde kaum Schwierigkeiten haben, religiöse Legitimität einzufordern. Ein säkularer Autokrat hingegen, der obendrein durch unmoralisches Verhalten aufgefallen sei, könne es schwerer haben. (3) Daneben verwenden sie den Begriff der religiösen Staaten (religious states) (Sandal/Fox 2013: 17–18). Einige Staaten benennen offen Religion als ihre nationale Ideologie oder zumindest als Teil dieser. Solche Akteure üben als Teilnehmer der Staatengemeinschaft unmittelbaren Einfluss auf die Weltpolitik aus, weil sie beispielsweise Mitglied internationaler Organisationen wie die der Vereinten Nationen (UNO) oder der Welthandelsorganisation seien. (4) Auch nichtstaatliche religiöse Akteure (non-state religious actors) werden genannt (Sandal/Fox 2013: 18–19). Solche Organisationen dienten der Mobilisierung von Gruppen. Ihr Einfluss könne grenzüberschreitend sein. (5) Sandal und Fox führen auch lokale religiöse Fragen (local religious issues) mit internationaler Bedeutung ein (Sandal/Fox 2013: 20). Hierbei geht es um die Annahme, dass in einer zunehmend vernetzten Welt, grundsätzlich alles was lokal geschieht einen globalen Einfluss haben kann. Dies gilt vor allem für Konflikte mit religiöser Bedeutung wie etwa der Palästinakonflikt. (6) Auch transnationale religiöse Bewegungen (transnational religious movements) werden als Einflussfaktor eingeführt (Sandal/Fox 2013: 22–25). Sie dehnen sich über mehrere Staaten aus und kennen keine staatlichen Grenzen. Der politische Islam und das evangelikale Christentum seien die zwei sichtbarsten transnationalen religiösen Ideologien. (7) Die Autoren nennen auch transnationale religiöse Fragen (transnational religious issues) und betonen insbesondere den Einfluss des internationalen Terrorismus auf die Weltpolitik. (Sandal/Fox 2013: 25–28). (8) Nicht zuletzt benennen sie den Begriff der religiösen Identität (religious identity) (Sandal/Fox 2013: 28–29). Damit beschreiben sie den Einfluss der Religion auf nationale und ethnische Identitäten. Staaten intervenierten in Konflikte häufig über Minderheiten, die ihnen religiös nahestehen.

Wie beurteilt der Realismus den Einfluss der Religion auf die Außenpolitik? Sandal, James und Fox zufolge eignet sich der Realismus, um religiöse Faktoren einzugliedern. Sie sehen keine Gefahr, dass die Grenzen der Theorie ausgereizt oder ihre intellektuelle Kohärenz gestört wird (Sandal/James 2010: 18). Sie beziehen sich dabei auch auf die realistischen Vordenker Machiavelli und Hobbes, die Religion als Einflussfaktor der Politik anerkennen. Religion legitimiere Macht und es liege in der menschlichen Natur Halt in der Offenbarung zu suchen

(Sandal/Fox 2013: 32). Zwar befürworteten Machiavelli und Hobbes keine religiöse oder moralische Ordnung, doch habe der klassische Realismus schon in seinen Anfängen die Rolle von Religion berücksichtigt (Sandal/Fox 2013: 32). Demnach würde der Realismus zwar nicht sagen, dass der Iran eine bestimmte Politik verfolgt, weil er ein ‚islamischer Staat' ist, aber er würde zulassen die religiöse Überzeugung des iranischen Präsidenten zu untersuchen, um daraus Erwartungen abzuleiten (Sandal/James 2010: 10). Denn zweifelsfrei wird die Rolle der Religion in einer Theokratie, Demokratie oder säkularen Autokratie nicht dieselbe sein (Sandal/James 2010: 11).

Regionale Eigenheiten, wie der Einfluss von Religionen, Konfessionen oder Stämmen, finden kaum Relevanz in den Theorien der Internationalen Beziehungen. Denn sie stützen sich hauptsächlich auf europäische Erfahrungen. Acharya und Buzan haben den Sammelband „Non-Western International Relations Theory" herausgebracht, der sich mit der westlichen Dominanz in den Theorien der Internationalen Beziehungen beschäftigt. Der Ursprung aller ‚Mainstream-Theorien' liege in westlicher Philosophie, Theorie und Geschichte (Acharya/Buzan 2010: 6). Zudem sehen sie den eurozentrischen Blick auf die Weltgeschichte problematisch. Der klassische Realismus mit seinem Fokus auf staatliche Souveränität, Militärkraft und Nationalinteressen basiere auf europäischen Erfahrungen aus der ersten Hälfte des 20. Jahrhunderts (Acharya/Buzan 2010: 6). Gestützt werde sie durch bedeutende Denker der europäischen Geschichte wie Thukydides, Machiavelli und Hobbes. In dem Sammelband wird auch ein Blick auf das islamische Verständnis von zwischenstaatlichen Beziehungen geworfen. Der Koran und die Tradition des Propheten (Sunna) sind die Primärquellen des islamischen Rechts. In der frühislamischen Zeit haben muslimische Religionsgelehrte die Welt grundsätzlich in zwei Gebiete aufgeteilt: Dar al-Islam (Haus des Friedens) und Dar al-Harb (Haus des Krieges). Dar al-Islam bezeichnet das Gebiet, in dem der Islam dominiert, die Unterwerfung vor Gott gesichert ist sowie Frieden herrscht (Tadjbakhsh 2010: 177). Dar al-Harb ist das Gebiet, in dem der Islam nicht herrscht und die Religionsausübung der Muslime nicht gesichert ist. Das Gebiet des Dar al-Islam soll einem Kalifat unterstehen, einer Institution, die als irdisches Oberhaupt der Muslime nach dem Tode des Propheten zu verstehen ist (Kissinger 2014: 117). Neben dieser binären Aufteilung gibt es eine dritte Kategorie, die als Dar al-Ahd (Haus des Vertrages) bezeichnet wird. Damit sind Länder gemeint, mit denen das Land des Dar al-Islam einen Vertrag geschlossen hat, etwa in Form eines Friedensabkommens. Aus heutiger Sicht besteht ein zentrales Problem darin, dass diese Unterscheidung lediglich die Beziehungen islamischer Staaten mit nichtislamischen Staaten beschreibt. Die Beziehungen islamischer

Staaten untereinander werden durch diese Aufteilung nicht geregelt. Heute existieren dutzende Staaten mit muslimischer Bevölkerung und speziell im Nahen Osten sind viele Staaten vorhanden, die sich zudem als islamische Führungsmacht betrachten. Der Islam geht allerdings von genau einer islamischen Gemeinschaft (Umma) aus und nimmt deshalb nur einen einzigen Staat als Ausgangspunkt für diese Weltordnung. Darin liegt ein Hauptproblem der heutigen Politik im Nahen Osten. Mehrere Staaten beanspruchen diese zentrale Position für sich. Der Iran und Saudi-Arabien tun dies lautstark, sind allerdings keineswegs die einzigen Anwärter. Auch die Türkei kann dazugezählt werden. Ehemals haben sich zudem Ägypten, der Irak und Syrien um eine solche Position bemüht. Daneben lehnt der Islam kriegerische Auseinandersetzungen unter Muslimen ab und begrenzt Kriegsgründe generell auf Selbstverteidigung und der Verteidigung islamischer Werte (Sandal/Fox 2013: 48). Der Koran befiehlt Muslimen nicht mit denen zu kämpfen, die nicht mit ihnen kämpfen (Tadjbakhsh 2010: 178). Krieg ist nur unter strikten Voraussetzungen legitim und Macht dient prinzipiell der Abschreckung und dem Selbstschutz (Kadayifci-Orellana 2013: 149–152; siehe Anfal 8/60–61).

Dennoch sind im Nahen Osten in den vergangenen Jahren viele alte Feindbilder belebt worden und zahlreiche neue hinzugekommen. Welche Funktion nehmen solche Feindbilder ein? Bergem erörtert sieben Kennzeichen des Feindbildes (Bergem 2016: 131): (1) Dem Feind werde nur mit Misstrauen begegnet, (2) er sei Schuld für Probleme, (3) alle seine Handlungen seien negativ, (4) er werde mit dem Bösen schlechthin identifiziert, (5) die Beziehungen zu ihm seien vom Nullsummenspiel geprägt, (6) Angehörige der feindlichen Gruppe würden nur deindividualisiert wahrgenommen und (7) dem Feind werde Mitgefühl untersagt. Bergem zufolge werden Feindbilder zur Festigung politischer Herrschaft genutzt. Je weniger ein Herrschaftsverband demokratisch legitimiert sei, desto mehr bedürfe er des Surrogats der Legitimation durch die Abgrenzung von wirklichen oder imaginären Feinden (Bergem 2016: 133). Der Nahe Osten ist die Geburtsstätte der abrahamitischen Religionen Judentum, Christentum und Islam. Heute verbinden viele Menschen diese Region mit unzähligen Konflikten zwischen diesen Glaubensrichtungen (Haynes 2013: 255). Gleichzeitig werden Stimmen lauter, die auf die Friedensverantwortung dieser Religionen hinweisen, auch aus der Politik. Der ehemalige deutsche Außenminister Gabriel fordert eine stärkere Besinnung auf das Friedenspotenzial. In allen Religionen sei Frieden zwischen den Menschen ein wichtiges Ziel (Auswärtiges Amt 2017: 6). Im Namen der Religion werde Gewalt gerechtfertigt und Verbrechen verübt, obwohl es meist um politische Interessen gehe (Auswärtiges Amt 2017: 8). Religion polarisiere und werde verantwortlich gemacht für Rückschrittlichkeit und Fanatismus, obwohl die Lage in Wirklichkeit sehr viel komplexer sei (Auswärtiges Amt 2017: 9).

Husein Kavazović, Großmufti von Bosnien-Herzegowina, problematisiert drei Bereiche der religiösen Polarisierung: Erstens die Polarisierung zwischen Religion und Säkularismus (Auswärtiges Amt 2017: 16). Zweitens die Begegnung der großen Religionen, die häufig konfliktträchtig sei. Und drittens die Polarisierung innerhalb der Religionen. Die Vertreter verschiedener Denkschulen seien heute entzweit und stünden einander ablehnend gegenüber (Auswärtiges Amt 2017: 16). Alle drei Polarisierungsdimensionen treten im nahöstlichen Kontext besonders hervor: Die erste Dimension äußert sich vor allem innenpolitisch und betrifft insbesondere säkulare Staaten mit muslimischer Mehrheit. Die Türkei und Ägypten sind Paradebeispiele für diese Art der Polarisierung. In beiden Ländern führen zwei große politische Lager seit Jahrzehnten heftige Debatten über die Rolle der Religion und den Säkularismus. Die zweite Polarisierungsdimension äußert sich im Nahen Osten vor allem in der Begegnung von Muslimen und Juden. Sie ist vom Palästinakonflikt überlagert und von regionaler Bedeutung. Die größten Polarisierungstendenzen sind allerdings in der dritten Dimension zu beobachten, nämlich unter Muslimen selbst. Gemeint ist insbesondere der Riss zwischen Sunniten und Schiiten. Die gegenwärtigen bewaffneten Konflikte im Nahen Osten haben meist eine konfessionelle Dimension. Sei es nun in Syrien oder im Jemen, konfessionelle Faktoren werden in diesen Kriegen instrumentalisiert. Die Reduktion innermuslimischer Konflikte ist unabdingbar, wenn politische Stabilität gewährleistet werden soll.

Abschließend bleibt festzuhalten: Religion ist in der internationalen Politik sichtbarer geworden. Jüngste Entwicklungen haben die Aufmerksamkeit auf die Beziehung zwischen Religion und Außenpolitik gelenkt. Dabei steht insbesondere der Islam im Fokus, weil nahöstliche Akteure ihn offen in die Außenpolitik einbringen. Die Politikwissenschaft muss ihre Methoden dieser Entwicklung anpassen. Gleichzeitig sind zentrale Prinzipien der internationalen Politik unter Druck geraten, die auch das Verhältnis zwischen Religion und Politik verändert haben. Zum einen die Westfälische Staatenordnung, die vor allem den Nahen Osten nicht zu befrieden scheint. Zum anderen das Konzept des Nationalstaates, das ein wichtiges Prinzip dieser Staatenordnung ist. Damit verbunden steht gewiss auch der Säkularismus vor neuen Herausforderungen.

Mehr oder weniger – Religion im politischen System

3

> *„Alle sehen, was du scheinst, aber nur wenige erfassen, was du bist; und diese wenigen wagen nicht, der Meinung der vielen zu widersprechen [...]"*
>
> (Machiavelli 1986 [1532]: 139)

In diesem Kapitel wird das politische System des Iran, Saudi-Arabiens und der Türkei untersucht. Der Blick richtet sich insbesondere darauf, wie Religion im politischen System dieser Staaten gestellt ist. Handelt es sich um ein säkulares oder theokratisches Staatskonstrukt? Genießt Religion eine besondere Stellung in der Verfassung? Gibt es religiöse Institutionen, die Einfluss auf politische Entscheidungsprozesse nehmen? Antworten auf diese Fragen könnten Hinweise zur Außenpolitik dieser Staaten geben. Denn die außenpolitische Funktion der Religion dürfte in einem säkularen oder theokratischen Staat nicht dieselbe sein.

3.1 Khomeinis Erbe: Die Revolution

Die Islamische Republik Iran wurde 1979 gegründet. Ihre Entstehung geht auf eine Revolutionsbewegung zurück, die sich gegen Reza Pahlavi richtete. Dieser war von 1941 bis 1979 Schah des Iran und kontrollierte fast vier Jahrzehnte die Belange des Landes. Wirtschaftliche und politische Missstände unter seiner Führung ebneten dem Sturz der Monarchie den Weg. Zwischen 1975 und 1977 stieg die Inflation auf rund 25 Prozent (Shevlin 1998: 363). Das Regime hatte zudem versäumt, die Erlöse aus dem wachsenden Erdölgeschäft zur effizienten Modernisierung der iranischen Industrie zu nutzen. Dem Schah gelang es nicht,

© Der/die Autor(en), exklusiv lizenziert durch Springer Fachmedien Wiesbaden GmbH, ein Teil von Springer Nature 2020
M. Özev, *Religion und Außenpolitik*, Globale Gesellschaft und internationale Beziehungen, https://doi.org/10.1007/978-3-658-32220-5_3

die Wirtschaft zu stabilisieren (Shevlin 1998: 362–365). Gleichzeitig verfolgte er eine repressive Innenpolitik und ließ aufkommende Proteste gewaltsam niederschlagen. Die Unzufriedenheit innerhalb der Bevölkerung stieg. Der schiitische Kleriker Ruhollah Khomeini (1902–1989) stellte sich an die Spitze der Oppositionsbewegung, die Anfang 1979 den Schah endgültig stürzte. Anschließend kehrte Khomeini als neue Machtfigur aus dem Exil zurück.

Schon zu Beginn des 20. Jahrhunderts gab es im Iran den Drang nach politischer und gesellschaftlicher Veränderung. Zwischen 1905 und 1911 fand die Konstitutionelle Revolution statt. Die Revolutionäre wollten die absolute Monarchie aufweichen und ein parlamentarisches Regierungssystem einführen. Dabei spielten zwei Gruppen eine entscheidende Rolle: die Intellektuellen und der schiitische Klerus. Die Intellektuellen prangerten die politische Korruption an und forderten eine Trennung von Staat und Religion (Shevlin 1998: 360). Der Klerus hingegen verlangte eine wichtigere Rolle der Religion in Regierung und Gesellschaft (Shevlin 1998: 360). Mit Einbruch des 20. Jahrhunderts nahm die politische Partizipation des schiitischen Klerus zu. Er stand dem wachsenden Einfluss westlicher Länder auf die iranische Gesellschaft misstrauisch gegenüber und beteiligte sich aktiver am politischen Diskurs (Schmidt 2011: 53). Aufgrund des hohen gesellschaftlichen Drucks willigte der damalige Schah Mozaffar ad-Din im August 1906 der Ausarbeitung einer Verfassung ein. Der dafür einberufene Ausschuss bestand neben Beamten und Theologen auch aus einflussreichen Basarhändlern und Landbesitzern. Am 30. Dezember 1906 trat schließlich eine Verfassung in Kraft. Sie sah unter anderem die Einführung eines Parlaments vor. Dadurch war die absolute Macht des Schahs unterbunden (Schmidt 2011: 53). Gleichzeitig fanden auch zentrale Forderungen schiitischer Kleriker Eingang in die Verfassung: Die Schia wurde als Staatsreligion festgehalten und die Gründung eines klerikalen Ausschusses vorgesehen. Dieser sollte im Parlament verabschiedete Gesetze auf ihre Vereinbarkeit mit dem Islam prüfen und gegebenenfalls verwerfen (Shevlin 1998: 360). Der Ausschuss hat sich zwar nie konstituiert, doch die Idee wurde 1979 wieder aufgegriffen. Heute nimmt der Wächterrat im Iran diese Funktion ein. Der schiitische Klerus konnte während der Konstitutionellen Revolution seinen Einfluss geltend machen und ist seither ein mächtiger Bestandteil der iranischen Politik (Schmidt 2011: 53).

Zudem entwickelte er sich in den 1960er-Jahren zum wichtigsten Glied der Opposition und spielte beim Umsturz Reza Pahlavis eine ausschlaggebende Rolle. Das Regime des Schahs wird als autoritär, repressiv und diktatorisch beschrieben, das abweichende Meinungen mit harter Hand unter Kontrolle hielt (Kissinger 2014: 54). Die Vereinigten Staaten unterstützten den Schah während seiner Herrschaft und gaben ihm die nötige Rückendeckung (Schmidt 2011: 54). Khomeini entwickelte sich zum schärfsten Regimekritiker und wurde 1964 ins ausländische Exil verbannt. Dort vertiefte er seine Studien und erarbeitete Ideen zum Verhältnis von Staat und Religion, die später zum Fundament der neuen Republik werden sollten. 1978 intensivierten sich die Proteste, während Khomeini zum symbolischen Anführer der antimonarchischen Bewegung avancierte (Schmidt 2011: 54). Als er am 1. Februar 1979 in den Iran zurückkehrte, hatte der Schah das Land bereits verlassen. Die Revolution war vollbracht. Khomeini übernahm die Rolle des ‚Obersten Revolutionsführers' (Kissinger 2014: 177). Obwohl ein Bündnis aus verschiedenen Lagern am Umsturz beteiligt war, kontrollierte nun der schiitische Klerus das politische Geschehen.

Das nach der Revolution entstandene politische System ist viel komplexer, als es von außen erscheint (Akbari 2007: 2; Buchta 2009; Chehabi 2011: 33; Ehteshami 2009: 9). Es verbindet republikanische, demokratische, theokratische sowie autoritäre Elemente und wird daher häufig als ‚Hybridsystem' bezeichnet (Akbari 2007: 1–3; Buchta 2009; Chehabi 2011: 33; Schmidt 2011: 62). Unterschiedliche Machtzentren prägen das politische System des Landes. Entscheidungen werden nicht durch eine Institution getroffen, sondern im Zusammenspiel verschiedener Akteure (Akbari 2007: 2). Allerdings konzentriert sich die größte Machtkompetenz in den Händen des ‚Obersten Rechtsgelehrten' (Buchta 2009). Dieses höchste iranische Staatsamt wird auch als ‚Führende Institution' und der Amtsträger als ‚Revolutionsführer' bezeichnet. Das System basiert auf Khomeinis Lehren und ist daher stark ideologisch ausgelegt (Ehteshami 2009: 9). Er hat das Konzept der *Welayat-e Faqih* (Statthalterschaft des Rechtsgelehrten) entwickelt. Es ist in der Verfassung niedergeschrieben und gilt als zentrales Merkmal der Islamischen Republik Iran (Shevlin 1998: 358).

Khomeini konzipierte die Grundlagen der ‚Statthalterschaft des Rechtsgelehrten' während seines Exils in Nadschaf zwischen 1965 und 1978 (Buchta 2009). Die Entstehung des Konzepts in dieser irakischen Stadt hat eine bedeutsame symbolische Wirkung. Denn Nadschaf beherbergt eins der wichtigsten schiitischen Heiligtümer und zählt zu den wichtigsten Zentren der Schiiten. Hier soll sich nach schiitischer Auffassung die Grabstätte Alis befinden, der als Vetter und Schwiegersohn des Propheten Muhammed eine große Bedeutung im Islam hat. Die Schiiten führen ihre Glaubensrichtung auf ihn zurück. Khomeinis Welayat-e Faqih überträgt dem anerkanntesten schiitischen Rechtsgelehrten sowohl die religiöse, als auch die politische Vertretung des verborgenen zwölften Imams (Akbari 2007: 3). Demnach müsse der schiitische Klerus die Staatsmacht verkörpern (Chehabi 2011: 34). Dieser Vorstoß ist nicht unumstritten. Denn er bricht mit der bedeutsamen schiitischen Tradition, die während der Abwesenheit des entrückten Imam Mahdi das Streben nach politischer Herrschaft strikt als unzulässig und illegitim ansieht (Schmidt 2011: 62). Damit hat Khomeini nicht lediglich den Iran revolutioniert, sondern auch die schiitische Theologie (Akbari 2007: 3; Schmidt 2011: 61).

Demnach soll der gelehrteste und anerkannteste im schiitischen Klerus als ‚Oberster Rechtsgelehrter' wirken und spirituelle wie weltliche Macht repräsentieren (Ehteshami 2009: 9). Das Konzept der Welayat-e Faqih ist die theoretische Grundlage des heutigen iranischen Staatswesens und begründet das Machtmonopol schiitischer Kleriker (Schmidt 2011: 66). Denn der ‚Oberste Rechtsgelehrte' agiert als Staatsoberhaupt, Oberbefehlshaber der Streitkräfte und gibt die grundlegende Richtung der iranischen Politik vor (Ehteshami 2009: 9). Die ‚Statthalterschaft des Rechtsgelehrten' wird bereits in der Präambel der iranischen Verfassung[1] eingeführt und als zentrales Kriterium des Regierungssystems festgeschrieben. Artikel 5 der Verfassung schreibt vor, dass während der Abwesenheit des verborgenen Imams die Führung einem dazu befähigten Rechtsgelehrten zu übertragen ist. Damit begründet die iranische Verfassung eine Theokratie (Buchta 2009). Denn das iranische Staatsoberhaupt legitimiert sich durch seine religiöse Eignung und die weltliche Macht wird ihm nur so lange zugeschrieben, bis die religiöse Figur des zwölften Imams wiedererscheint.

Der Glaube an die Rückkehr des verborgenen zwölften Imams ist ein zentrales Merkmal der Schia. Daher wird diese Glaubensrichtung auch als *Zwölferschia* bezeichnet; sie wurde 1501 durch die Safawiden als Landesreligion eingeführt. Die Zwölferschiiten erkennen historisch nur zwölf Imame als rechtmäßige Herrscher an. In der jahrhundertealten Diskussion um die Nachfolge des Propheten Muhammed gibt es grundsätzlich zwei konkurrierende Standpunkte: Den Sunniten zufolge soll ein tugendhafter und qualifizierter Gläubiger aus der Gemeinschaft zum Kalifen ausgewählt werden. Die Schiiten hingegen sind der Ansicht, die Führung der Gemeinschaft obliege allein den Nachfahren des Propheten. Deshalb erkennen sie die ersten drei Kalifen nicht an, obgleich sie zu den engsten Gefährten des Propheten gehörten. Stattdessen führen sie die rechtmäßige Herrschaft auf Ali zurück, der an vierter Stelle Kalif wurde. Nur er und seine Nachfahren seien legitimiert, die Führung der islamischen Gemeinschaft zu übernehmen. Demnach schließt sich der Kreis legitimer Herrscher beim zwölften Imam Mahdi, der sich seit 874 verdeckt halte (Shevlin 1998: 359). Er werde in der Endzeit als Messias zurückkehren (Akbari 2007: 23; Keynoush 2016: 26; Rizvi 2013: 13). Insbesondere der ehemalige iranische Präsident Mahmud Ahmadinedschad hat dieser Glaubensrichtung zu weltweiter Bekanntheit verholfen, da er sich

---

[1]Als Quelle dient die englische Übersetzung der iranischen Verfassung, veröffentlicht durch das Islamische Parlament. Dies gilt für alle nachfolgenden Angaben, die sich auf die iranische Verfassung beziehen. Siehe Literaturverzeichnis: Islamic Consultative Assembly (1989): „The Constitution of the Islamic Republic of Iran, 1979; Last amended in 1989".

auch auf internationaler Bühne häufig auf Mahdi berief (Akbari 2007: 23). Das Konzept der Welayat-e Faqih überträgt die politische Herrschaft den schiitischen Rechtsgelehrten und sieht sie in der Verantwortung während der Abwesenheit des zwölften Imams seine Stellvertretung auszuüben. Ein auserkorener Faqih (Rechtsgelehrter) soll demnach die spirituelle wie weltliche Führung ausüben. Khomeini war der erste Faqih der neugegründeten Republik und prägte bis zu seinem Tod als unbestrittener Revolutionsführer den Iran (Buchta 2009). Der schiitische Klerus hat diese Zeit genutzt, um zentrale Staatspositionen zu besetzen und genießt seither ein Machtmonopol.

Seine politische Stellung ist zudem in der Verfassung des Landes gesichert. In der Präambel wird der ideologische Charakter des neuentstandenen Staates hervorgehoben. Er basiere auf islamischen Prinzipien. Außerdem unterscheide sich diese Revolution von anderen Bewegungen durch ebendiesen ideologischen und islamischen Charakter. Die Revolution selbst wird als logische Folge der Fehlentwicklungen nachgezeichnet, die das diktatorische Regime verursacht habe. Generell ist die Verfassung durch religiöse Metaphorik geprägt, zum Beispiel wird in der Präambel die Herrschaft des Schahs als ketzerisches System verabscheut. Auch die Schaffung der islamischen Umma wird bereits in der Präambel als wichtiges außenpolitisches Ziel gesetzt. Zahlreiche Verfassungsartikel sichern die besondere Stellung der Religion im politischen System des Iran: Artikel 1 legt die iranische Regierungsform als islamische Republik fest; sie beruhe auf den Koran und der Revolution unter Führung Khomeinis. Artikel 2 führt sechs Glaubensgrundsätze ein, auf die sich das System der Islamischen Republik stütze: Der Glaube an (1) den einen und einzigen Gott, seine Souveränität sowie Gesetzgebung und die Notwendigkeit sich seinen Geboten zu unterwerfen; (2) die göttliche Offenbarung und ihre Bedeutung für den Entwurf von Gesetzen; (3) die Wiederauferstehung; (4) die Gerechtigkeit Gottes in der Schöpfung und Gesetzgebung; (5) das ewige Imamat (6) und die herausragende Würde des Menschen. Außerdem schreibt Artikel 4 vor, dass alle Gesetze und Regeln auf islamischen Prinzipien basieren müssen. Dieser Verfassungsartikel genießt eine zentrale Bedeutung im politischen System des Iran. Ihr Schutz wird durch den eigens eingeführten Wächterrat garantiert. Zudem vermitteln viele weitere Verfassungsinhalte den Einfluss der Religion auf politische Entscheidungsprozesse im Iran. Ein anderes Beispiel liefert Artikel 11, der aus dem Koran zitiert: „Diese eure Gemeinschaft ist eine einheitliche Gemeinschaft; und Ich bin euer Herr, darum dient nur Mir" (Anbiya 21/92). Aus diesem Vers wird die Idee der Umma abgeleitet und der Iran müsse dauerhaft nach der politischen, ökonomischen und kulturellen Einheit der muslimischen Welt streben. Darin befindet sich bereits ein eklatanter Widerspruch zum

Westfälischen System, das auf Nationalstaatlichkeit beruht. Die iranische Verfassung stellt die Beziehungen zu anderen muslimischen Ländern auf eine religiöse Basis. Die tatsächliche praktische Umsetzung wird in Kapitel 4 analysiert, doch bereits der theoretische Gedanke kollabiert mit dem Westfälischen System, da die Umma zwangsläufig nationalstaatliche Grenzen überschreitet und den Staat nicht auf eine Nation, sondern auf die Religionszugehörigkeit zurückführt.

Die Gründungsverfassung der Islamischen Republik Iran wurde 1979 durch die Expertenversammlung entworfen, die hauptsächlich aus Theologen bestand. Die Verfassung trat in Kraft, nachdem die Iraner zuvor bei einem Referendum dem Entwurf ihre Zustimmung gaben. Sie wurde bisher nur 1989 geändert. Die wichtigsten Änderungen betrafen das Amt des ‚Obersten Rechtsgelehrten', um die Nachfolge Khomeinis zu regeln. Dabei wurden die religiösen Anforderungen für das höchste iranische Staatsamt verringert (Schmidt 2011: 67; Shevlin 1998: 377). Artikel 107 überträgt dem Expertenrat die Kompetenz den ‚Obersten Rechtsgelehrten' zu wählen. Die Mitglieder des Expertenrats sollen alle Rechtsgelehrten heranziehen, die gemäß Artikel 5 und Artikel 109 in Betracht kommen. Nach der Verfassungsreform reicht es laut Artikel 109 aus, wenn der Revolutionsführer ausgewiesene Kenntnisse in islamischer Jurisprudenz besitzt, gerecht und fromm ist sowie Führungskompetenzen aufweist. Artikel 5 schreibt ebenfalls persönliche Eigenschaften wie Tugend- und Standhaftigkeit vor. Die Verfassung wurde 1989 unmittelbar nach dem Tode Khomeinis geändert und sollte den Machtwechsel sichern und vereinfachen. Daher sind die religiösen Anforderungen herabgesetzt und der politischen Erfahrung eine größere Bedeutung beigemessen worden (Schmidt 2011: 67). Die Sorge, dass nach Khomeini kein Rechtsgelehrter an seine Popularität und Autorität herankommt, war ein ausschlaggebender Grund für diese Änderung. Daneben wurde der Posten des Ministerpräsidenten abgeschafft und stattdessen die Position des Präsidenten gestärkt (Shevlin 1998: 376). Seither gestaltet der Präsident die iranische Außenpolitik, wobei der Revolutionsführer die Leitlinien dafür festlegt (Abbildung 3.1).

Das Amt des Revolutionsführers ist die höchste und wichtigste Staatsposition im politischen System der Islamischen Republik Iran. Der Amtsträger genießt viele Vollmachten und besitzt enormen Einfluss auf die Verfassungsorgane (Buchta 2009). Als ‚Oberster Religionsgelehrter' vereint er religiöse Autorität mit politischer Führung (Akbari 2007: 5). Laut Artikel 5 der Verfassung soll dieses Amt während der Abwesenheit des zwölften Imams den Iran regieren. Artikel 57 überträgt diesem Amt die Aufsicht und Überwachung der exekutiven, legislativen und rechtsprechenden Staatsgewalten (Rizvi 2013: 16). Damit steht der Revolutionsführer über dem politischen System und genießt immense Machtkompetenzen,

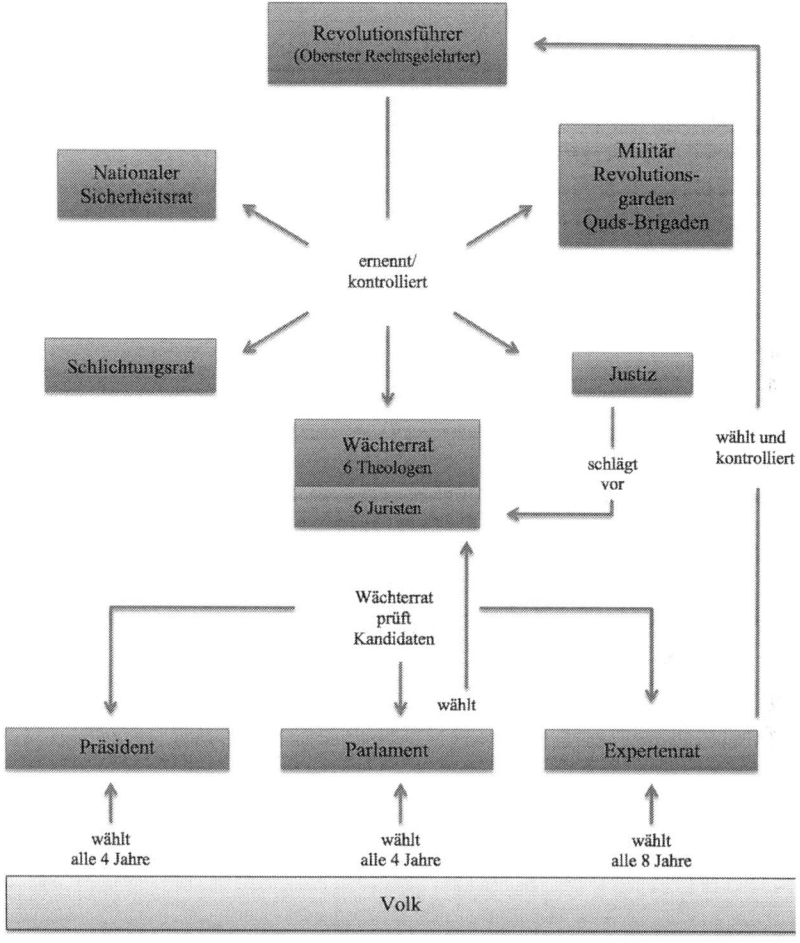

Abbildung 3.1 Das politische System des Iran. (Quelle: Eigene Darstellung)

die ihm in Artikel 110 zugesichert werden: Demnach gibt der Revolutionsführer die Leitlinien der Politik vor und überwacht die Staatsorgane. Außerdem ist er befugt, Referenden anzuordnen, die Streitkräfte zu mobilisieren, Krieg auszurufen und den Präsidenten zu entlassen. Zudem ernennt er sechs von zwölf Mitgliedern des mächtigen Wächterrats, den obersten Richter der Justiz und den

Chefkommandeur der Revolutionsgarden, Streitkräfte und Polizei. Zusätzlich soll er einschreiten und vermitteln, wenn es zum Disput zwischen den drei Staatsgewalten kommt. Der Revolutionsführer genießt diese Vollmachten, obwohl sein Amt eine nichtgewählte Institution ist. Er beziehe seine Legitimation von Gott und werde deshalb nicht vom Volk, sondern von den Mitgliedern des Expertenrats auf Lebenszeit ernannt (Akbari 2007: 5). Bisher gab es nur zwei Personen in diesem Amt; von 1979 bis 1989 war Khomeini der Revolutionsführer und seit 1989 führt Ali Khamenei dieses Amt aus.

Der Präsident bekleidet nach dem Revolutionsführer das zweithöchste iranische Staatsamt und führt die Regierung (Rizvi 2013: 20). Laut Artikel 113 ist der Präsident verantwortlich für die Implementierung der Verfassung und fungiert als Chef der Exekutive. Er wird für eine Amtszeit von vier Jahren direkt vom Volk gewählt und kann einmal wiedergewählt werden. Um zur Wahl des Präsidenten anzutreten, müssen die Kandidaten den Prinzipien der Islamischen Republik Iran und dem offiziellen Landesglauben, sprich der Schia, treu ergeben sein (Akbari 2007: 6). Eine Vorauswahl der zur Wahl endgültig zugelassenen Kandidaten trifft der Wächterrat. Das Präsidentenamt wurde im Zuge der Verfassungsreform 1989 aufgewertet und ist seither das wichtigste Organ der Politikgestaltung (Ehteshami 2009: 12). Dennoch kann der Präsident keine Entscheidung ohne die Zustimmung anderer Machtzentren wie des Revolutionsführers, Parlaments oder Wächterrats treffen. Vor allem der Revolutionsführer überragt den Präsidenten; er kann seine politische Agenda konterkarieren und ihn seines Amtes entheben (Rizvi 2013: 20). Damit ist der Präsident gezwungen, vorab die Unterstützung des Revolutionsführers einzuholen. Dieser wiederum legitimiert durch öffentliche Auftritte die Politik des Präsidenten (Ehteshami 2009: 12). Obwohl das Präsidentenamt zu den wenigen direktgewählten Institutionen des Landes gehört, ist der Präsident letzten Endes gezwungen seine Agenda den Standpunkten des Revolutionsführers anzupassen.

Die Abgeordneten des Parlaments werden bei direkten und geheimen Wahlen für die Dauer von vier Jahren gewählt (Rizvi 2013: 40). Laut Artikel 67 müssen die gewählten Abgeordneten den Errungenschaften der Islamischen Revolution und den Prinzipien der Islamischen Republik die Treue schwören. Artikel 72 verbietet dem Parlament, Gesetze zu erlassen, die gegen den offiziellen Glauben des Landes verstoßen. Der Wächterrat überprüft, die vom Parlament verabschiedeten Gesetze auf ihre Vereinbarkeit mit dem Islam und kann Gesetzesvorschläge ablehnen (Buchta 2009). Da die Regierung verpflichtet ist, die Zustimmung des Parlaments einzuholen, ehe es internationale Verträge und Übereinkommen unterzeichnet, kann das Parlament die Außenpolitik des Landes beeinflussen

(Ehteshami 2009: 12). Vielen Beobachtern zufolge finden im iranischen Parlament durchaus lebhafte und kontroverse Debatten statt (Chehabi 2011: 47; Posch 2013: 8). Ein häufiger Kritikpunkt ist die Vorauswahl der Kandidaten, die durch den Wächterrat getroffen wird. Dabei würden echte Oppositionelle von vornherein ausgeschlossen (Chehabi 2011: 47).

Der Wächterrat ist ein äußerst einflussreiches Verfassungsorgan im politischen System des Iran. Artikel 91 überträgt dem Wächterrat eine zentrale Kompetenz im Gesetzgebungsprozess: Er prüft alle Gesetzesvorschläge auf ihre Vereinbarkeit mit dem Islam und stellt sicher, dass die Verfassung eingehalten wird. Seine zwölf Mitglieder setzen sich aus sechs Theologen und sechs Juristen zusammen. Die Theologen werden vom Revolutionsführer ernannt, die Juristen hingegen werden auf Vorschlag des obersten Richters vom Parlament bestimmt. Der Wächterrat schützt Artikel 4 der Verfassung, der besagt, dass alle Gesetze und Regeln auf islamischen Prinzipien basieren müssen. Laut Artikel 94 sind alle im Parlament verabschiedeten Gesetze dem Wächterrat vorzulegen. Dieser muss die Gesetze innerhalb von zehn Tagen überprüfen und bei Unstimmigkeiten zurückweisen. Anderenfalls sind die Gesetze durchzusetzen. Damit besitzt der Wächterrat auch die Deutungshoheit zur Interpretation der Verfassung. Außerdem überwacht er die Wahlen und überprüft die Kandidaten der Parlaments-, Präsidentschafts- und Expertenratswahlen. Er trifft eine Vorauswahl und bestimmt welche Kandidaten an diesen Wahlen teilnehmen dürfen (Schmidt 2011: 71). Da der Wächterrat befugt ist, Gesetze zu blockieren und Kandidaten abzulehnen, kann er durchaus hinter dem Revolutionsführer als die zweitwichtigste Institution im politischen System des Iran bezeichnet werden.

Der Schlichtungsrat, auch Feststellungsrat, wurde 1988 auf Anweisung Khomeinis ins Leben gerufen und vermittelt in Konfliktfällen zwischen dem Parlament und dem Wächterrat (Akbari 2007: 5; Rizvi 2013: 48; Schmidt 2011: 71). Laut Artikel 112 wird der Schlichtungsrat einberufen, wenn der Wächterrat einen Gesetzesvorschlag zurückweist und das Parlament nicht in der Lage ist, die Mitglieder des Wächterrats zu überzeugen. Die Mitglieder des Schlichtungsrates werden allesamt vom Revolutionsführer ernannt und setzen sich aus Vertretern verschiedener Staatsorgane zusammen. Falls der Vermittlungsversuch des Schlichtungsrates scheitert, gilt die Entscheidung des Revolutionsführers (Schmidt 2011: 71). Der Expertenrat trat erstmals 1983 zusammen und besteht gegenwärtig aus 88 schiitischen Theologen. Die wichtigste Aufgabe des Expertenrats besteht darin, den ‚Obersten Rechtsgelehrten' zu wählen, zu überwachen und abzusetzen. Seine Mitglieder werden direkt vom Volk für eine Dauer von acht Jahren gewählt, wobei die Kandidaten anerkannte Theologen sein müssen (Akbari 2007: 5). Auch hier trifft der Wächterrat eine Vorauswahl und lehnt ungeeignete Kandidaten ab.

Die theokratische Prägung des politischen Systems offenbart sich auch in der Personalbesetzung der Justiz. Laut Artikel 157 muss der oberste Richter der Justiz ein Mojtahed sein; ein schiitischer Rechtsgelehrter höheren Ranges. Er wird vom Revolutionsführer für die Dauer von fünf Jahren ernannt. Der oberste Richter schlägt die sechs Juristen des Wächterrats vor, die vom Parlament bestätigt werden müssen. Damit hat er einen nicht zu unterschätzenden Einfluss auf den Wächterrat. Allerdings zeigt sich hier wiederholt die ultimative Machtposition des Revolutionsführers, der die sechs Theologen des Wächterrats bestimmt und über die Ernennung des obersten Richters auch Einfluss auf die Wahl der sechs juristischen Mitglieder des Rates hat. Eine andere politische Institution ist der Nationale Sicherheitsrat, der laut Artikel 176 für die Erörterung sicherheitspolitischer Interessen zuständig ist (Ehteshami 2009: 11). Der Präsident steht ihm vor. Die weiteren Mitglieder sind der Außenminister, der oberste Richter, die jeweils ranghöchsten Vertreter aus Militär und Geheimdienst, zwei Vertreter des Revolutionsführers sowie nach Bedarf weitere Fachminister (Posch 2013: 9).

Nicht zuletzt sind die Islamischen Revolutionsgarden zu nennen, als wichtigste bewaffnete Organisation zum Schutz des Regimes (Rizvi 2013: 53; Steinberg 2018: 1). In Artikel 150 wird sie als 'Wächter der Revolution' bezeichnet. Sie wurde 1979 von Khomeini höchstpersönlich gegründet, um eine regimeloyale paramilitärische Organisation aufzustellen. Sie konkurriert mit der regulären Armee des Landes, die vom Regime lange misstrauisch gemustert wurde (Steinberg 2018: 2). Die Revolutionsgarden unterstehen dem Revolutionsführer. Die Quds-Brigaden, eine Eliteeinheit der Revolutionsgarde, operiert zudem im Ausland und setzt iranische Interessen im Nahen Osten durch. Sie unterstützt proiranische Gruppen und Staaten, mit militärischen, geheimdienstlichen und politischen Mitteln (Steinberg 2016: 8). Langjähriger Kommandeur der Einheit war Qassem Soleimani, der sich selbst mit folgenden Worten beschrieb: „You should be aware, that, I, Qassem Soleimani, control Iran's policy for Iraq, Syria, Lebanon, Gaza and Afghanistan" (Akbarzadeh/Conduit 2016: 137). Er wurde im Januar 2020 bei einem US-amerikanischen Raketenangriff in Bagdad getötet.

Bei dieser Vielzahl an politischen Akteuren und undurchsichtigen Machtverhältnissen stellt sich die Frage, wer die iranische Außenpolitik gestaltet. Die Verfassung legt in Artikel 152 einige außenpolitische Ziele fest, wie die Ablehnung auswärtiger Hegemonie, die Sicherstellung der territorialen Integrität, die Verteidigung der Rechte aller Muslime, die Bündnisfreiheit sowie friedliche Beziehungen mit nichtfeindlichen Staaten zu unterhalten. Die Gestaltung der iranischen Außenpolitik obliegt dem Präsidenten und dem Außenminister. Allerdings ist der Präsident in der stärkeren Position, dem Außenminister fällt es schwer,

eigene außenpolitische Akzente zu setzen (Posch 2013: 7). Der Präsident hingegen ist in seinem außenpolitischen Handeln ebenfalls eingeschränkt, da er sich im
Rahmen der Verfassung und Ideologie bewegen muss. Zudem gibt der Revolutionsführer die Leitlinien der Außenpolitik vor. Deshalb ist der Präsident auf die
Zustimmung des Revolutionsführers angewiesen. Dieser kann in seinen öffentlichen Auftritten die Außenpolitik des Präsidenten legitimieren oder zurückrufen.
Gleichzeitig gibt er den ideologischen Handlungsspielraum für die Außenpolitik
vor (Posch 2013: 12). Demnach ist der Revolutionsführer ein Taktgeber im Hintergrund, dessen Leitlinien vom Präsidenten umgesetzt werden. Daneben kann
das Parlament und der Nationale Sicherheitsrat die Außenpolitik des Landes
beeinflussen, da der Präsident seine Außenpolitik auch vor diesen Institutionen
vertreten muss (Posch 2013: 8). Als ‚Oberster Rechtsgelehrter' beansprucht der
Revolutionsführer gegenüber Ländern mit schiitischer Bevölkerung zudem eine
religiöse Funktion (Posch 2013: 12). Er fungiere als religiöses Vorbild nicht
lediglich für Schiiten im Iran, sondern auch für schiitische Bevölkerungen anderer Länder. Damit nimmt der Revolutionsführer eine besondere Stellung in der
Außenpolitik ein. Daher sieht Kissinger im Iran einen entschiedenen Gegner des
Westfälischen Systems. Der Iran stelle die regionale Ordnung des Nahen Ostens
auf den Kopf und strebe die Zerstörung des Westfälischen Systems an (Kissinger
2014: 171–178).

Religion genießt im politischen System des Iran eine zentrale Stellung. Das
Ergebnis ist nicht überraschend, da bereits die offizielle Landesbezeichnung ‚Islamische Republik' die besondere Stellung der Religion impliziert. Außerdem
geht ihre Gründung auf eine Revolutionsbewegung zurück, die durch den schiitischen Klerus entscheidend vorangetrieben wurde. Ihr Einfluss war seit dem frühen
20. Jahrhundert stetig gewachsen. Der Theologe Ruhollah Khomeini stellte sich
an die Spitze der Revolutionsbewegung und kontrollierte die postrevolutionären
Entwicklungen im Sinne seiner religiösen Ansichten. Nach dem Regimewech-
sel ist ein durchaus komplexes Staatssystem entstanden. Zahlreiche politische
Institutionen und unterschiedliche Machtzentren können Einfluss auf politische
Entscheidungen nehmen. Allerdings hat die Islamische Republik Iran ein zentrales Merkmal, das für seinen religiösen Charakter von entscheidender Bedeutung
ist; das Konzept der Welayat-e Faqih. Es überträgt dem anerkanntesten Religionsgelehrten religiöse wie politische Macht und begründet das Machtmonopol des
schiitischen Klerus. Seine Macht ist in der Verfassung gesichert, die in zahlreichen
Artikeln die gehobene Funktion der Religion im politischen System festschreibt.
Als solche ist die iranische Verfassung von 1979 ein Dokument, das Werte und
Normen derjenigen widerspiegelt, die es entworfen haben; nämlich die des schiitischen Klerus. Der Revolutionsführer ist die zentrale Autorität im politischen

System des Iran. Ausschlaggebende Qualifikation für dieses Amt ist die religiöse Eignung des Kandidaten, die durch den Expertenrat festgestellt wird. Eine weitere zentrale Funktion kommt dem Wächterrat zu. Er garantiert, dass alle Gesetze mit dem Islam vereinbar sind und die Kandidaten bestimmten religiösen Anforderungen entsprechen. Damit ist das politische System des Iran durch und durch religiös geprägt. Die wichtigsten Staatspositionen werden durch Theologen besetzt. Gleichzeitig sind zahlreiche Kontrollmechanismen vorhanden, um die religiöse Ausrichtung des Landes abzusichern. Die Funktion von Religion dürfte für einen solchen Staat auch in der Außenpolitik außergewöhnlich sein.

3.2   Sauds Traum: Das Königreich

Das Königreich Saudi-Arabien wurde 1932 gegründet und unterscheidet sich in vielerlei Hinsicht von anderen Staaten unserer Zeit. Die offizielle Landesbezeichnung leitet sich vom arabischen Stamm der *Saud-Dynastie* ab. Auch das politische System passt nicht in das Muster moderner Regierungsformen, da es keinen öffentlichen Gesetzgebungsprozess gibt. Entscheidungen werden vom König zusammen mit einflussreichen Mitgliedern der Herrscherfamilie getroffen. Bis heute haben neben Staatsgründer Abdulaziz ibn Saud (1876–1953) nur seine Söhne das Königreich regiert. Ein Generationswechsel an der Spitze des Staates steht noch bevor (Stand 03/2020). Außerdem genießt der *Wahhabismus* eine gehobene Stellung in Saudi-Arabien. Er ist die prägende Instanz des Landes in allen gesellschaftlichen und politischen Fragen.

Der Einfluss dieser religiösen Strömung beginnt 1744, als die *saudisch-wahhabitische Symbiose* ihren Anfang nahm. Damals schmiedeten die Stammesführer Muhammad ibn Saud (1700–1765) und der Theologe Muhammad ibn Abdalwahhab (1702–1792) ein Bündnis, das die politische Ordnung der Arabischen Halbinsel grundlegend veränderte (Fürtig 2014: 3). Ibn Saud versprach die Lehren Ibn Abdalwahhabs zu schützen, der sich im Gegenzug dazu verpflichtete, die saudische Herrschaft als die einzig legitime zu propagieren (Ayhan 2010: 26; Fürtig 2014: 3; Habib 2009: 57–58). Dieser Schwur zwischen einem Stammesführer mit politischen Ambitionen und einem Theologen mit kompromisslosen Ansichten wurde zum Wegbereiter des saudischen Staates. Aus heutiger Sicht erscheint die Entstehung Saudi-Arabiens ohne diesen Pakt undenkbar (Sons 2017a: 25). Dabei erfüllt die eigens geschaffene Symbiose aus Religion und Politik nach wie vor eine zentrale Funktion: Während sie der Saud-Dynastie eine religiöse Legitimität verleiht, ermöglicht sie wahhabitischen Religionsgelehrten staatliche Privilegien.

Doch wer ist Muhammad ibn Abdalwahhab, der Ibn Saud zu politischer Herrschaft verhalf? Ibn Abdalwahhab wurde im Nadschd geboren, im Inneren der Arabischen Halbinsel, wo er als Sohn eines angesehenen Richters aufwuchs (Sons 2017a: 25). Um Theologie zu studieren, hielt er sich zeitweilig an verschiedenen Orten auf (Commins 2015: 18; Keynoush 2016: 26; Sons 2017a: 26). Auf seinen Reisen erhielt er umfassende Einblicke in die Lebensweisen der Muslime, deren Zustand er später radikal kritisierte. Während dieser Aufenthalte, vor allem in Basra, stieß er mit seinen Ansichten bereits auf ersten Widerstand (Commins 2015: 18). Er äußerte fundamentale Kritik; so sprach er vielen Muslimen den Glauben ab und warf ihnen vor, heidnische Bräuche entwickelt zu haben, wie sie in der vorislamischen Zeit (Dschahiliya) verbreitet waren. Die Behauptung, Muslime seien unbewusst in Polytheismus (Schirk) verfallen, der größten Sünde im Islam, ist für Gläubige der höchstmögliche Angriff (al-Dakhil 2009: 26). Außerdem hätten sich viele unerlaubte Neuerungen (Bid'a) in die Religion eingeschlichen. Daher forderte er die Rückkehr zum ursprünglichen Islam, gereinigt von allen heidnischen Bräuchen und Neuerungen, nach dem Vorbild der ersten Muslime (Sons 2017a: 26). Zudem zeichnet sich der Wahhabismus durch eine strikte Ablehnung der Schiiten aus, die ein Grund für die heutige Feindschaft zwischen Saudi-Arabien und dem Iran ist. Mit seiner radikalen Kritik, Muslime hätten sich im Laufe der Jahrhunderte von ihren Ursprüngen entfernt, stieß Ibn Abdalwahhab zunächst auf Protest und Widerstand. Doch seine Begegnung mit Muhammad ibn Saud im Jahre 1744 läutete die Wende ein. Der Wahhabismus erlebte einen raschen Aufstieg und stellte die politische Ordnung der Halbinsel auf den Kopf. Als Ibn Abdalwahhab 1792 starb, hatten seine Verbündeten bereits weite Flächen unter ihre Kontrolle gebracht (Commins 2015: 22).

Rückblickend sind drei Staatsbildungsversuche der Saud-Dynastie zu erkennen (Fürtig 2014: 3–4). Der erste Versuch scheiterte an den Osmanen, die den saudischen Eroberungszug zunächst nur im Auge behielten, solange er sich auf die Wüsten der Halbinsel beschränkte. Als der Vorstoß allerdings den Hedschas mit Mekka und Medina erreichte, war ihre Geduld ausgeschöpft. Die saudischen Bestrebungen wurden zerschlagen und der damalige Stammesführer wurde 1818 in Istanbul exekutiert (Ayhan 2010: 28; Fürtig 2014: 3; Keynoush 2016: 31; Steinberg 2011c: 122). Der zweite Staatsbildungsversuch endete 1891 mit der Vertreibung der Al Saud nach Kuwait. Vorangegangen waren zahlreiche innerfamiliäre Dispute, die Jahrzehnte andauerten. In der Folge verloren sie ihre Gebiete an befeindete Stämme. Erst als Abdulaziz ibn Saud 1902 Riad zurückeroberte, kehrte die Saud-Dynastie in den Nadschd zurück. Sie zog ihre Lehren aus den beiden gescheiterten Versuchen und ging nun deutlich behutsamer vor.

In der folgenden Zeit festigte Abdulaziz seine Macht durch Krieg und Diplomatie (Commins 2015: 31). Zugleich setzte er verstärkt auf den Wahhabismus, um Kämpfer für seine Bestrebungen zu mobilisieren. Die wahhabitische Gelehrsamkeit unterstütze das Vorhaben der Al Saud, einen eigenen Staat zu gründen (Steinberg 2004: 47). Immerhin würden sie in diesem eine wichtige Rolle spielen. Schließlich wurde 1932 das Königreich Saudi-Arabien verkündet. Abdulaziz ibn Saud verwirklichte den jahrhundertealten Traum seiner Dynastie. Das heutige Saudi-Arabien ist folglich erst im dritten Anlauf entstanden (Commins 2015: 4). Dabei hat der Wahhabismus entscheidend zur Gründung des Königreichs beigetragen (al-Dakhil 2009: 23). Abdulaziz etablierte eine Zentralregierung und baute staatliche Strukturen auf. Im Nadschd wurde die Herrschaft der Al Saud mit Wohlwollen empfangen, im Hedschas und in den östlichen Regionen hingegen waren die Menschen durchaus besorgt (Habib 2009: 68). Daher versuchte der König eine Einheit zwischen den unterschiedlichen Regionen des riesigen Landes zu schaffen. Zudem erkannte er, dass eine gemeinsame Identität vonnöten war, um das Land zukunftsfest zu machen (Habib 2009: 57). Auch dieses Hindernis wurde mit der saudisch-wahhabitischen Symbiose überwunden.

Saudi-Arabien wird häufig als absolutistische Monarchie bezeichnet, die von der Saud-Dynastie gemeinsam mit der wahhabitischen Gelehrsamkeit getragen wird (Thompson 2014: 14). Allerdings trifft der saudische Monarch keine Entscheidung, ohne sich mit anderen Machtzentren abzusprechen, obgleich ihre Zahl begrenzt ist (Steinberg 2004: 81). Laut Thompson gibt es drei Machtzirkel in Saudi-Arabien, die Einfluss auf Entscheidungen nehmen (Thompson 2014: 16): Zunächst die mächtigsten und einflussreichsten Mitglieder der Al Saud. Ihre Zahl ist nicht bekannt, allerdings wird sie auf höchstens ein bis zwei Dutzend Personen eingeschätzt (Steinberg 2008: 7; Wurm 2007: 5). Gefolgt von weniger einflussreichen Mitgliedern der Herrscherfamilie sowie führenden Mitgliedern des religiösen Establishments. Und zuletzt verschiedene elitäre Gruppen, die wenig Macht besitzen und daher nur geringen Einfluss auf Entscheidungen nehmen können. Der König steht zwar im Zentrum des politischen Systems und trifft Entscheidungen theoretisch allein, doch üblicherweise sucht er zuvor den Konsens zwischen diesen Akteuren. Parteien hingegen sind in Saudi-Arabien verboten (Sons 2017a: 58).

Staatsgründer Abdulaziz ibn Saud revitalisierte den Pakt seiner Vorfahren mit der wahhabitischen Gelehrsamkeit. Sein Versprechen den Wahhabismus zur einzig legitimen Auslegung des Islam zu deklarieren, hat ihm die uneingeschränkte Unterstützung der wahhabitischen Religionsgelehrten eingebracht (Habib 2009: 63). Daher prägt diese religiöse Strömung heute den Alltag im Königreich und definiert die religiösen und sozialen Standards (Habib 2009: 64). Saudi-Arabien versteht sich als islamischer Staat, daher durchdringt Religion alle Ebenen des politischen Systems: Der wahhabitische Islam ist Staatsreligion (Sons 2017a: 47). Der Koran und die Sunna galten zunächst inoffiziell als Verfassung des Landes, ehe König Fahd ibn Abdulaziz 1992 durch ein Dekret den offiziellen Status nachreichte (Wurm 2007: 3). Auch das Rechtssystem orientiert sich weitgehend an islamischen Normen. Die wahhabitische Gelehrsamkeit kann Inhalte der Gesetzgebung mitbestimmen und überwacht die Einhaltung religiöser Prinzipien (Fürtig 2014: 5). Für die saudische Königsfamilie ist es ein probates Mittel, ihre Politik durch Religionsgelehrte legitimieren zu lassen. So strahlen sie einerseits Frömmigkeit aus (Sons 2017a: 47) und andererseits impliziert dieses Vorgehen, dass Entscheidungen in Absprache mit anderen getroffen werden. Der Wahhabismus nimmt zwar ausführlich Stellung zu theologischen Fragen, doch sein Regierungsverständnis orientiert sich an der traditionellen Lehre: Demnach müssen Muslime sich auf einen Herrscher einigen, der ihre Einheit und Religion schützt (Commins 2015: 37). Solange der Herrscher seine Aufgaben erfüllt und den Gläubigen nicht befiehlt, religiöse Pflichten zu übertreten, ist ihm Gehorsamkeit zu leisten (Commins 2015: 37). Obwohl es keine wahhabitische Regierungslehre gibt, ist sie dennoch die ideologische Säule des saudischen Regimes (Wurm 2007: 4). Religionsgelehrte haben privilegierten Zugang zur Königsfamilie und beraten sie in wichtigen politischen und religiösen Fragen (Wurm 2007: 4). Der König ist auf ihre Expertise und Beratung angewiesen, um seine Aufgaben erfüllen zu können (Commins 2015: 37).

1992 ist ein verfassungsähnlicher Text mit der Bezeichnung „Grundgesetz der Regierung"[2] veröffentlicht worden. Wirksam wurde es durch ein Dekret von König Fahd und liefert einige Anhaltspunkte zum politischen System des Königreichs. Gleich zu Beginn des Schriftstücks wird Saudi-Arabien in Artikel 1 als islamischer Staat definiert, dessen Verfassung der Koran und die Sunna sei. Artikel 3 zufolge muss auf der Landesflagge die Inschrift „Es gibt keinen Gott außer Allah und Muhammed ist sein Gesandter" stehen. Damit wird die Bedeutung des Islam für das Selbstverständnis des Landes auch symbolisch unterstrichen und nach außen repräsentiert. Artikel 5 bezeichnet Saudi-Arabien als Monarchie, deren Herrscher die Nachkommen des Staatsgründers Abdulaziz ibn Saud sein müssen. Laut Artikel 7 beziehe die saudische Regierung ihre Autorität vom Koran und der Sunna, die zugleich die Referenzquelle für alle Gesetze des Landes seien. In Artikel 23 setzt sich der saudische Staat zum Ziel, den Islam zu

---

[2]Als Quelle dient die englische Übersetzung des saudi-arabischen Grundgesetzes, veröffentlicht durch die Botschaft des Königreichs Saudi-Arabien in Washington. Dies gilt für alle nachfolgenden Angaben, die sich auf dieses Grundgesetz beziehen. Siehe Literaturverzeichnis: Embassy of the Kingdom of Saudi Arabia in Washington, DC (1992): „The Basic Law of Governance".

schützen sowie „das Gute zu gebieten und das Verwerfliche zu verbieten". Dabei handelt es sich um einen wichtigen islamischen Grundsatz (siehe Al Imran 3/110; Araf 7/157), dessen Ausführung üblicherweise einem anerkannten muslimischen Herrscher obliegt. Der saudische König beansprucht offenkundig diese Aufgabe für sich selbst. Darin kommt zweifelsfrei auch der Führungsanspruch des Königreichs innerhalb der islamischen Welt zum Ausdruck. Daher sind Konflikte in einer Region mit zahlreichen muslimischen Ländern, die ebenfalls für sich in Anspruch nehmen, „das Gute zu gebieten und das Verwerfliche zu verbieten", unausweichlich.

König Fahd hat dieses Grundgesetz zudem in einer Rede verteidigt. Der Islam sei bereits die Grundlage des ersten saudischen Staates gewesen, als Muhammad ibn Saud und Muhammad ibn Abdalwahhab ihn vor 250 Jahren gründeten (Fahd 1992). Das Glaubensbekenntnis und der Islam seien die Säulen auf die sich der saudische Staat auch heute noch stütze. Damit repräsentiere Saudi-Arabien ein andersartiges politisches System in der Moderne (Fahd 1992). Daneben nennt König Fahd in seiner Rede einige Prinzipien, denen sich das Königreich Saudi-Arabien verpflichtet habe: Der Einheit des Glaubens, der islamischen Scharia, der Verbreitung des Islam, dem Gebot „das Gute zu gebieten und das Verwerfliche zu verbieten", der Praxis der Beratung sowie der Verteidigung des Glaubens, der heiligen Schreine, der Heimat, der Bürger und des Staates (Fahd 1992). Zugleich deklariere das Grundgesetz den Koran und die Sunna als Landesverfassung, alle Gesetze gingen auf sie zurück. Auch die Kooperation zwischen der Herrscherfamilie und den Religionsgelehrten werde fortgeführt (Fahd 1992). Fahd

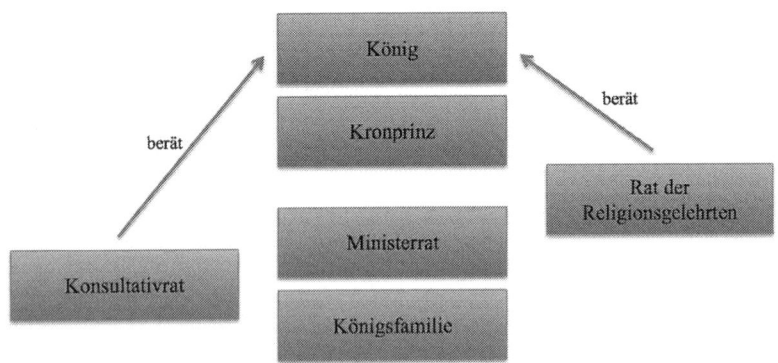

Abbildung 3.2 Das politische System Saudi-Arabiens. (Quelle: Eigene Darstellung)

begründet in seiner Rede das Bestehen des Königreichs hauptsächlich mit religiösen Argumenten und gibt dem Staat eindeutige religiöse Ziele vor. Im Königreich können daher Staat und Religion nicht getrennt voneinander betrachtet werden (Abbildung 3.2).

Der König ist die zentrale Institution im politischen System Saudi-Arabiens. Es gibt keine Gewaltenteilung, stattdessen vereint der König exekutive und legislative Kompetenzen (Fürtig 2014: 5; Wurm 2007: 4). Gemäß Artikel 55 muss er der Scharia entsprechend regieren und ihre Implementierung überwachen. Im Grundgesetz sind weitreichende Befugnisse des Königs festgeschrieben, die ihn mit einer enormen Machtfülle ausstatten. Artikel 56 überträgt ihm neben dem Amt des Staatsoberhaupts auch den Posten des Ministerpräsidenten. Dabei wird er von den Mitgliedern des Ministerrates assistiert. Außerdem ist er Oberbefehlshaber der Streitkräfte und kann den Ausnahmezustand ausrufen oder Krieg erklären (siehe Artikel 60 und 61). Daneben ist die Königsfamilie, die dem Land ihren einzigartigen Namen gibt, nach dem König der mächtigste Akteur des Landes (Sons 2017a: 136; Wurm 2007: 4). Mitglieder der Saud-Dynastie besetzen wichtige Posten in Ministerien, bei den Sicherheitsbehörden und in der Provinzverwaltung. Allerdings sind die tatsächlichen Machtverhältnisse innerhalb der Saud-Dynastie für Außenstehende schwerlich zu durchschauen. Übereinstimmenden Berichten zufolge sind nicht mehr als zwei Dutzend einflussreiche Familienmitglieder an Entscheidungen beteiligt, obwohl die Zahl der Prinzen im vierstelligen Bereich geschätzt wird (Sons 2017a: 135; Wurm 2007: 4–5). Die Al Saud nimmt im politischen System des Königreichs prinzipiell drei Funktionen ein (Thompson 2014: 14): (1) Vertreten durch den König ist sie die regierende Institution und leitet die wichtigsten Belange des Landes. (2) Als royale Familie repräsentiert sie den Staat und hat ein vitales Interesse an seinem Fortbestand. (3) Und nicht zuletzt garantiert sie die Wahrung der Allianz mit der wahhabitischen Gelehrsamkeit, die eine existenzielle Bedeutung für die politische Stabilität des Königreichs hat. Außerdem versteht sich der König nicht lediglich als politischer Führer, sondern fordert auch religiöse Autorität ein (Sons 2017a: 47). Zwar leitet er anders als das iranische Staatsoberhaupt seine Herrschaft nicht direkt von Gott ab, trotzdem führt er den prestigeträchtigen Titel ‚Hüter der beiden Heiligen Stätten‘. Diesen Titel trugen jahrhundertelang auch viele Kalifen, die sich als Vertreter aller Muslime ansahen. Deshalb gibt er Saudi-Arabien in der islamischen Welt einen besonderen Status, zumal jeder Muslim einmal im Leben die Pilgerfahrt (Hadsch) nach Mekka und Medina antreten soll. Allerdings ist Religion zugleich der wichtigste Faktor, der die Macht des Königs begrenzt (Steinberg 2004: 82). Er kann nur schwerlich Dekrete erlassen, die religiösen Prinzipien oder den Ansichten der Gelehrsamkeit zuwiderlaufen.

Eine wesentliche Bedeutung für die politische Stabilität des Königreichs hat die Thronfolgeregelung. Für Jahrzehnte wurde die Thronfolge unter den Söhnen des Staatsgründers Ibn Saud ausgemacht (Steinberg 2004: 86, 2011a: 2). Der Älteste unter ihnen folgte auf seinen verstorbenen Bruder (Steinberg 2011a: 2; Wurm 2007: 17). Diese Regelung wurde nur umgangen, wenn der Nachfolger die nötige körperliche und geistige Gesundheit nicht besaß. Die verbliebenen Söhne Ibn Sauds sind allesamt im hohen Alter und gelten als ‚greise Männer‘. Der amtierende König Salman ibn Abdulaziz bestieg 2015 mit 79 Jahren den Thron, sein Vorgänger Abdullah ibn Abdulaziz war bereits 81 als er 2005 König wurde. Diese Entwicklung hat eine Debatte über einen Generationswechsel aus-gelöst und die Notwendigkeit einer Neuregelung offenbart (Steinberg 2011a: 2; Wurm 2007: 17). Schließlich hat König Salman 2015 den Generationswechsel eingeleitet. Zu Beginn seiner Amtszeit ernannte er seinen Neffen Muhammad ibn Naif zum Kronprinzen, der ein älterer Vertreter der Enkelgeneration des Staatsgründers ist. Ein jüngerer Sohn des Königs, Muhammad bin Salman, wurde zum neuen stellvertretenden Kronprinzen auserkoren. Er repräsentiert die jüngere Enkelgeneration Ibn Sauds. Zum Paukenschlag kam es, als König Salman die Thronfolge im Sommer 2017 erneut änderte und ebendiesen Sohn überraschend zum Kronprinzen ernannte und damit zu seinem direkten Nachfolger erklärte. Ausschlaggebend für diesen Wechsel dürften nicht lediglich familiäre Interessen gewesen sein. Auch die Furcht vor einem Scheitern des Generationswechsels und ihre unkalkulierbaren Folgen für die politische Stabilität des Königreichs dürfte von Bedeutung gewesen sein. Die Ernennung Muhammad bin Salmans zum Kronprinzen glich einem Staatsstreich und offenbarte zugleich die undurchsichti-gen Machtverhältnisse innerhalb der Königsfamilie. Ein Streit um die Thronfolge könnte gravierende Auswirkungen auf die politische Stabilität des Landes haben.

Der Kronprinz bekleidet nach dem König die zweithöchste Position in Saudi-Arabien. Der Amtsträger gilt als Nachfolger des amtierenden Königs und damit als künftiger Herrscher des Königreichs. In den vergangenen Jahren wurde die Nachfolgefrage zu einem Politikum, weil König Salman mehrmals die Thron-folge änderte. Die Wahl fiel schließlich auf Muhammad bin Salman, der vielen Beobachtern zufolge in Rekordzeit zum wichtigsten Politiker des Landes aufge-stiegen ist (Sons 2017a: 144). Er wird höchstwahrscheinlich der nächste König sein und aufgrund seines jungen Alters das Königreich womöglich für Jahrzehnte prägen. Er ist der größte Nutznießer der Herrschaft seines Vaters Salman bin Abdulaziz. Während seiner Herrschaft ist er mit vielen hohen Ämtern betraut worden, wie mit dem des Verteidigungsministers oder des geschäftsführenden Vorstands des weltweit größten Erdölunternehmens Saudi Aramco (Sons 2017a:

145). Daher gilt er als prägende Figur der gegenwärtigen Entwicklungen in Saudi-Arabien. Er verfolgt wirtschaftliche Reformen und eine aggressive Außenpolitik in der Region. Als Verteidigungsminister ist er verantwortlich für das umstrittene militärische Vorgehen Saudi-Arabiens im Jemen. Für Aufsehen sorgt sein ambitioniertes milliardenschweres Reformprogramm ‚Vision 2030‘, das eine Maßnahme zur Diversifizierung der saudischen Wirtschaft ist, um unabhängiger vom Erdöl zu werden. Vision 2030 soll die Privatwirtschaft stärken und neue Arbeitsplätze für die rasant wachsende Bevölkerung schaffen.

Die florierenden Einnahmen aus dem Erdölgeschäft ermöglichten den saudischen Machthabern den Staat auszubauen (Sons 2017a: 38). 1953 wurde der Ministerrat gegründet, der sämtliche neugeschaffene Ministerien zusammenbringt. Zuvor gab es nur das Außenministerium (Sons 2017a: 38). Der König steht dem Ministerrat als Premierminister vor. Besonders wichtige Ministerien wie das Innen- oder Verteidigungsministerium sind traditionell Familienmitgliedern vorbehalten. Allerdings ist auch bei der Vergabe von Ministerposten eine vorsichtige Öffnung zu verzeichnen, wie gegenwärtig in vielen Bereichen der saudischen Gesellschaft. Adel al-Jubeir, der nicht zur Königsfamilie gehört, war von 2015 bis 2018 Außenminister des Königreichs und leitete ein Ministerium, dem jahrzehntelang Mitglieder der Königsfamilie vorstanden. Daneben ist 1993 unter König Fahd der Konsultativrat eingeführt worden, eine beratende Versammlung, die jedoch keine legislative Funktion innehat (Wurm 2007: 5–6). Seine Mitglieder werden allesamt vom König ausgewählt. Zwar können die Mitglieder des Konsultativrates Gesetze vorschlagen, allerdings entscheidet der König, ob die Vorschläge umgesetzt werden. Daher geht der Konsultativrat nicht über ein beratendes Gremium hinaus und ist kaum mit Parlamenten in demokratischen Systemen zu vergleichen.

Deutlich einflussreicher ist der Rat der höchsten Religionsgelehrten, der 1971 unter König Faisal ibn Abdulaziz ins Leben gerufen wurde. Er ist zuständig für die religiösen Angelegenheiten des Landes und gibt theologische Rechtsgutachten heraus (Sons 2017a: 48; Wurm 2007: 4). Faisal institutionalisierte die Religion, indem er sie in den Staatsapparat einbezog. Die Herrscherfamilie nutzt den Rat oft um ihr politisches Vorhaben religiös zu legitimieren. So rechtfertigte der Rat 1990 die höchstumstrittene Stationierung US-amerikanischer Truppen in Saudi-Arabien während des Zweiten Golfkrieges (Sons 2017a: 48). Der Rat ist Ausdruck der verzahnten gegenseitigen Interessen zwischen der Königsfamilie und den wahhabitischen Religionsgelehrten. Beide fürchten ohne den jeweils anderen ihre politische und gesellschaftliche Macht zu verlieren (Sons 2017a: 49). Das wichtigste Instrument der Religionsgelehrten innerhalb der Gesellschaft ist die Religionspolizei (Steinberg 2004: 148). Mit ihr überwacht sie die Einhaltung religiöser Vorschriften. Im politischen System versteht sich die Religionspolizei als Hüter des Gebots „das Gute zu gebieten und das Verwerfliche zu verbieten", das sich der Staat in Artikel 23 des Grundgesetzes als Aufgabe gegeben hat. Eine Besonderheit ist zudem, dass der Vorsitzende sowohl des Rates der hochrangigen Religionsgelehrten als auch der Religionspolizei meist ein Nachfahre Muhammad ibn Abdalwahhabs ist. Allerdings sind in den vergangenen Jahren die Befugnisse der Religionspolizei deutlich eingeschränkt worden. Auch bleibt unklar, ob sie im Laufe der angekündigten Reformen in den kommenden Jahren ihre gesellschaftspolitische Stellung behalten wird.

Im Vergleich zum Iran ist das politische System Saudi-Arabiens berechenbarer. Faktisch vereint der König alle Staatsgewalt in seinen Händen. Bestimmt er auch die Außenpolitik des Königreichs? Diese Frage ist für Außenstehende nicht handfest zu beantworten, da außenpolitische Entscheidungen nicht öffentlich ausgehandelt werden. Es bleibt ein Rätsel, wie groß der Einfluss des Außenministers ist und ob er die außenpolitische Agenda mitbestimmt oder lediglich für die internationale Repräsentation zuständig ist. Womöglich stimmt sich der König auch in der Außenpolitik lediglich mit einer Gruppe bestehend aus führenden Familienmitgliedern ab (Steinberg 2008: 7). Doch aufgrund der jüngsten Entwicklungen ist fraglich, ob tatsächlich noch mehr als zwei Personen die saudische Außenpolitik gestalten. Vieles deutet darauf hin, dass die Zahl der Personen, die tatsächlich die politische Agenda des Landes beeinflussen, deutlich gesunken ist. Neben König Salman hat Kronprinz Muhammad bin Salman entscheidenden Einfluss auf die außenpolitische Agenda (al-Rasheed 2017: 5). Zudem werden innerhalb der Königsfamilie zwei miteinander konkurrierende Strömungen in der Außenpolitik vermutet (Steinberg 2008: 7, 2011c: 127–128): Zum einen die Regionalisten, die auf Distanz zu den USA setzen und Konflikte durch Einbindung regionaler Akteure lösen wollen. Die Anhänger dieser Strömung fordern einen moderaten Umgang mit dem Iran und eine stärkere Kooperation mit regionalen Akteuren wie der Türkei. König Abdullah galt als Vertreter dieser Strömung. Zwar setzte er weiterhin auf die wichtigen Beziehungen mit den Vereinigten Staaten, doch gleichzeitig bemühte er sich kooperative Beziehungen zum Iran und zur Türkei aufzubauen. Zum anderen die Strömung der Amerikanisten, die sich stark an den USA orientieren und eine kompromisslose Politik gegenüber dem Iran verfolgen. Der amtierende König Salman und Kronprinz Muhammad bin Salman können diesem Lager zugerechnet werden.

Obwohl Saudi-Arabien anders als der Iran keine islamische Bezeichnung führt, versteht sich das Königreich als islamischer Staat. Religion nimmt eine vielseitige Funktion im politischen System des Landes ein, dessen Grundstein mit dem saudisch-wahhabitischen Pakt 1744 gelegt wurde. Seither haben wahhabitische Religionsgelehrte die politischen Ambitionen der Saud-Dynastie stets unterstützt.

Sie begründeten eine religiös-politische Symbiose, die bis heute besteht (Ataman 2009: 73; Ennis/Momani 2013: 1130). Als Ergebnis ist ein Staatskonstrukt entstanden, das vom König angeführt wird und die Trennung von Staat und Religion ablehnt. Die saudische Königsfamilie gewährleistet Sicherheit, Wohlstand und eine politische Ordnung gemäß dem Islam. Im Gegenzug beraten wahhabitische Theologen die Herrscherfamilie, legitimieren und unterstützen ihre Politik (Commins 2015: 37). Die Einhaltung religiöser Normen wird durch den Rat der höchsten Religionsgelehrten und der Religionspolizei überwacht (Wurm 2007: 3). Außerdem bedienen sich die saudischen Herrscher der Religion, um eine nationale Identität zu begründen. Eine durchaus schwierige Aufgabe, in einem Land, das seit jeher durch komplexe Stammesbeziehungen geprägt ist. Ein wesentliches Problem besteht darin, dass der Wahhabismus alle anderen Auslegungen des Islam als illegitim ansieht. Die regionalen Auswirkungen bleiben unkalkulierbar, da diese radikale Haltung Konflikte mit dem Iran und der Türkei unausweichlich macht, weil diese ebenfalls ein eigenes religiöses Konzept betreiben. Jedenfalls ist der Wahhabismus die ideologische Säule des Königreichs. Der Einfluss der Religion ist im Grundgesetz festgeschrieben. König Fahd beschrieb in seiner Rede hierzu unmissverständlich welche Bedeutung Religion für die politische Ordnung Saudi-Arabiens hat. Allerdings ist nicht gesichert, dass die Religion und die wahhabitische Gelehrsamkeit in Zukunft ihre Stellung behalten werden. Saudi-Arabien befindet sich im Umbruch, auch weil die Bedeutung des Erdöls schwindet. Dabei verdankt das Königreich seine Stabilität der vergangenen Jahrzehnte in erster Linie den Einnahmen aus dem Erdölgeschäft. Es bleibt unklar, ob im Zuge der angekündigten Reformen die saudisch-wahhabitische Tradition fortgesetzt oder der Einfluss des Wahhabismus beschränkt wird.

3.3 Atatürks Vermächtnis: Die Republik

Die Republik Türkei ist 1923 als Nachfolgestaat des Osmanischen Reichs entstanden. Vor ihrer Gründung oktroyierten die Siegermächte des Ersten Weltkriegs den Vertrag von Sèvres (1920), der den türkischen Staat auf Zentralanatolien begrenzte (Rumpf/Steinbach 2010: 1053). Das einseitige Abkommen stieß in der Bevölkerung auf Widerstand. Der Unabhängigkeitskrieg (1919–1922) nahm an Fahrt auf. Im Zuge dessen wurden die Besatzungsmächte aus Anatolien vertrieben und eine bessere Ausgangslage für neue Verhandlungen geschaffen. Der Vertrag von Lausanne (1923) begründete schließlich die heutigen Grenzen des Landes. Gleichzeitig begann unter dem ehemaligen General Mustafa Kemal (1881–1938), der sich während des Unabhängigkeitskrieges hervortat, ein umfassender Modernisierungsprozess. Er prägte die frühen Jahre der Republik, deren Staatspräsident er von 1923 bis 1938 war und gilt daher als Staatsgründer der modernen Türkei. Mustafa Kemal (ab 1934 Atatürk) leitete Reformen nach europäischem Vorbild ein, um die Türkei von ihrem Vorgängerstaat abzugrenzen. Dabei forderte er vor allem die Zurückdrängung der Religion und schaffte zuerst das Sultanat (1922) und anschließend das Kalifat (1924) ab (Esposito/Sonn/Voll 2016: 28). Außerdem ordnete er die Schließung religiöser Schulen an und stellte die Religion unter staatliche Kontrolle (Riedel 2017: 21; Seufert 2004: 9). Daneben ersetzte Atatürk islamisches Recht durch europäisches Recht (Esposito/Sonn/Voll 2016: 28; Riedel 2017: 21; Rumpf/Steinbach 2010: 1053). Der Islam verlor zudem 1928 seinen offiziellen Status als Staatsreligion. Muslimische Bewegungen konnten ihre Aktivitäten nur noch verdeckt fortführen und beschränkten sich dabei auf pädagogische Tätigkeiten (Seufert 2004: 9). Die ‚Modernisierung um jeden Preis' wurde mit harter Hand und ohne Rücksicht auf oppositionelle Ansichten durchgesetzt. Treibende Kraft der Umwälzungen war die Republikanische Volkspartei (CHP), die 1923 eigens von Atatürk als staatstragende Partei gegründet wurde.

Die Umbrüche haben ein politisches System hervorgebracht, das sich an den Regierungsformen europäischer Nationalstaaten orientiert. 1924 trat die Verfassung der neugegründeten Republik in Kraft und regelte die Kompetenzen der drei Staatsgewalten sowie die Grundrechte der Bürger. Gleichzeitig avancierte der *Kemalismus* zur offiziellen Staatsideologie. Seine sechs Prinzipien (Altı Ok) wurden 1937 in die Verfassung aufgenommen: (1) Der Republikanismus (cumhuriyetçilik) steht für einen republikanischen Staat, der ein Sultanat und Kalifat ablehnt. Außerdem drückt es den Wunsch nach einer demokratischen statt monarchischen Regierungsform aus (Rumpf 2017b). Der Republikanismus ist bis heute in Artikel 1 der türkischen Verfassung[3] festgeschrieben. (2) Das Prinzip des Nationalismus (milliyetçilik) betont die territoriale und nationale Einheit und sieht ein zentralistisches Staatsmodell für die Türkei vor (Rumpf 2017b). Das Osmanische Reich war ein Vielvölkerstaat, der kemalistische Nationalismus hingegen etablierte einen Nationalstaat. Damit folgte Atatürk dem nationalistischen Zeitgeist, der zuletzt auf dem Balkan und in der arabischen Welt zahlreiche Länder hervorbrachte. (3) Der kemalistische Populismus (halkçılık) steht für volksnahes Regieren und der Implementierung demokratischer Prozesse (Rumpf 2017b). „Die Souveränität gehört bedingungslos dem Volk" (Egemenlik kayıtsız şartsız

---

[3] Als Quelle dient die Originalfassung der türkischen Verfassung, veröffentlicht auf der Homepage der Großen Nationalversammlung der Türkei (TBMM). Dies gilt für alle nachfolgenden Angaben, die sich auf die türkische Verfassung beziehen. Siehe Literaturverzeichnis: Türkiye Büyük Millet Meclisi (1982): „Türkiye Cumhuriyeti Anayasası".

Milletindir) ist ein bekannter Ausspruch Atatürks, der in Artikel 6 der heutigen Verfassung zu finden ist. Dieser drückt die Ablehnung der Herrschaft von Gruppen, Dynastien oder Klassen aus. (4) Das wohl wichtigste Prinzip des Kemalismus ist allerdings der Laizismus (laiklik), der nicht nur eine strenge Trennung von Staat und Religion vorsieht, sondern zugleich die Religion aus der Öffentlichkeit gänzlich verbannt. Dabei ist die Einführung des laizistischen Staates in der Türkei schrittweise umgesetzt worden. Zunächst wurde die Religion im Zuge kemalistischer Reformen verdrängt, bevor der Laizismus 1937 Eingang in die Verfassung fand und seither eins der wichtigsten Prinzipien der Republik ist. (5) Der Etatismus (devletçilik) fordert staatliches Engagement in der Wirtschaft, um eine funktionstüchtige Ökonomie zu gewährleisten. (6) Nicht zuletzt rundet das Prinzip des Revolutionismus (devrimcilik) den Kemalismus ab und gilt als dessen Modernisierungsideologie. Die Reformen Atatürks müssten geschützt, verteidigt und vorangetrieben werden. Umgesetzt wurde diese Ideologie von der CHP. Sie war bis 1946 zudem die einzige politische Partei, weshalb diese Zeitspanne als ‚Ein-Parteien-Ära' bezeichnet wird. Je nach Regierung ist dem Kemalismus mehr oder weniger Beachtung beigemessen worden. Doch seine Prinzipien prägen die Türkei nach wie vor.

Mit Einführung des Mehrparteiensystems betrat die Demokratische Partei (DP) von Adnan Menderes (1899–1961) die politische Bühne. Sie verfolgte eine konservativ-wirtschaftsliberale Politik und übernahm nach einem Erdrutschsieg bei den Parlamentswahlen 1950 die Regierung. Seither gilt sie als Vorreiter jeglicher konservativer Parteien in der Türkei (Rumpf 2017b). Die Regierungsübernahme durch die DP beendete erstmals nach 27 Jahren die Herrschaft der CHP. Unter der Ägide von Menderes erlebte das Land eine wirtschaftliche Liberalisierung und orientierte sich stärker an den USA. Gleichzeitig spielte Religion im öffentlichen Diskurs wieder eine Rolle (Esposito/Sonn/Voll 2016: 29; Seufert 2004: 9). Die DP nahm ihre Ausgrenzung schrittweise zurück. Allerdings putschte das Militär 1960 erstmals in der Geschichte der Türkei und stürzte die Regierung. Der Ministerpräsident Menderes wurde 1961 mit zwei weiteren Ministern zum Tode verurteilt und gehängt. 1971 und 1980 putschte das Militär erneut, um nach eigenen Aussagen die öffentliche Ordnung wiederherzustellen. Turgut Özal (1927–1993) rückte in den 1980er-Jahren als Ministerpräsident die Religion wieder in den Fokus der Öffentlichkeit, wohl auch um die zersplitterte Gesellschaft zu einen (Esposito/Sonn/Voll 2016: 33). Dennoch hat der Laizismus als wichtigste Komponente des türkischen Staatswesens überlebt, obgleich nicht mehr in seiner ursprünglichen Härte.

Es gibt eine Unterscheidung zwischen Laizismus und Säkularismus. Während der Laizismus eine strenge staatliche Neutralität sowie die Verbannung der Religion aus der Öffentlichkeit betreibt, gewährt der Säkularismus, wie er in vielen europäischen Staaten praktiziert wird, der Religion öffentliche Handlungsräume (Scheiterbauer 2014: 67–68). Dabei ist die Frage entscheidend, ob der Staat vor der Religion oder die Religion vor dem Staat geschützt werden soll. Die kemalistischen Reformen bezweckten den Staat vor dem Einfluss der Religion zu sichern und orientierten sich am französischen Laizismus (Riedel 2017: 21). Dieser fordert nicht lediglich die Trennung von Religion und Politik, sondern zugleich die entschiedene Zurückdrängung der Religion in allen gesellschaftlichen Bereichen, auch in solchen der Bildung und Kultur (Seufert 2004: 12). Daher verdrängte der Kemalismus die Religion samt ihrer Institutionen aus der Öffentlichkeit (Scheiterbauer 2014: 69). Gleichzeitig wurde das Präsidium für religiöse Angelegenheiten (Diyanet) gegründet, um die Religion unter staatliche Kontrolle zu stellen (Scheiterbauer 2014: 69; Seufert 2004: 12). Allerdings blickt der Laizismus im hundertjährigen Bestehen der Republik auf eine ambivalente Geschichte zurück. Zwischen 1923 und 1950 wurden laizistische Prinzipien streng umgesetzt, die Religion wurde weitgehend marginalisiert (Seufert 2004: 15). Unter Menderes erlebte das Verhältnis von Staat und Religion ein vergleichsweise sanftes Jahrzehnt, so auch unter Özal. Unmittelbar nach den zahlreichen Militärputschen, die das Land erlebt hat, wurde der Laizismus wieder in den Vordergrund gestellt, weil das Militär seine strenge Einhaltung forderte. Unter der Partei für Gerechtigkeit und Entwicklung (AKP) erlebte der Laizismus eine Öffnung wie nie zuvor. Religion ist wieder ein wichtiger Aspekt des politischen Diskurses geworden. Dennoch gibt es in der Türkei eine offizielle Trennung von Religion und Politik, auch nach der Verfassungsreform 2017, die den säkularen Charakter des Staates nicht berührt.

Die heutige Verfassung (Anayasa) ist unter dem Einfluss der Militärregierung entstanden und 1982 in Kraft getreten. Sie beinhaltet die wichtigsten Prinzipien des Kemalismus: Artikel 1 definiert die Türkei als Republik, die laut Artikel 2 gemäß der nationalistischen Vision Atatürks als demokratischer und laizistischer Staat fortbestehe. Bereits in der Präambel wird die Trennung von Staat und Religion betont. Artikel 4 schützt den republikanischen und laizistischen Charakter des Staates und erklärt diese Prinzipien als unveränderlich und unantastbar. Das türkische Volk billigte 2017 mit hauchdünner Mehrheit (51,4 Prozent) eine Verfassungsänderung, die zwar die oben genannten Prinzipien nicht berührt, allerdings einen Systemwechsel eingeleitet hat. Diese Verfassungsreform gilt als die größte Veränderung seit Bestehen der Republik (Rumpf 2017a). Das parlamentarische Regierungssystem ist durch ein Präsidialsystem ersetzt worden. Darin werden dem

Staatspräsidenten enorme Machtbefugnisse erteilt (Rumpf 2017b). Die Einführung des Präsidialsystems ist von Recep Tayyip Erdoğan vorangetrieben worden, der 2018 zum ersten Präsidenten des neuen Regierungssystems gewählt wurde. Allerdings gab es bereits in den 1980er-Jahren Diskussionen über die Einführung eines Präsidialsystems, angeführt von Turgut Özal (Yilmaz 2018: 32). Damals bezogen sich die Befürworter eines Präsidialsystems auf die zahlreichen Koalitionsregierungen zwischen 1961 und 1980, die zu Instabilität und schließlich zum verheerenden Militärputsch von 1980 geführt hätten (Yilmaz 2018: 32). Auch die Zeit von 1991 bis 2002 ist gezeichnet von zahlreichen verschiedenen Koalitionsregierungen. Das System war nicht imstande, stabile Strukturen zu fördern; Regierungskrisen waren keine Seltenheit (Yilmaz 2018: 57–58).

Erdoğan warb energisch für das Präsidialsystem, das faktisch 2014 mit den ersten direkten Präsidentschaftswahlen eingeführt wurde. Das System schaffe keine Stabilität und wirke sich negativ auf die soziale und ökonomische Entwicklung aus (Erdoğan 2017). In 93 Jahren der Republik (2017) habe es 65 Regierungen gegeben, so Erdoğan. „Es hat in diesem Land Regierungen gegeben, die 25 Tage gehalten haben. Kann so ein Staat regiert werden?"[4] (Erdoğan 2017). Wenn die Türkei ihre Ziele erreichen wolle, brauche sie ein effizientes Regierungssystem. Daher sei ein neues politisches System dringend nötig. Die Einführung des Präsidialsystems ist in der türkischen Bevölkerung umstritten, wie auch das Ergebnis des Verfassungsreferendums zeigt. Die Opposition beklagt, das neue System schaffe die Gewaltenteilung ab und statte den Präsidenten mit enormer Machtkompetenz aus. Diese Kritik weist Erdoğan zurück und beschuldigt die CHP, zu Beginn der Republik ein Einparteiensystem etabliert zu haben. Allerdings gehe es bei dieser Verfassungsreform nicht darum, die Macht einer Person zu festigen, sondern ein Regierungssystem zu finden, mit dem die Türkei ihre Ziele erreichen könne: „Erdoğan ist nicht ewig, Erdoğan ist sterblich"[5] (Erdoğan 2017). Außerdem stärke das Präsidialsystem den Volkswillen, da der Präsidentschaftskandidat mindestens die Hälfte der Bevölkerung auf seine Seite bringen müsse. Unter dem Strich sind von der AKP und regierungsnahen Politikwissenschaftlern folgende Argumente pro Präsidentialismus angeführt worden: Demokratisierung der Politik, direkter Volkswille, politische und ökonomische Stabilität, Abschaffung des ‚Zwei-Autoritäten-Systems' (çift başlılık) sowie schnelleres und effizienteres Regieren (Gülener/Miş 2017: 7; Abbildung 3.3).

---

[4]Übersetzung des Verfassers: „25 gün ömrü olan hükümetler olmuştur bu ülkede. Böyle devlet yönetilir mi?"

[5]Übersetzung des Verfassers: „Ya hu Tayyip Erdoğan baki değil, Tayyip Erdoğan fani."

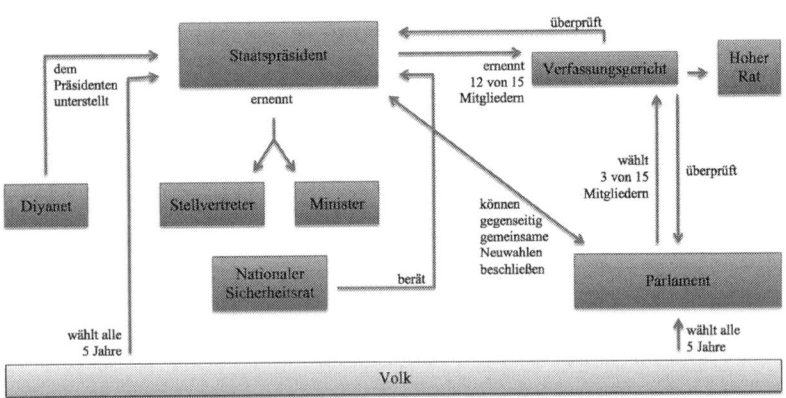

Abbildung 3.3   Das politische System der Türkei. (Quelle: Eigene Darstellung)

Im neuen politischen System der Türkei überragt der Staatspräsident (Cumhurbaşkanı) alle anderen Ämter und Institutionen. Er wird direkt vom Volk für eine Amtszeit von fünf Jahren gewählt und darf einmal wiedergewählt werden. Artikel 8 überträgt dem Präsidenten die Exekutive, zuvor war der nun abgeschaffte Ministerrat das wichtigste Exekutivorgan. Laut Artikel 103 muss der Präsident zu Beginn seiner Amtszeit dem Laizismus und den Prinzipien Atatürks die Treue schwören. Artikel 104 regelt die Kompetenzen des Präsidenten. Demnach gibt er die Richtung der Innen- und Außenpolitik vor, ernennt und entlässt seine Stellvertreter, Minister sowie hochrangige Beamte, bestimmt die Sicherheitspolitik und ist im Namen des Parlaments der Oberbefehlshaber der Streitkräfte. Allerdings kann er ohne Zustimmung des Parlaments keine militärischen Einsätze anordnen (Rumpf 2017a). Außerdem kann der Präsident exekutive Dekrete erlassen und laut Artikel 119 den Ausnahmezustand ausrufen. Daneben ist für das Präsidentenamt das zuvor strikte Neutralitätsgebot gestrichen worden. Der Staatspräsident muss nicht mehr parteilos sein, sondern kann Parteimitglied und Parteivorsitzender bleiben (Gülener/Miş 2017: 20; Rumpf 2017a). Damit hat er die Möglichkeit über seine Partei direkten Einfluss auf die Debatten und Entscheidungen des Parlaments zu nehmen. Das Neutralitätsgebot wurde erst nach dem Militärputsch 1961 in die Verfassung aufgenommen. Atatürk war zwischen 1923 und 1938 als Staatspräsident auch weiterhin Vorsitzender der CHP. Die Verfassungsänderung 2017 hat nunmehr ein politisches Kalkül aus der ‚Ein-Parteien-Zeit' revitalisiert. Als problematisch gilt, dass der Präsident weiterhin nach Artikel 104 als ‚Hüter der Verfassung' zählt, aber praktisch nicht mehr überparteilich ist (Rumpf

2017a). Zudem schreibt die Verfassung nun die gleichzeitige Durchführung der Präsidentschafts- und Parlamentswahlen vor. Der Präsident kann zwar das Parlament auflösen und Neuwahlen anordnen, muss sich dann aber auch selbst zur Wahl stellen (Gülener/Miş 2017: 11). Gleiches gilt für das Parlament, das mit einer Dreifünftelmehrheit ebenfalls Neuwahlen anordnen kann. In diesen Fällen werden beide Wahlen wiederholt. Begründet wird diese Regelung damit, dass sich Präsident und Parlament nicht gegenseitig blockieren sollen (Gülener/Miş 2017: 10). Zu unterschiedlichen Zeiten könnten die Ergebnisse abweichen. Bei gleichzeitiger Wahl beider Organe wird davon ausgegangen, dass die Partei des Präsidenten zugleich die stärkste Kraft im Parlament sein wird. Das System unterstützt per definitionem die Vormacht einer politischen Richtung, deren Ton der Präsident und seine Partei angeben. Unter dem Strich vereint der Staatspräsident eine enorme Machtfülle, übernimmt Funktionen und Kompetenzen des Premierministers sowie Ministerrats, die mit der Verfassungsreform beide weggefallen sind (Seufert 2018: 14).

Laut Artikel 106 kann der Präsident einen oder mehrere Stellvertreter (Vizepräsident) ernennen. Sie werden nicht gewählt, sondern vom Präsidenten ernannt (Gülener/Miş 2017: 15). Falls das Präsidentenamt vakant wird, fungiert der Stellvertreter als Präsident und übernimmt seine Kompetenzen für eine begrenzte Dauer von 45 Tagen. Innerhalb dieser Zeitspanne muss ein neuer Präsident gewählt werden. Die Stellvertreter und Minister dürfen nicht als Abgeordnete fungieren. Artikel 106 erklärt die Stellvertreter und Minister in erster Linie dem Präsidenten gegenüber verantwortlich. Auch die Minister werden direkt vom Präsidenten ernannt (Gülener/Miş 2017: 16). Durch die Verfassungsreform haben sie erheblich an Macht eingebüßt.

Das Parlament (Meclis) besteht aus 600 Mitgliedern, die ebenfalls für fünf Jahre gewählt werden. Die Gesetzgebung und Haushaltshoheit gebührt dem Parlament (Rumpf 2017a). Auch die Abgeordneten sind laut Artikel 81 zu Beginn ihrer Amtszeit verpflichtet, dem Laizismus und den Prinzipien Atatürks die Treue zu schwören. Artikel 87 regelt die Aufgaben des Parlaments: Demnach sind die Abgeordneten befugt, Gesetze zu geben, ändern oder aufzuheben, den Haushalt zu beschließen und über eine Kriegserklärung zu entscheiden. Artikel 90 erfordert die Zustimmung des Parlaments, bevor internationale Verträge geschlossen werden. Außerdem schreibt Artikel 92 vor, dass Auslandseinsätze vom Parlament genehmigt werden müssen. Laut Artikel 98 können die Abgeordneten den Stellvertretern sowie Ministern schriftliche Anfragen stellen, die innerhalb von 15 Tagen schriftlich beantwortet werden müssen (Gülener/Miş 2017: 12). Allerdings ist das Misstrauensvotum als Kontrollmechanismus entfallen. Das Parlament kann mit einer absoluten Mehrheit ein Ermittlungsverfahren gegen den Präsidenten, seine Stellvertreter und Minister beantragen (Rumpf 2017a). Die Abgeordneten haben anschließend nach Artikel 105 einen Monat Zeit, um den Antrag auf ein Ermittlungsverfahren zu besprechen. Mit einer Dreifünftelmehrheit in geheimer Abstimmung kann das Parlament ein Verfahren einleiten (Gülener/Miş 2017: 14). Anschließend wird eine Untersuchungskommission gebildet, die dem Parlament einen Bericht vorlegt. Danach können die Abgeordneten den Präsidenten mit einer Zweidrittelmehrheit an den Hohen Rat (Yüce Divan) übergeben, der den Staatspräsidenten verurteilen und somit des Amtes entheben kann. Ein häufig genannter Kritikpunkt ist, dass Abgeordnete die Minister vor dem Parlament nicht befragen können (Seufert 2018: 14). Außerdem verschwimmen die Grenzen zwischen der Exekutive und Legislative, weil der Präsident über seine Partei erheblichen Einfluss auf das Parlament nehmen kann (Seufert 2018: 15).

Ein weiteres Verfassungsorgan ist der Nationale Sicherheitsrat (Milli Güvenlik Kurulu). Er galt für Jahrzehnte als Instrument des Militärs, um die zivile Politik zu beeinflussen (Rumpf 2017a). Laut Artikel 118 konstituiert sich der Sicherheitsrat unter Vorsitz des Präsidenten aus seinen Stellvertretern, den Justiz-, Verteidigungs-, Innen- und Außenministern, dem Generalstabschef sowie den drei Kommandeuren der Teilstreitkräfte. Die wichtigste Funktion des Sicherheitsrats besteht darin, den Präsidenten in sicherheitspolitischen Fragen zu beraten. Das Verfassungsgericht besteht aus 15 Mitgliedern und überprüft gemäß Artikel 148 Gesetze sowie Präsidentendekrete. Zwölf der 15 Mitglieder werden vom Präsidenten ernannt (Rumpf 2017a; Seufert 2018: 16): Die restlichen drei Mitglieder werden vom Parlament mit einfacher Mehrheit gewählt. Das Verfassungsgericht kann Personen mit hohen politischen Ämtern wie den Präsidenten, seine Stellvertreter und Minister vor dem Hohen Rat anklagen.

Das Präsidium für religiöse Angelegenheiten (Diyanet) wurde 1924 gegründet und ist die wichtigste religiöse Institution der Türkei. Die Einrichtung wird in Artikel 136 der Verfassung erwähnt und soll ihre Aufgaben auf Grundlage des Laizismus und in politischer Neutralität erfüllen. Die Hauptaufgaben des Präsidiums bestehen darin, die Moscheen zu verwalten, Vorbeter, Prediger und Gebetsrufer zu ernennen sowie die Freitagspredigt auszuarbeiten (Seufert 2004: 17). Gleichzeitig gilt die Behörde als offizieller Ansprechpartner für religiöse Fragen. Seit der Verfassungsreform 2017 untersteht sie direkt dem Staatspräsidenten. Überraschenderweise ist sie nicht von konservativen Kreisen etabliert und gestärkt worden, sondern von Militärs, die nach jedem Putsch die rechtliche Stärkung des Präsidiums vorangetrieben und gefördert haben (Seufert 2004: 18). Ursprünglich von Atatürk gegründet, gilt sie als zentrales Instrument zur Durchsetzung des Laizismus in der Türkei. Aufgrund der Existenz des Präsidiums für religiöse Angelegenheiten kann darüber gestritten werden, ob in der

Türkei tatsächlich eine Trennung von Staat und Religion besteht, oder lediglich eine staatliche Unterordnung der Religion.

Mit Gründung der Republik vollzog sich in der Türkei ein umfassender Wandel. Dabei verdrängte der Kemalismus die Religion aus der Öffentlichkeit, etablierte einen strengen Laizismus und stellte den Islam unter staatliche Kontrolle. Der Laizismus ist in der türkischen Verfassung festgeschrieben, die an zahlreichen Stellen die Trennung von Religion und Politik betont. Auch die Verfassungsänderung 2017 berührt nicht den laizistischen Charakter des Staates. Allerdings etablierte die Reform ein Präsidialsystem, in dem der Staatspräsident nun die mächtigste Funktion im politischen System der Türkei einnimmt. Die AKP hat die Einführung des Präsidialsystems entschieden vorangetrieben, mit der Begründung, das ‚alte System' schaffe keine Stabilität. Da der Staatspräsident nun enorme Machtbefugnisse genießt, wird die Intensität des Verhältnisses von Staat und Religion von der Person des Präsidenten abhängen. Der Staat ist zwar laizistisch und so muss der Staatspräsident im Amtseid den Prinzipien Atatürks und dem Laizismus die Treue schwören, doch belegt die Geschichte der Republik, dass die Umsetzung von Regierung zu Regierung stark variiert. Daher kann davon ausgegangen werden, dass während der Regierungszeit eines konservativen Präsidenten die Religion im politischen Diskurs des Landes und damit auch in der Außenpolitik eine bedeutsame Funktion einnehmen wird. Unter der Regierung eines republikanischen Präsidenten hingegen dürfte Religion für die Außenpolitik des Landes nicht von allzu großer Bedeutung sein. Je nach Regierung und Präsident lässt sich für die türkische Außenpolitik eine gewichtigere oder geringere Bedeutung der Religion ableiten, da der Staatspräsident die dominierende Figur in der Außenpolitik ist.

3.4 Zusammenfassung

Zu Beginn des 20. Jahrhunderts hat sich die Beziehung zwischen Religion und Politik in den drei untersuchten Ländern vielfältig entwickelt. Im Iran betritt der schiitische Klerus im Zuge der Konstitutionellen Revolution die Bühne und positioniert sich fortan als einflussreicher Akteur des politischen Geschehens. Er spielt schließlich 1979 die ausschlaggebende Rolle beim Umsturz des Schahs. Khomeini und seine Anhänger übernehmen die Kontrolle über den Iran. Anschließend etablieren sie ein theokratisches Staatssystem auf Grundlage der Welayat-e Faqih, das von Khomeini ausgearbeitet wurde. Auf der Arabischen Halbinsel revitalisierte Abdulaziz ibn Saud hingegen Anfang des 20. Jahrhunderts den saudisch-wahhabitischen Pakt aus 1744. Durch diese Allianz ist eine saudisch-wahhabitische Symbiose entstanden, in der es keine klaren Grenzen zwischen Religion und Politik gibt. Diese historische Symbiose führte schließlich zur Gründung des Königreichs Saudi-Arabien, in dem der Wahhabismus privilegiert ist (Steinberg 2011c: 121). In der Türkei hingegen setzte sich nach dem Ersten Weltkrieg ein laizistisches Staatsmodell durch. Angeführt von Atatürk verdrängten umwälzende Reformen die Religion aus der Öffentlichkeit, die noch zu Zeiten des Osmanischen Reichs eine gehobene Stellung genoss. Der Kemalismus avancierte zur Ideologie der frühen Republik. Der Laizismus setzte sich als wichtiger Bestandteil des politischen Systems durch. Eine geschichtliche Gemeinsamkeit zwischen diesen drei Staaten liegt darin, dass sie ihre Gründung auf eine einzige Person zurückführen, nämlich auf Khomeini, Ibn Saud und Atatürk. Sie gelten als heldenhafte Visionäre, deren Ideen bis heute Resonanz fänden.

Der Iran bezeichnet sich als Islamische Republik, in der das Konzept der Welayat-e Faqih das zentrale Merkmal des politischen Systems ist. Es überträgt dem anerkanntesten schiitischen Rechtsgelehrten die politische und religiöse Führung. Das iranische Staatsoberhaupt legitimiert sich religiös, daher ist der Iran ein theokratischer Staat mit republikanischen Elementen. Saudi-Arabien indessen ist eine absolute Monarchie und bezeichnet sich laut Grundgesetz als islamischer Staat. Allerdings führt der König seine Legitimation nicht ausschließlich auf Religion zurück, obgleich aus religiösen Gründen bürgerlicher Gehorsam eingefordert wird. Faktisch herrscht keine Trennung von Staat und Religion. Schließlich führt der König den religiösen Titel ‚Hüter der beiden Heiligen Stätten‘. Die Türkei fällt als laizistischer Staat aus diesem Muster heraus. Denn der Laizismus betreibt die Verdrängung der Religion aus Politik und Öffentlichkeit. Allerdings weicht die Strenge des Laizismus in der Türkei von Regierung zu Regierung deutlich voneinander ab. Während kemalistische Parteien eine strikte Verbannung der Religion befolgten, haben konservative Parteien eine Reintegration der Religion in den politischen Diskurs betrieben. Eine Gemeinsamkeit zwischen allen drei Staaten liegt darin, dass an der Spitze des politischen Systems jeweils ein mächtiges Amt steht. Im Iran wird diese Position vom Revolutionsführer eingenommen, der faktisch außerhalb der drei Staatsgewalten steht. In Saudi-Arabien genießt der König absolute Macht und in der Türkei bezieht der Staatspräsident seit der Verfassungsreform 2017 enorme Machtbefugnisse.

Im Iran ist die politische Macht des schiitischen Klerus in der Verfassung abgesichert. Zahlreiche Verfassungsartikel schützen die Stellung der Religion. Die Welayat-e Faqih sowie der Glaube an die Rückkehr Mahdis sind in der Verfassung niedergeschrieben. Artikel 5 der iranischen Verfassung überträgt während der Abwesenheit des zwölften Imams die politische Macht einem dazu befähigten

Rechtsgelehrten. Laut Artikel 67 müssen die Abgeordneten des iranischen Parlaments dem Islam und den Errungenschaften der Islamischen Revolution die Treue schwören. Ähnliches gilt laut Artikel 121 für den Präsidenten. Der Revolutionsführer ist davon ausgenommen, da er sich religiös legitimiert. In Saudi-Arabien werden in Artikel 1 des Grundgesetzes der Koran und die Sunna als Verfassung des Königreichs bezeichnet. Viele Artikel schreiben die gehobene Stellung der Religion fest: Auf der Flagge des Landes steht die Inschrift „Es gibt keinen Gott außer Allah und Muhammed ist sein Gesandter". Außerdem hat sich das Königreich in Anlehnung an den Islam der Aufgabe verschrieben „das Gute zu gebieten und das Verwerfliche zu verbieten". Die türkische Verfassung hingegen betont die Trennung von Religion und Politik. Der Laizismus ist in Artikel 2 der Verfassung festgeschrieben. Der Staatspräsident (Artikel 103) und die Abgeordneten (Artikel 81) müssen im Amtseid den Prinzipien Atatürks und dem Laizismus die Treue schwören. In der iranischen Verfassung und im saudi-arabischen Grundgesetz genießt der Islam eine gehobene Stellung. In der türkischen Verfassung wird keine Religion hervorgehoben.

Die wichtigste religiöse Institution im Iran ist offenkundig das Amt des ‚Obersten Religionsgelehrten' (Revolutionsführer). Er genießt viele Vollmachten und steht als oberste Instanz außerhalb der drei Staatsgewalten. Er legitimiert sich ausschließlich religiös, da er ein anerkannter Rechtsgelehrter mit ausgewiesenen theologischen Kenntnissen sein muss. In Saudi-Arabien ist die wichtigste religiöse Institution der Rat der hochrangigen Gelehrten, der in Artikel 45 des Grundgesetzes erwähnt wird. Der König nutzt diesen Rat um seine Politik religiös zu legitimieren. Eine andere religiöse Institution ist die Religionspolizei. Mit ihr wird die Einhaltung religiöser Vorschriften in der Gesellschaft überwacht. In der Türkei gibt es nur eine religiöse Institution die staatlich ist, nämlich das Präsidium für religiöse Angelegenheiten (Diyanet). Doch es fungiert eher als Behörde, die dem Präsidenten unterstellt ist und keinen direkten Einfluss auf politische Entscheidungen hat.

Die iranische Außenpolitik wird vom Präsidenten gestaltet. Allerdings gibt der Revolutionsführer hierfür die Leitlinien vor und kann den Präsidenten jederzeit zurückrufen. Außerdem ist der Präsident verpflichtet, zuvor die Zustimmung des Revolutionsführers einzuholen. Der Außenminister kann nur schwerlich eigene Akzente setzen. Die saudi-arabische Außenpolitik wird theoretisch vom König dominiert. Allerdings ist davon auszugehen, dass ein kleiner Kreis aus Familienmitgliedern den außenpolitischen Kurs mitgestaltet. Vor allem der Kronprinz hat einen entscheidenden Einfluss. Der Außenminister setzt lediglich die Vorgaben um, schließlich kann er vom König beliebig abgesetzt und ausgetauscht werden.

Die türkische Außenpolitik wird nach der Verfassungsreform 2017 vom Staatspräsidenten gestaltet. Der Außenminister wird vom Präsidenten ernannt, der diesen absetzen kann.

Regionalmacht oder Ordnungsmacht – Nahöstliches Mächtedreieck

4

„Wer bewirkt, dass ein anderer mächtig wird, der richtet sich selbst zugrunde."

(Machiavelli 1986 [1532]: 29)

Auf die bipolare Weltordnung des Kalten Krieges folgte ein unipolares System, das die Vereinigten Staaten für zwei Jahrzehnte als ‚alleinige Supermacht' dominierten. Allerdings durchlebt die Staatenordnung gegenwärtig den Übergang in ein multipolares System. Dabei ist die Bedeutung von Regionen und Regionalmächten deutlich gestiegen (Fawcett 2011: 155; Nolte 2010: 882). Aufstrebende Länder erfreuen sich zunehmender Autonomie (Fawcett 2011: 155), da die USA ihren Status als ‚alleinige Supermacht' allmählich verlieren. Ein Beispiel für diese Entwicklung liefert Lateinamerika, das lange Zeit als ‚Hinterhof' der Vereinigten Staaten galt. Doch heute fordern einerseits regionale Akteure wie Brasilien oder Mexiko ein größeres Mitspracherecht und andererseits sind externe Akteure wie China ebenfalls in die Region eingedrungen. In diesem Kapitel werden der Iran, Saudi-Arabien und die Türkei als die Regionalmächte des Nahen Ostens eingeführt.

Doch was macht eine *Regionalmacht* aus? Wie kann sie definiert und klassifiziert werden? Der Begriff verbindet ein geopolitisches Konzept der ‚Region' mit dem politischen Grundkonzept der ‚Macht' (Nolte 2012: 22). Insofern werden Regionalmächte als Staaten angeführt, die umfassende Machtressourcen besitzen und die Führung ihrer Region beanspruchen (Destradi 2012: 137). Sie sind innerhalb einer bestimmten Region einflussreich und definieren ihre Struktur und Polarität (Nolte 2012: 25). Nolte schlägt im Artikel „How to Compare Regional

© Der/die Autor(en), exklusiv lizenziert durch Springer Fachmedien Wiesbaden GmbH, ein Teil von Springer Nature 2020
M. Özev, *Religion und Außenpolitik*, Globale Gesellschaft und internationale Beziehungen, https://doi.org/10.1007/978-3-658-32220-5_4

Powers?" (2010) entsprechende Analysekriterien vor. Der Begriff der Regionalmacht werde in den Internationalen Beziehungen häufig genutzt, obwohl keine
Einigkeit darüber herrsche, welche Eigenschaften eine solche definieren (Nolte
2010: 881). Es fehle an analytischen Instrumenten, um Regionalmächte zu identifizieren und ihren Einfluss zu messen (Nolte 2010: 883). In der Regel hätten
Länder, die als Regionalmächte bezeichnet werden, eine vergleichsweise große
Bevölkerung und ein hohes Bruttoinlandsprodukt (Nolte 2010: 889). Außerdem
würden sie starke konventionelle Armeen unterhalten. Daneben müsse die interne
Situation eines solchen Staates erlauben, eine Führungsrolle einzunehmen (Nolte
2010: 890).

Nolte führt zur Identifikation von Regionalmächten folgende Kriterien ein
(Nolte 2010: 893): (1) Zunächst muss ein Staat seine Ambitionen artikulieren
und seinen regionalen Führungsanspruch verlautbaren. (2) Daneben soll er die
unverzichtbaren materiellen (militärisch, ökonomisch), organisatorischen (politisch) und ideologischen Ressourcen besitzen und (3) schließlich tatsächlichen
Einfluss in der Region haben. Als zusätzliche Analysekriterien benennt er, eine
enge ökonomische, politische und kulturelle Verflechtung mit der Region, die
Definition einer gemeinsamen regionalen Identität, Anerkennung der Führungsposition innerhalb und außerhalb der Region sowie die Repräsentation der regionalen
Interessen in der Weltpolitik. Außerdem brauchen Regionalmächte eine regionale Gefolgschaft (Nolte 2010: 984). Dabei können Institutionen die Macht der
Regionalmacht unterstreichen, fördern und institutionalisieren (Nolte 2010: 895).
Laut Nolte gibt es keine Region, in der eine Regionalmacht klar dominiert
(Nolte 2012: 21). Entweder konkurrierten verschiedene Machtzentren, um die
besagte Führungsposition oder die Führung einer Regionalmacht werde in Frage
gestellt. Für die fehlende Gefolgschaft wird häufig Brasilien als Bespiel genannt
(siehe Malamud 2011). Das Land erfüllt zwar die meisten Kriterien einer Regionalmacht, dennoch wird seine Führungsposition von vielen südamerikanischen
Staaten nicht anerkannt. Außerdem nutzen schwächere Staaten eine Sonderbe-
ziehung zu einem stärkeren Staat, um die Führungsambitionen eines Rivalen
auszugleichen (Nolte 2012: 21). Hier sei die sonderbare Beziehung zwischen
Saudi-Arabien und den USA genannt, die dem Königreich zur Eindämmung iranischer Hegemonialansprüche behilflich ist. Außerdem können Regionalmächte
unterschiedliche Strategien verfolgen. Destradi zufolge können diese unterteilt
werden in Imperium, Hegemonie und Leadership (Destradi 2012: 138–140).
Imperium bedeute heute zwar nicht mehr die territoriale Übernahme von anderen Staaten, allerdings sei sie eine Form der Herrschaft, die auf Unilateralismus
und Militärgewalt beruhe. In der Hegemonie stünden auch die Ziele der Hegemonialmacht im Mittelpunkt, die jedoch als gemeinsame Ziele dargestellt würden.

Leadership hingegen sei durch die Gemeinsamkeit der Ziele von Leader und Follower gekennzeichnet. Die Gefolgschaft folge dem Leader freiwillig und in eigenem Interesse.

Beobachter vertreten die Ansicht, dass im Nahen Osten eine regionale Führungsmacht fehlt (Ebert/Flemes 2018: 14; Fawcett 2011: 157). Als potenzielle Kandidaten werden häufig Ägypten, Iran, Irak, Saudi-Arabien und die Türkei genannt (Ebert/Flemes 2018: 14, Fawcett 2011: 161; Huntington 1997: 285–287). Die Zahl derer, die Saudi-Arabien als regionale Führungsmacht sehen, ist in den letzten Jahren gestiegen. Fawcett zufolge ist Saudi-Arabien ein Staat mit erwiesenen Führungsqualitäten (Fawcett 2011: 162). Das Königreich sei groß, wohlhabend und ausreichend bevölkert. Seine Machtbasis sei stabil und religiös legitimiert. Außerdem unterstreiche es seine Machtansprüche in der Region durch Institutionen wie die Organisation für Islamische Zusammenarbeit (OIC) und dem Golfkooperationsrat (GKR). Daneben wird der Iran häufig als regionale Hegemonialmacht bezeichnet. Aufgrund seiner geografischen Lage und seiner religiösen Unterschiede sei der Iran im Nahen Osten nicht weitgehend als Führungsmacht anerkannt (Fawcett 2011: 163). Das Land sieht sich mit dem Problem konfrontiert, das viele potenzielle Regionalmächte umtreibt; das Fehlen einer regionalen Gefolgschaft (Abbildung 4.1).

Huntington nennt sechs Staaten, die eine Vorreiterrolle in der islamischen Welt spielen könnten (Huntington 1997: 285–287). Er verwendet hierfür den Begriff des „Kernstaats" und beschränkt sich dabei nicht auf eine bestimmte Region, sondern auf die gesamte islamische Welt. Vier dieser sechs Staaten liegen im Nahen Osten: Ägypten, Saudi-Arabien, Iran und die Türkei. Die anderen beiden Staaten sind Indonesien und Pakistan. Diesen Staaten traut Huntington zu, den „Kernstaat" der islamischen Welt zu stellen. Damit sieht er sie auch als potenzielle Regionalmächte. Ägypten habe eine große Bevölkerung und könne eine zentrale Lage innerhalb der islamischen Welt vorweisen (Huntington 1997: 285). Außerdem sitzt die Al-Azhar Universität in Kairo, durch welche Ägypten einen ideellen Einfluss auf die gesamte Region hat. Nachteilig sieht Huntington die schwache Wirtschaft des Landes, die nicht ausreiche, um die finanziellen Kosten für eine solche Rolle zu tragen. Daneben zählt auch Huntington Saudi-Arabien als potenzielle Führungsmacht. Doch er hebt das Königreich nicht sonderlich hervor und begründet, Saudi-Arabien habe eine kleine Bevölkerung und sei nebstdem geografisch verwundbar (Huntington 1997: 286). Der Iran hingegen besitze eine große Bevölkerung, liege geografisch zentral und weise eine gute wirtschaftliche Entwicklung vor. Allerdings sei das Land schiitisch geprägt und stoße auf Ablehnung in der mehrheitlich sunnitischen Region (Huntington 1997: 286). Nicht zuletzt besitze die Türkei die notwendige Geschichte, Bevölkerung, Wirtschaft und das

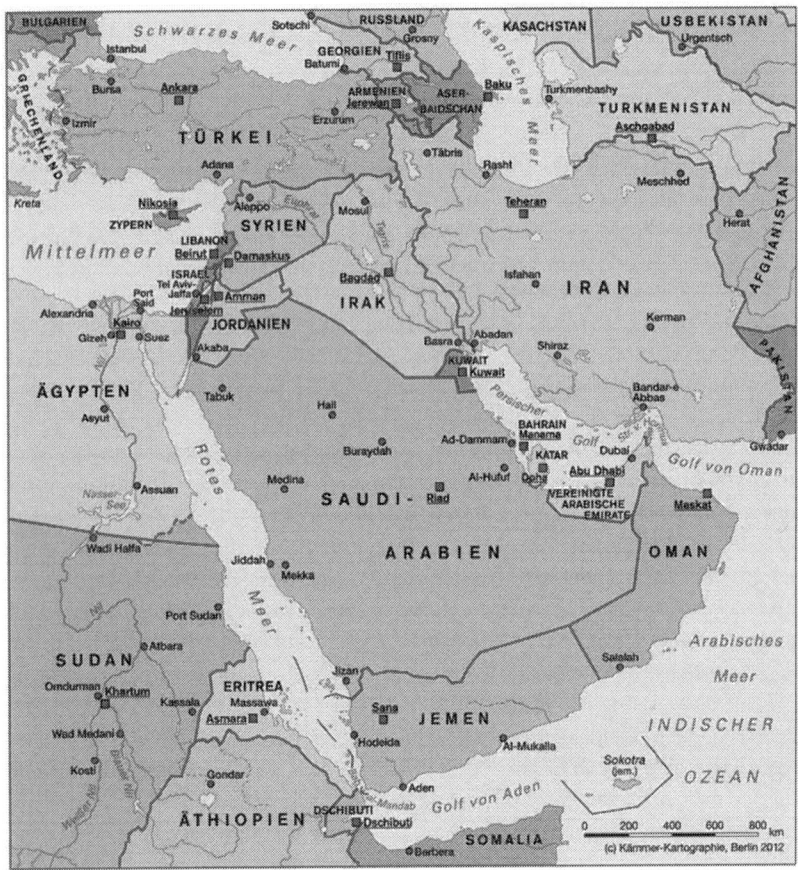

Abbildung 4.1   Karte des Nahen Ostens. (Quelle: BpB 2016)

Militär, um die islamischen Länder anzuführen. Doch Atatürk habe diesen Weg verschlossen. Laut Huntington müsste sein Erbe verworfen werden und eine Führungsperson vom „Kaliber Atatürks" das Land zum Kernstaat des Islam machen (Huntington 1997: 287).

Dem realistischen Machtverständnis zufolge gilt keiner dieser Staaten als anerkannte Führungsmacht im Nahen Osten. Dennoch werden der Iran, Saudi-Arabien und die Türkei hier eindeutig als Regionalmächte eingestuft. Ägypten und der Irak

kommen nicht in die engere Auswahl. Ägypten ist seit 2011 mit starken innenpolitischen Verwerfungen beschäftigt und spielt in zentralen Konflikten des Nahen
Ostens keine nennenswerte Rolle. Zum Beispiel im Syrienkonflikt kommt das
Land nicht an die Bedeutung anderer Akteure heran. Der Irak ist seit der Militärinvasion 2003 ein fragiler Staat und de facto dreigeteilt. Er kann keine ernsthaften
Führungsansprüche stellen. Der Iran, Saudi-Arabien und die Türkei sind die einzig
verbliebenen Staaten der Region, deren Führungsansprüche gemäß der Kriterien
einer Regionalmacht glaubwürdig sind. Sie sind die einflussreichsten regionalen
Akteure und formen ein *nahöstliches Mächtedreieck*. Dieses Dreieck hat eine
ausschlaggebende Wirkung auf die politischen Entwicklungen im Nahen Osten.
Erstens durch die eigenen regionalpolitischen Agenden dieser Staaten, die jeweils
unterschiedliche Konzepte betreiben. Während der Iran versucht, durch schiitische
Minderheiten seinen Geltungsbereich im Nahen Osten zu erweitern, mobilisiert
Saudi-Arabien die Golfmonarchien, um bestehende Strukturen zu wahren. Die
Türkei hingegen versucht durch wirtschaftliche Verflechtungen wieder Zugang
in die Region zu finden, nach jahrzehntelangem Desinteresse am Nahen Osten.
Zweitens haben die Beziehungen dieser Staaten untereinander enormen Einfluss
auf die regionalen Entwicklungen. Die konfliktträchtigen Beziehungen zwischen
dem Iran und Saudi-Arabien beeinflussen nicht nur die eigene innenpolitische
Situation, sondern die aller nahöstlicher Staaten. Sie sind gezwungen, sich auf
eine Seite zu schlagen. In Ländern, in denen die Machtverhältnisse nicht geklärt
sind und das Land keine eindeutige Position bezieht, herrschen bürgerkriegsähn-
liche Zustände wie im Libanon oder Jemen. Drittens versuchen die Staaten durch
externe Akteure die Machtverhältnisse im Nahen Osten auszugleichen. Saudi-
Arabien bedient sich hierbei seiner historischen Partnerschaft mit den USA. Die
Türkei sucht verstärkt den Schulterschluss mit Russland, um im Syrienkonflikt
mitzugestalten.

Daher ist eine Unterscheidung nötig, zwischen einer Regionalmacht und einer
Ordnungsmacht. Der Iran, Saudi-Arabien und die Türkei sind Regionalmächte,
allerdings keine Ordnungsmächte. Die Ordnungsmacht wird hier eingeführt, als
ein Staat, der in der Lage ist, das letzte Wort auszusprechen, das alle anderen
Akteure respektieren. Die Ordnungsmacht überragt mit seinen militärischen, wirtschaftlichen und politischen Fähigkeiten, die aller anderen Akteure der Region in
einem solchen Maße, das kein zweiter Staat eine Auflehnung gegen diesen Staat
wagt. Daher stehen einer Ordnungsmacht weitreichende Möglichkeiten zur Verfügung: Sie gibt die Staatenordnung vor und zwingt andere Staaten sich daran zu
halten. Nach dem Ersten Weltkrieg haben im Nahen Osten externe Akteure die
Funktion einer Ordnungsmacht eingenommen. Zuerst Großbritannien und Frankreich, die gemeinsam die Nachkriegsordnung vorgegeben haben. Anschließend

die Vereinigten Staaten, die insbesondere nach dem Kalten Krieg für zwei Jahrzehnte die Staatenordnung des Nahen Ostens dominiert haben. Heute gibt es keine Ordnungsmacht im Nahen Osten. Weder regionale noch externe Akteure sind in der Lage diese Position auszuführen. Die Machtverhältnisse sind nicht hinreichend geklärt. Die Vereinigten Staaten tun sich zunehmend schwer, ihre Politik im Nahen Osten durchzusetzen. Daher werden der Iran, Saudi-Arabien und die Türkei zwar als Regionalmächte, aber nicht als Ordnungsmächte eingeführt. Im Gegenteil, die vielseitige Rivalität zwischen diesen drei Staaten zielt darauf, die Position einer Ordnungsmacht zu übernehmen. Sie würde den Weg freimachen, die Region der eigenen Vision entsprechend zu gestalten. In diesem Kapitel wird geprüft, welches außenpolitische Konzept diese Staaten betreiben und welche Funktion die Religion darin einnimmt (Abbildung 4.2).

	Iran	**Saudi-Arabien**	**Türkei**
Bevölkerungszahl	81.8 Mio.	33.7 Mio.	82.3 Mio.
Fläche	1.628.760 km²	2.149.690 km²	769.630 km²
Bruttoinlandsprodukt (in US-Dollar)	452 Mrd.	782 Mrd.	766 Mrd.

Abbildung 4.2 Ländervergleich. (Quelle: Statistisches Bundesamt 2019)

4.1   Iran

„Iran, with its historical and civilizational longevity, rich cultural heritage, and foremost geopolitical position, is an undeniable reality." (Rouhani 2018)

Die iranische Regierung verweist oft auf die geopolitische Situation ihres Landes, um seinen Führungsanspruch zu begründen. So erklärt Außenminister Javad Zarif, der Iran genieße aufgrund seiner geografischen Lage eine herausragende Rolle in seiner Region und darüber hinaus (Zarif 2014: 52). Staatsoberhaupt Ali Khamenei begründet, sein Land profitiere von vielen Ressourcen, die es nur in wenigen Ländern gebe: „It has geographic, climatic, man-made, underground and above ground capacities" (Khamenei 2018). Tatsächlich besitzt der Iran eine riesige Landmasse, die größer ist als viele europäische Länder zusammen. Dies ist auch ein Grund, warum der Iran nicht auf eine bestimmte Region reduziert werden kann. Er liegt von Ost nach West zwischen Zentralasien und der Arabischen

Halbinsel und von Nord nach Süd zwischen dem Kaspischen Meer und dem Persischen Golf. In jeder Himmelsrichtung ist er mit völlig unterschiedlichen Ländern und Regionen benachbart. Als ein Nachteil dieser Geografie gilt seine gebirgige Topografie, die eine gute Infrastruktur und vernetzte Wirtschaft erschwert. Auch viele Beobachter begründen, die Kombination aus geografischer, strategischer, demografischer und historischer Bedeutung prädestiniere das iranische Streben zur Regionalmacht (Akbari 2010: 48; Reissner 2011: 132; Sadjadpour/Ben Taleblu 2015: 14; Shabafrouz 2011: 150). Flächenmäßig ist der Iran nach Saudi-Arabien das zweitgrößte Land im Nahen Osten. Außerdem zählt es mit ca. 82 Millionen Einwohnern (Stand 2019) gemeinsam mit Ägypten und der Türkei zu den bevölkerungsreichsten Staaten der Region. Diese Aspekte, verbunden mit den reichhaltigen Energieressourcen, unterstreichen die Führungsansprüche des Landes (Reissner 2011: 132). Allerdings birgt seine geografische Lage auch einige Gefahren und Nachteile. Es befindet sich inmitten einer instabilen Region und grenzt an Konfliktherde wie Irak und Afghanistan. Zudem setzt sich seine Bevölkerung aus zahlreichen unterschiedlichen Ethnien zusammen, die transnational verwurzelt sind, wie Aserbaidschaner und Kurden. Den Machthabern plagt die Sorge, externe Akteure könnten diese Minderheiten als Destabilisierungshebel nutzen (Reissner 2011: 133).

Jedenfalls sind die Führungsambitionen des Iran nicht neu. Auch zu Zeiten des Schahs war das Land bestrebt, seine geografische Lage und Bodenschätze für eine Führungsrolle zu verwerten (Akbari 2010: 48). Allerdings besaß die iranische Außenpolitik vor der Revolution eine völlig andere normative Ausrichtung als heute. Der letzte Schah Reza Pahlavi leitete den Führungsanspruch aus der persischen Geschichte und Zivilisation ab. Er bezog sich auf die vorislamische Zeit des Landes, während Khomeini die islamische Ära in den Vordergrund rückte (Akbari 2010: 50). Die Außenpolitik des Schahs war nationalistisch geprägt und orientierte sich am internationalen System. Zudem pflegte er ein enges Verhältnis mit den Vereinigten Staaten und galt als einer ihrer wichtigsten Partner im Nahen Osten. Seit 1979 verfolgt der Iran eine revolutionäre Außenpolitik und ist auf die eigene Region fokussiert (Sadjadpour/Ben Taleblu 2015: 14). Außerdem ist das Land nach der Revolution plötzlich vom engen Partner der USA zu einem ihrer erbittertsten Gegner geworden (Salamey/Othman 2011: 197). Khamenei zufolge hat die Islamische Republik das Land von der „bedrückenden Beherrschung" durch fremde Mächte befreit (Khamenei 2018).

Ebenso beziehen sich die heutigen Machthaber häufig auf die persische Geschichte, um ihre Führungsambitionen zu untermauern. Khamenei betont, die iranische Größe sei nicht nur eine Tatsache der Gegenwart, sondern eine historische Realität (Khamenei 2018). Vor der Revolution, angefangen mit der

Kadscharen-Dynastie bis zur „finsteren Epoche" der Pahlavis, sei diese Größe 200 Jahre lang zertrampelt worden. Die Islamische Republik habe die Glaubwürdigkeit und den Respekt des Landes in der gesamten Welt wiederhergestellt (Khamenei 2018). Präsident Hassan Rouhani bezieht sich gleichermaßen auf geschichtliche Aspekte. Als Reaktion auf den Abbruch des mit den USA vereinbarten Atomdeals und der Anordnung neuer Sanktionen verwies er vor der UN-Generalversammlung auf die Jahrtausende alte Geschichte seines Landes. Sie demonstriere, dass der Iran niemals auf die Knie gezwungen werden könne (Rouhani 2018). Im Irakkrieg habe die gesamte Welt Saddam Hussein unterstützt, dennoch habe der Iran überlebt, so Javad Zarif in einem Gespräch vor dem Council on Foreign Relations in Washington (Zarif/Haass 2017). Die persische Geschichte dient iranischen Machthabern als Quelle des Selbstbewusstseins, welches sie unverkennbar in ihre Außenpolitik projizieren.

Doch was macht die revolutionäre Außenpolitik des Landes aus? Entgegen aller Erwartungen stellte Khomeini nicht die schiitische Identität in den Vordergrund (Akbari 2010: 51). Stattdessen betonte er die Gemeinschaft der Muslime, um Anhänger in der gesamten islamischen Welt zu gewinnen. Den Westen bezeichnete er als Feind, während Antiimperialismus und Gerechtigkeit zu den wichtigsten Begriffen seiner Politik wurden (Akbari 2010: 51). Mit dieser Ideologie sollten ethnische und konfessionelle Gräben überwunden werden (Sadjadpour/Ben Taleblu 2015: 15). Javad Zarif liefert in einem Beitrag in der US-amerikanischen Zeitschrift Foreign Affairs wichtige Anhaltspunkte zur iranischen Außenpolitik:

> „The postrevolutionary foreign policy of Iran has been based on a number of cherished ideals and objectives embedded in the country's constitution. These include the preservation of Iran's independence, territorial integrity, and national security and the achievement of long-term, sustainable national development. Beyond its borders, Iran seeks to enhance its regional and global stature; to promote its ideals, including Islamic democracy; to expand its bilateral and multilateral relations, particularly with neighboring Muslim-majority countries and nonaligned states; to reduce tensions and manage disagreements with other states; to foster peace and security at both the regional and the international levels through positive engagement; and to promote international understanding through dialogue and cultural interaction." (Zarif 2014: 49)

Ein wichtiges Prinzip iranischer Außenpolitik ist demnach die Wahrung der Unabhängigkeit. Das Regime betont gelegentlich diesen Grundsatz, um sich von der Außenpolitik des Schahs abzugrenzen. Denn vor der Revolution sei der Iran kein unabhängiges Land gewesen, sondern von fremden Mächten dominiert worden. Als Beispiel wird oft der Sturz des iranischen Premierministers

Muhammad Mossadegh genannt. Dieser wurde 1953 mithilfe US-amerikanischer und britischer Geheimdienste abgesetzt, da er die Verstaatlichung der iranischen Ölindustrie durchsetzen wollte (Ahmadian 2018: 138–139; Akbari 2007: 27). Dieses Unabhängigkeitsprinzip ist zugleich eine Legitimationsgrundlage des heutigen Regimes. Anders als Pahlavi werde es die Kontrolle des Landes keiner fremden Macht überlassen. Als ein weiteres außenpolitisches Ziel nennt Zarif das Fördern eigener Ideale einschließlich von ‚islamischer Demokratie'. Diese Betrachtung kann als abgeschwächte Form des Revolutionsexports gesehen werden, der seit 1979 eine normative Funktion in der Außenpolitik einnimmt. Außerdem wolle sein Land die Beziehungen mit den muslimischen Nachbarstaaten vertiefen. Zarif bestätigt damit den regionalen Fokus der iranischen Außenpolitik. Ferner beabsichtige der Iran Spannungen zu reduzieren und Frieden zu hegen. Allerdings werfen zahlreiche Staaten dem Iran genau das Gegenteil vor. Teheran verfolge gezielt destabilisierende Maßnahmen, um den eigenen Einflussbereich in der Region zu erweitern.

Die Ideologie der iranischen Außenpolitik verbindet Konzeptionen wie Nationalismus, Antikolonialismus, politischer Islam und traditionelle Schia, die teilweise im Widerspruch zueinander stehen (Posch 2013: 14). Je nach Vorhaben umhüllt eines dieser Konzepte die außenpolitischen Handlungen. Als Mitglied der Blockfreien Staaten präsentiert sich der Iran als antikolonialer und antiimperialistischer Akteur und versucht mit diesem Ansatz gleichgesinnte Staaten in Afrika und Lateinamerika anzusprechen. Der politische Islam findet Verwendung, um den Iran als islamische Führungsmacht zu positionieren. Dabei wird die muslimische Gemeinschaft sowie die gemeinsame islamische Identität betont und das iranische Staatsmodell als beispielhaft für die gesamte Region dargeboten. Die Palästinapolitik des Landes ist das wichtigste Instrument, mit dem dieser Ansatz ideell repräsentiert wird. Die traditionelle Schia findet Eingang in die Außenpolitik, um Schiiten im Nahen Osten zu mobilisieren. Der Iran versteht sich als ihre Schutzmacht, obgleich er sie für seine regionalen Ambitionen instrumentalisiert. Als Beispiel für diese Politik dient die libanesische Hisbollah, die von Teheran schrittweise zum mächtigen Akteur aufgebaut wurde. Während der eine Ansatz die Gemeinschaft aller Muslime betont, stellt der andere eine Konfession in den Mittelpunkt. Auch Ostovar macht in seiner Studie „Sectarian Dilemmas in Iranian Foreign Policy" (2016) auf diesen Gegensatz aufmerksam: Einerseits präsentiere sich das Land als Vertreter der Muslime, andererseits habe es zum Beispiel bessere Beziehungen mit Indien als mit seinem muslimischen Nachbarn Pakistan. Auch ziehe er häufig Armenien gegenüber Aserbaidschan vor und unterhalte enge Beziehungen mit atheistischen Regimen wie China und Nordkorea (Ostovar 2016:

8). Ostovar schließt daraus, dass die iranische Außenpolitik nicht von ideologischen oder religiösen Erwägungen geleitet ist, obwohl die iranische Verfassung in Artikel 3 (16) die Ausrichtung der Außenpolitik nach islamischen Maßstäben vorschreibt (Posch 2013: 14).

Ein Parameter der iranischen Außenpolitik ist der *Revolutionsexport*. Der Begriff beschreibt die universelle Deutung der Iranischen Revolution und ihre Verbreitung in der gesamten islamischen Welt (Salamey/Othman 2011: 201). Unter Khomeini war der Revolutionsexport die Grundlage der iranischen Regionalpolitik (Akbari 2010: 52). Nach seinem Tod (1989) hat dieser Aspekt an Bedeutung verloren. Allerdings wird der Iran durch die Golfstaaten weiterhin bezichtigt, insgeheim am Revolutionsexport festzuhalten. Die engen Beziehungen des Regimes zu Schiitenmilizen im Nahen Osten erhärten diesen Verdacht. Qassem Soleimani, der viele Jahre als Kommandeur der Quds-Einheiten für die Unterstützung dieser Milizen verantwortlich war, bestätigt mit einer Aussage diese Sorge: „Wir sind Zeugen des Exports der Islamischen Revolution in die gesamte Region" (Sadjadpour/Ben Taleblu 2015: 20). Allerdings weist diese Revolution einige Eigenheiten auf, die mit den Merkmalen der Region nicht zu vereinbaren sind. Sie hat im Iran ein Staatsmodell hervorgebracht, das sich auf eine spezielle schiitische Lehre stützt. Doch die Region ist größtenteils sunnitisch geprägt. Daher wird die Revolution nicht selten als ‚Schiitische Revolution' abgetan. Als ein Grund für den Iran-Irak-Krieg galt auch die Furcht vor diesem Revolutionsexport, weshalb insbesondere einige Golfstaaten den Irak unterstützten. Sie sahen in Saddam Hussein ein Bollwerk, das sie vor dem revolutionären Iran schützte (Ostovar 2016: 7). Nach dem Sturz des irakischen Machthabers ist der Iran endgültig in die Region eingedrungen. Das außenpolitische Ziel des Revolutionsexports impliziert, dass der Iran nur begrenzt Rücksicht auf die Souveränität anderer Staaten nimmt (Reissner 2011: 138). Seine Unterstützung an proiranische Milizen, verteilt im ganzen Nahen Osten, belegen dies. Auf internationaler Ebene sorgt zudem das iranische Atomprogramm für Unruhe. Obwohl Teheran versichert, nur eine zivile Nutzung anzustreben, konnte sich das Regime nicht von der Mutmaßung befreien, gleichzeitig an der Entwicklung von Atomwaffen zu arbeiten. Wenn der Iran tatsächlich in den Besitz von Atomwaffen gelangen sollte, könnte es zu einem regionalen Wettrüsten kommen (Akbari 2010: 61; Mattes 2010: 93). Saudi-Arabien und die Türkei werden nachziehen wollen, da sie ansonsten immense Machtverluste hinnehmen müssten. Der Iran dürfte erheblich an Prestige und Einschüchterungspotenzial gewinnen, wenn es ihm gelingen sollte, trotz Sanktionen die Atombombe zu entwickeln (Kissinger 2014: 191). Gewiss würde der Iran zur ‚regionalen Supermacht' aufsteigen, zumindest bis andere Regionalmächte ebenfalls Nuklearwaffen entwickeln.

Daneben sind energiepolitische Faktoren von großer Bedeutung in der iranischen Außenpolitik. Seine geopolitische Lage ist für die Zukunft der globalen Energieversorgung von immenser Relevanz (Reissner 2011: 133). Denn der Iran zählt zu den Ländern mit den größten Reserven an Erdöl und Erdgas und gilt daher als einer der wichtigsten Energielieferanten der Welt (Shabafrouz 2011: 146). Obwohl das Land seit jeher unter Sanktionen leidet, exportiert es große Erdölmengen an Staaten wie China, Japan, Indien und die Türkei (Sadjadpour/Ben Taleblu 2015: 18). Für Teheran ist Energie schon deshalb ein wichtiger Faktor, weil er seine expansive Politik im Nahen Osten ohne die Einnahmen aus diesem Geschäft nicht finanzieren könnte. Außerdem bestehen energiepolitische Abhängigkeiten, die seine Außenpolitik wesentlich beeinflussen. Neben dem Schutz seiner Erdölreserven muss der Iran für sichere und gute Transportwege sowie Pipelines sorgen, um seine Ressourcen zu exportieren (Shabafrouz 2011: 147). Energiepolitik ist ein wichtiger Faktor, der prinzipiell im Nahen Osten die Zusammensetzung von Konkurrenzen und Allianzen beeinflusst. In den regionalen Konflikten geht es meist auch um Fragen der Energiesicherheit und der Planung von neuen Versorgungswegen, die je nach individuellem Profit Unterstützer und Gegner finden. Der Iran hat auch deshalb ein großes Interesse am Erhalt des Assad-Regimes, weil es in Zukunft Erdöl und Erdgas über das östliche Mittelmeer nach Europa exportieren will. Zudem kann das Land die weltweite Energieversorgung beeinträchtigen. Denn ein großer machtpolitischer Trumpf des Iran liegt in der Straße von Hormus. Im Konfliktfall könnte das Regime diese schmale Meerenge blockieren, um Druck auf seine Gegner auszuüben. Die weltweite Energieversorgung wäre stark beeinträchtigt.

Die wichtigste Säule der iranischen Nahostpolitik sind nichtstaatliche Akteure. Der Iran erweitert seinen Einflussbereich, indem er gleichgesinnte militante Gruppen unterstützt oder schafft (Sadjadpour/Ben Taleblu 2015: 15). Insbesondere im Irak und Libanon ist diese Politik zu beobachten. Dort haben Schiitenmilizen staatsähnliche Strukturen geschaffen und erheblich zur Schwächung der Zentralregierungen beigetragen. Die Unterstützung nichtstaatlicher Akteure ist ein Vorgehen, das im Zuge des Revolutionsexports zur außenpolitischen Praxis geworden ist (Ostovar 2016: 11). Die Basis für dieses Unterfangen sind instabile und schwache Staaten, die unzufriedene Akteure beherbergen (Juneau 2016: 648). Der Iran macht sich diese Situation zunutze, da er entweder gleichgesinnte Gruppen schafft, wie die libanesische Hisbollah, an dessen Gründung der Iran maßgeblich beteiligt war, oder indem er bestehende proiranische Gruppen unterstützt, wie im Irak. Damit verfolgt der Iran folgende Strategie: Durch enge Beziehungen zu nichtstaatlichen Akteuren gelingt es ihm, die politischen Prozesse anderer Länder zu beeinflussen und sie im eigenen Sinne zu lenken (Juneau 2016:

649). Sollten sich diese Gruppen vom Iran entfernen, so unterstützt das Regime ihre Teilung und fördert Splittergruppen. Diese Politik ist im Irak zu beobachten, wo einige zuvor proiranische Gruppen auf Distanz zum Iran gingen. Als Reaktion förderte Teheran die Gründung neuer proiranischer Einheiten (Juneau 2016: 649). Durch diese Verbündeten ist der Iran an allen Konflikten im Nahen Osten beteiligt, namentlich im Irak, Syrien, Libanon, Jemen und zuletzt auch in einigen Golfstaaten. Dadurch findet sich der Iran meist auf der Gegenseite anderer Akteure wie Saudi-Arabien und der Türkei wieder. Laut Ostovar ist diese Teilung nicht allein politisch bedingt, sondern auch konfessionell. Denn die wichtigsten Verbündeten des Iran seien alle schiitisch. Dabei habe der Iran lange Zeit keine konfessionelle Politik verfolgt, um auch sunnitische Verbündete zu gewinnen (Ostovar 2016: 3). Doch nach dem Irakkrieg 2003 und dem Arabischen Frühling 2011 ist der Konfessionalismus in den Vordergrund gerückt. Die engen Beziehungen mit schiitischen Verbündeten sind zur Basis des iranischen Einflusses geworden (Ostovar 2016: 4).

Diese Politik bringt dem Iran von vielen Seiten harsche Kritik ein. Saudi-Arabien gilt dabei als Wortführer der arabischen Staaten. Das Königreich wirft dem Iran ungehalten vor, eine Vorherrschaft in der Region anzustreben (Ostovar 2016: 6). Es gelingt Riad, nahezu alle Mitgliedsländer der Arabischen Liga hinter sich zu bringen. Bei einem Treffen der Organisation im Januar 2016 in Kairo zeigte sich die konfessionelle und expansionistische Wahrnehmung des Iran in seiner Nachbarschaft. Die Arabische Liga verurteilte in einer Erklärung die Einmischung des Landes in die inneren Angelegenheiten arabischer Staaten. Nur der Libanon unterzeichnete diese Erklärung nicht (Ostovar 2016: 6). Kritik für seinen expansiven Kurs muss der Iran auch außerhalb dieser Organisation einstecken. Im März 2015, kurz vor einem geplanten Staatsbesuch im Iran, äußerte der türkische Präsident Erdoğan ebenfalls seinen Unmut wie folgt: „Der Iran versucht, die Region zu dominieren" (Ostovar 2016: 6; Sadjadpour/Ben Taleblu 2015: 19). Auf die Aussage des türkischen Präsidenten folgten gegenseitige Vorwürfe iranischer und türkischer Offizieller. Eine kleine diplomatische Krise folgte, die beinahe eine Absage des Staatsbesuches zur Folge hatte. Laut Ostovar erklärt sich die Sorge dieser Staaten durch die Rhetorik, die sich das iranische Regime seit 1979 angeeignet hat. Seither präge ein radikaler Konfessionalismus und Antimonarchismus die iranische Politik (Ostovar 2016: 6). Vor allem die Golfmonarchien bewerten diese als existenzielle Bedrohung.

Der jordanische König Abdullah II. bin al-Hussein warnte 2004 vor einem ‚schiitischen Halbmond' (Ostovar 2016: 7). Diese Warnung wurde als Reaktion auf den wachsenden Einfluss des Iran nach dem Sturz Saddam Husseins verstanden. Seither wird dieser Begriff verwendet, um die geopolitische Situation im

Nahen Osten zu beschreiben. Demnach bilde Teheran eine strategische Brücke vom Iran über Irak, Syrien bis zum Libanon. Wenn diese Länder auf einer Karte verbunden werden, nimmt es die Form eines Halbmondes ein. Der Begriff ist eine Anspielung auf Länder mit schiitischer Bevölkerung. Im Irak stellen Schiiten eine knappe Bevölkerungsmehrheit und im Libanon zählen sie zu den großen Volksgruppen. In Syrien stellen Schiiten zwar eine kleine Minderheit, doch das alawitische Regime gilt als wichtigster Verbündeter des Iran. Ein aufstrebender ‚schiitischer Halbmond' stellt die regionale Staatenordnung unter Druck und führt zur Machtverschiebung zugunsten des Iran (Salamey/Othman 2011: 197). Mittlerweile wird sogar der Begriff ‚schiitischer Vollmond' diskutiert. Denn der Iran ist längst zum wichtigen Akteur im Jemen und in Golfstaaten mit schiitischem Bevölkerungsanteil wie Bahrain geworden. Selbst Saudi-Arabien ist besorgt, dass Teheran die Schiiten im Osten des Landes zur Einflussnahme im Königreich nutzen könnte.

Das wichtigste Land für die iranische Nahostpolitik ist der Irak. Zum einen teilt der Iran seine längste Staatsgrenze mit diesem Land und zum anderen ist er aus iranischer Sicht das Tor zur arabischen Welt. Außerdem ist der Irak das Land mit der zweitgrößten schiitischen Gemeinschaft im Nahen Osten. Folglich versucht Teheran seinen Einfluss im Nachbarland zu stärken. Unter der Herrschaft Saddam Husseins (1979–2003) waren beide Staaten noch erbitterte Rivalen. Aufgrund der langen gemeinsamen Grenze kam es oft zu beiderseitigen territorialen Ansprüchen (Salamey/Othman 2011: 206). Auch die schiitische Bevölkerung im Irak, die seit jeher enge kulturelle und religiöse Beziehungen zum Iran pflegt, war häufig ein Streitpunkt zwischen beiden Staaten (Salamey/Othman 2011: 206). Ihre Rivalität erreichte im Iran-Irak-Krieg einen Höhepunkt. Dieser dauerte von 1980 bis 1988 und kostete hunderttausenden Menschen das Leben, ohne nennenswerte Veränderungen herbeizuführen. Allerdings hat die US-amerikanische Invasion im Irak 2003 die Lage gänzlich verändert. Der Iran hat Zugang in sein Nachbarland erhalten und versucht mithilfe schiitischer Gruppen seine Position im Irak zu konsolidieren (Salamey/Othman 2011: 207). Heute gilt die sogenannte Badr-Organisation als der wichtigste Arm Teherans in der irakischen Politik (Steinberg 2016: 4). Sie ist politische Partei und bewaffnete Miliz zugleich. Die Organisation hat unter zahlreichen anderen schiitischen Gruppierungen im Irak die längsten und engsten Beziehungen zum iranischen Regime (Steinberg 2016: 5). Schließlich wurde sie 1982 im Iran gegründet, wo die Organisation auch während der Herrschaft Saddam Husseins ihr Hauptquartier hatte. Nur einige wenige schiitische Gruppen setzen auf Distanz zum Iran, die allermeisten heißen den Einfluss des iranischen Regimes willkommen, da sie so auf finanzielle und militärische Hilfe setzen können. Die Badr-Organisation orientiert sich ideologisch an den Lehren

Khomeinis. Sie sehen den iranischen Revolutionsführer als höchste politische und religiöse Autorität (Steinberg 2017: 3). Über die Revolutionsgarden wirkt Teheran auf diese Organisation ein. Als Mittler gelten dabei die Quds-Einheiten, die für Operationen im Ausland zuständig sind (Steinberg 2016: 6). Nach dem Vorbild der Hisbollah hat das iranische Regime mit der Badr-Organisation staatsähnliche Strukturen in seinem Nachbarland errichtet (Steinberg 2017: 3). Laut Steinberg verfolgt der Iran damit eine doppelte Strategie: Einerseits sollen die Milizen politisch partizipieren und andererseits paramilitärisch wirken (Steinberg 2017: 2). Sie kümmerten sich wenig um die Autorität der Zentralregierung in Bagdad und schauten stattdessen auf die Forderungen des iranischen Regimes (Steinberg 2016: 7). Zweifelsfrei untergraben diese Milizen die Autorität und Legitimität des irakischen Staates (Steinberg 2016: 8).

Syrien ist ein zentraler staatlicher Verbündeter des Iran im Nahen Osten. Die Allianz zwischen beiden Staaten ist so alt wie die Iranische Revolution selbst. Der einzige arabische Staat, der während des Iran-Irak-Krieges unverkennbar Teheran unterstützte, war Syrien. Bis zum Sturz Saddam Husseins galt Syrien als einziges befreundetes Land in der arabischen Welt. Entsprechend groß ist die Hilfe, die der Iran im Syrischen Bürgerkrieg leistet, um das Fortbestehen des Assad-Regimes zu sichern (Byman 2014: 89). Ranghohe iranische Offizielle betonen, mit allen Mitteln ihren Verbündeten verteidigen zu wollen. Doch worauf basiert diese Verbundenheit? Viele haben sie mit religiösen Aspekten zu begründen versucht. Konfessionelle Gemeinsamkeiten würden beide Regime verbinden. Allerdings kann diese Annahme als Fehleinschätzung gesehen werden, da die syrische Minderheit der Alawiten, der auch die Assads angehören, nur bedingt Teil der schiitischen Gemeinschaft ist (Akbarzadeh/Conduit 2016: 135; Keynoush 2016: 26). Sie wird vielmehr als Sondergemeinschaft bezeichnet, die sich in vielen Aspekten erkennbar von den Zwölferschiiten unterscheidet. Zudem betreibt Syrien im Gegensatz zum Iran ein säkulares Staatsmodell und pflegt ein distanziertes Verhältnis zur Religion. Daher fußt die Allianz zwischen dem Iran und Syrien nicht zwingend auf religiösen Aspekten, sondern auf gemeinsamen politischen Zielen. Beide sehen die USA und Israel als ihre ideologischen Feinde und unterstützen die libanesische Hisbollah. Sie formen ein pragmatisches Bündnis, das sie auch als ‚Achse des Widerstands‘ bezeichnen (Akbarzadeh/Conduit 2016: 134). Dementsprechend hat der Iran die Aufständischen in Syrien als „Terroristen" bezeichnet, obwohl er die Proteste in Ägypten und Bahrain begrüßte und diese als „islamisches Erwachen" beschrieb (Sadjadpour 2013: 42). Der Iran betrachtet Syrien als strategische Brücke zur Hisbollah im Libanon und zum Mittelmeer. Außerdem war Syrien eine proiranische Stimme innerhalb der größtenteils iranskeptischen Arabischen Liga, bis das Land im Zuge des Bürgerkriegs seine Mitgliedschaft in der Organisation verlor. Trotzdem wird der Iran auch künftig Syrien nutzen, um einen Partner innerhalb der arabischen Welt zu haben. Folglich stützt Teheran mit allen politischen, finanziellen und militärischen Mitteln das Assad-Regime, das ohne iranische Hilfe möglicherweise längst gestürzt worden wäre. Der Iran hat die Wirren des Bürgerkrieges genutzt, um auch in Syrien eigene Milizen aufzustellen (Steinberg 2018: 5). Riyad Hischab, einstweiliger Ministerpräsident unter Assad, beklagt den iranischen Einfluss in Syrien mit deutlichen Worten: „Syria is occupied by the Iranian Regime. The person who runs the country is not Bashar al-Assad but Qassem Soleimani, the head of the Iranian regime's Quds force" (Akbarzadeh/Conduit 2016: 137).

Auch viele Beobachter sprechen von einer mächtigen iranischen Präsenz in Syrien. Doch die iranische Regierung dementiert eine Beteiligung im Syrischen Bürgerkrieg. Rouhani beteuerte vor der UN-Generalversammlung, der Iran habe vor jeder fremden Intervention in die inneren Angelegenheiten Syriens gewarnt, einschließlich der Unterstützung extremistischer Gruppen, um über diese Druck auf die Regierung auszuüben. Die iranischen Militärberater befänden sich auf Einladung der syrischen Regierung im Land und unterstützten sie im Kampf gegen den Terrorismus. Rouhani fügt hinzu: „The world will not have a better friend than Iran, if peace is what you seek" (Rouhani 2018). In Anbetracht der expansiven Politik, die der Iran im Nahen Osten verfolgt, erscheint diese Aussage nicht sonderlich glaubwürdig. Auch Zarif bestreitet die Militärpräsenz seines Landes in Syrien ab, lediglich Militärberater seien auf Einladung der syrischen Regierung entsandt worden (Zarif/Haass 2017). Eine Erklärung mit der iranische Offizielle ihre regionale Präsenz häufig legitimieren.

Der wichtigste nichtstaatliche Verbündete des Iran ist die libanesische Hisbollah (Steinberg 2018: 2). Im Libanon zählen Schiiten neben Sunniten und Maroniten zu den drei großen Religionsgemeinschaften. Diese demografische Struktur ermöglicht dem Iran weitgehende Einflussmöglichkeiten. Seit Jahrzehnten unterstützt er die schiitische Gemeinschaft im Libanon mit militärischen und finanziellen Mitteln (Scheffler 2016: 284). Das besondere Interesse des iranischen Regimes an diesem Land hat vielfältige Gründe: Einerseits kann es durch die Hisbollah proiranische Anhänger mobilisieren und seine Isolation in der arabischen Welt teilweise durchbrechen (Scheffler 2016: 284). Andererseits kann es strategische Ziele vorantreiben, da es Zugang zum Mittelmeer und zum Palästinakonflikt erhält. Die Hisbollah wurde 1982 gegründet und ging aus der libanesischen Schiitenbewegung der 1960er-Jahre hervor (Hunter 2017: 45). Der iranischstämmige Kleriker Musa Sadr, der 1978 spurlos verschwand, gilt als zentrale Figur hinter der Bewegung (Hunter 2017: 45). Die iranischen Revolutionsgarden waren maßgeblich an seiner Gründung beteiligt, indem sie Kämpfer ausbildeten und die Organisation mit Geld und Waffen belieferten (Steinberg 2018: 2). Außerdem bekennt sich die Hisbollah zur Welayat-e Faqih, dem Staatsmodell der Islamischen Republik Iran und sieht im iranischen Revolutionsführer die höchste religiöse wie politische Autorität (Hunter 2017: 85; Steinberg 2018: 2). Laut Hunter reflektiert die Hisbollah die politische Ideologie und die Nahostpolitik des Iran (Hunter 2017: 85). Dabei hatten die libanesischen Schiiten bis zur Gründung der Islamischen Republik keine externe Schutzmacht, wie etwa die Maroniten mit Frankreich oder die Sunniten mit Ägypten (Scheffler 2016: 282). Die Iranische Revolution eröffnete der schiitischen Gemeinschaft neue Möglichkeiten, und so erscheint sie heute geeinter als die anderen libanesischen Religionsgemeinschaften (Scheffler 2016: 283–284). Die Hisbollah ist inzwischen zum international bekanntesten Akteur des Landes geworden. Sie ist zugleich der wichtigste schiitische Akteur im Libanon, eine Stellung, die sie ohne finanzielle und militärische Hilfe aus dem Iran schwerlich errungen hätte (Hunter 2017: 45–46). Im Gegenzug unterstützt die Hisbollah die iranische Nahostpolitik und mobilisiert beispielsweise Kämpfer zur Verteidigung des Assad-Regimes (Scheffler 2016: 285). Dabei stoßen die Hisbollah und der Iran auf ein geteiltes Echo im Libanon. Während die schiitische Bevölkerung beide Akteure größtenteils positiv bewertet, stoßen sie bei den Sunniten und Maroniten auf Skepsis. Damit ist der Libanon ein Symbolbild für die tiefe Spaltung und Polarisierung nahöstlicher Länder und Gesellschaften. Ebenso umstritten ist die internationale Reputation der Hisbollah. Einige westliche Staaten sehen sie als Terrororganisation. Die USA, Kanada und Israel stufen die gesamte Organisation als solche ein, während die Europäische Union lediglich die Miliz als terroristische Vereinigung einstuft. Neben Iran und Syrien ist Russland der wichtigste Akteur, der die Hisbollah als legitime Organisation ansieht. China verhält sich neutral, während die Arabische Liga die Hisbollah ebenfalls als Terrororganisation betrachtet. Steinberg erklärt, die Hisbollah ist mehr als lediglich eine militante Gruppierung (Steinberg 2018: 3). Sie nehme zugleich als politische Partei an Wahlen teil und übernehme regelmäßig Ämter in der Regierung. Außerdem stelle sie soziale Dienstleistungen zur Verfügung, indem sie Kindergärten, Schulen und Krankenhäuser betreibt. Doch alles in allem untergräbt die Hisbollah die Autorität des libanesischen Staates (Hunter 2017: 46). Sie kann sogar als ‚Staat im Staate' bezeichnet werden, da sie neben staatlichen Strukturen eigene Strukturen aufgebaut hat und von seinen Anhängern zuallererst Loyalität gegenüber diesen Strukturen fordert. Der Iran hat diese Situation mit herbeigeführt, da er anhand der Hisbollah die politischen Prozesse des Landes beeinflusst und den Libanon in seine Nahostpolitik einbezieht.

Zuletzt ist auch der Jemen in den Fokus der iranischen Außenpolitik gerückt. Das Land befindet sich im südwestlichen Zipfel der Arabischen Halbinsel und gehört zu den ärmsten Ländern in der Welt. 2011 kam es auch hier zu einem Massenaufstand, dessen Folgen bis heute nachwirken. Ali Abdullah Salih, der seit Jahrzehnten im Jemen regierte, verlor im Zuge der landesweiten Proteste seine Macht. Daraufhin entflammte ein Kampf um die Übernahme der politischen Gewalt, der 2014 in einen Bürgerkrieg mündete. In diesem stehen sich zwei Parteien gegenüber; die Huthi-Bewegung aus Nordjemen und Anhänger der gestürzten Zentralregierung. Als eine Allianz aus zehn arabischen Staaten, angeführt von Saudi-Arabien, im März 2015 Luftangriffe gegen Huthi-Rebellen flog, regionalisierte sich der Jemenkonflikt (Juneau 2016: 647). Saudi-Arabien teilt eine lange Staatsgrenze mit dem Jemen und sieht den Konflikt im Nachbarland als sicherheitspolitische Bedrohung. Außerdem betrachtet das Königreich die Huthis als Stellvertreter des iranischen Regimes. Dabei handelt es sich bei den Huthis nicht um eine Ethnie oder Konfession, sondern um eine politisch-militärische Bewegung. Sie leitet ihren Namen von Hussein Badreddin al-Huthi ab, der als zentrale Figur dieser Bewegung gilt. Ihre Anhänger sind größtenteils zaiditische Schiiten, die vorwiegend im Nordwesten des Landes leben und ca. 40 Prozent der jemenitischen Bevölkerung ausmachen (Juneau 2016: 651). Juneau ist der Ansicht, dass die Beschwerden der Huthis innenpolitisch begründet sind und nicht im regionalen Zusammenhang stehen, etwa mit der iranischen Expansion im Nahen Osten. Sie forderten ein Ende der ökonomischen Misere, politischen Marginalisierung, Diskriminierung von Zaiditen sowie ein größeres Mitspracherecht und Anerkennung (Juneau 2016: 651). Daher sei die Huthi-Bewegung keineswegs ein Stellvertreter des Iran, dessen Einfluss auf diese Gruppierung nur begrenzt sei. Der Bürgerkrieg im Jemen habe lokale Gründe (Juneau 2016: 647). Doch genau diese Lage, die Juneau beschreibt, passt in das Muster der iranischen Nahostpolitik. Der Iran wird sie nutzen, um Zutritt zum Jemen zu erhalten, wie schon im Irak, Syrien oder Libanon. Einem Bericht der Vereinten Nationen zufolge soll der Iran seit 2009 die Huthis mit Waffen beliefert haben (Juneau 2016: 656). Außerdem werden die Revolutionsgarden und die Hisbollah verdächtigt, Huthi-Rebellen militärisch auszubilden (Juneau 2016: 657). Grundlage dieser zunehmenden Zusammenarbeit sind nicht zwingend religiöse Gemeinsamkeiten, sondern wie schon in der Allianz mit dem Assad-Regime politische Ziele. Denn als Zaiditen gehören die Huthis nicht der Zwölferschia an, die im Iran praktiziert wird (Steinberg 2018: 6). Sie erkennen die Herrschaft der ersten drei Kalifen an, weil Ali, der Schwiegersohn des Propheten Muhammed, sie auch anerkannt habe. Die iranischen Schiiten lehnen die Herrschaft der ersten drei Kalifen strikt ab. Zudem bekennt sich die Huthi-Bewegung im Gegensatz zur Hisbollah nicht zur Welayat-e Faqih. Außerdem unterstützen nicht alle Zaiditen die Huthi-Bewegung. Laut Juneau haben zwischen 2004 und 2010 einige zaiditische Stämme mit der

Regierung gegen die Huthis gekämpft, selbst nach der Übernahme der Hauptstadt Sanaa (Juneau 2016: 659). Der langjährige Präsident Salih war selber Zaidit, aber gleichzeitig ein Gegner der Huthis, die er als „iranische Agenten" bezeichnete, obgleich er zuletzt mit ihnen paktierte. Der iranische Einfluss auf die Huthis ist zwar noch begrenzt, doch er könnte in Zukunft deutlich wachsen, wenn Saudi-Arabien die Gruppierung weiterhin marginalisiert. Das wird sie zwingen, nach Verbündeten zu suchen, die sie im Iran und in der Hisbollah finden wird. Ein solches Bündnis könnte die Bewegung auch ideologisch an das iranische Regime näherbringen. Teherans Interesse am Jemen war in den vergangenen Jahren eher begrenzt (Juneau 2016: 659). Doch wenn es der Huthi-Bewegung gelingt, ihre Macht zu konsolidieren, wird der Iran versuchen, ein Bündnis mit ihr einzugehen. Denn der Jemen könnte zu einem weiteren Verbündeten in der arabischen Welt werden, obgleich sich die Spannungen mit Saudi-Arabien intensivieren würden, das sich vom Iran umkreist sieht.

Schließlich ist der Persische Golf mit seinen Anrainerstaaten Saudi-Arabien, Kuwait, Bahrain, Katar, Vereinigte Arabische Emirate (VAE) und Oman von großer Bedeutung für den Iran. Denn er exportiert von hier aus Erdöl in die ganze Welt und beansprucht reichhaltige Erdgasfelder, die hohe materielle Einnahmen versprechen. Der Arabische Frühling hat die Beziehungen Teherans zu den Golfmonarchien drastisch verschlechtert. Saudi-Arabien bringt den Golfkooperationsrat gegen den Iran in Stellung und wird dabei vor allem von den VAE und Bahrain unterstützt. Sie werfen dem Iran vor, die arabischen Golfstaaten heimlich zu destabilisieren. Der Iran instrumentalisiere die Schiiten in ihren Ländern für politische Zwecke. So verdächtigen sie das iranische Regime hinter den Protesten der schiitischen Bevölkerung in Bahrain 2011 zu stecken (Steinberg 2018: 7). Außerdem hat der Iran territoriale Streitigkeiten um die Tunb-Inseln mit den VAE, die seit den 1970er-Jahren andauern. Saudi-Arabien, die VAE und Bahrain haben in den letzten Jahren ihre Politik gegenüber dem Iran verschärft und versuchen, alle Mitglieder der Arabischen Liga auf ihre Linie zu bringen. Allerdings sind andere Golfstaaten wie Katar und Oman zurückhaltender. Das katarische Emirat teilt das größte Erdgasfeld der Welt mit dem Iran und ist daher an guten Beziehungen mit Teheran interessiert (Fürtig 2017: 3). Ein angespanntes Verhältnis könnte die Ausbeutung dieser Felder und damit den Wohlstand des Landes beeinträchtigen. Daher lehnte Katar 2006 im Sicherheitsrat der UNO eine Verschärfung der Sanktionen gegen den Iran ab und unterstützte wenige Jahre später die brasilianisch-türkische Initiative zur Beilegung des Konflikts um das iranische Atomprogramm (Fürtig 2017: 3). Im Juni 2017 verhängten Saudi-Arabien, die VAE und Bahrain eine Blockade gegen Katar und gaben als Grund auch die guten Beziehungen des Emirats zum Iran an. Daraufhin sprach Teheran dem Land seine Unterstützung zu und bezeichnete Katar als „Bruderstaat" (Fürtig 2017: 5). Katar und Oman bieten dem Iran die Möglichkeit, wohlgesinnte Stimmen auf der anderen Seite des Golfes zu etablieren und über diese Einfluss auf den Golfkooperationsrat zu nehmen. Ferner ist nicht ausgeschlossen, dass der Iran wie schon im Irak und Libanon versuchen wird, auch die Schiiten in den Golfmonarchien für seine politischen Ziele zu mobilisieren.

Von großer Bedeutung für den Iran ist zudem das Verhältnis mit den Vereinigten Staaten, zumal Antiamerikanismus ein fester Bestandteil seiner außenpolitischen Ideologie ist. Die Zurückdrängung der USA aus der Region wird als zentrales Ziel der iranischen Außenpolitik formuliert (Posch 2013: 28). Die Militärpräsenz der USA in den Golfstaaten und im Persischen Golf wertet der Iran als sicherheitspolitische Bedrohung. Seit dem Sturz Saddam Husseins stehen sich im Persischen Golf zwei Fronten gegenüber; der Iran und die Golfstaaten, die von Saudi-Arabien angeführt und von den USA unterstützt werden. Khamenei definiert die Feindschaft der USA gegen den Iran wie folgt: „That is why they are afraid of a great Islamic power appearing in the region: it would completely prevent them from pursuing their greedy expectations in the region" (Khamenei 2018). Diese Worte offenbaren die machtpolitische Rivalität zwischen dem Iran und den USA, in der es grundsätzlich darum geht, welcher dieser beiden Akteure das Monopol besitzt, die Zukunft der Region zu gestalten. Tatsächlich führen die USA für das Ende des Atomabkommens im Mai 2018 neben der iranischen Raketenrüstung auch die iranische Expansion im Nahen Osten als Grund an (Steinberg 2018: 2). Dem entgegnet Khamenei, die USA würden selbstverständlich gegen den militärischen Fortschritt des Iran und gegen seine Präsenz in der Region opponieren, weil es den amerikanischen Interessen zuwiderlaufe (Khamenei 2018). Paradoxerweise hat die US-amerikanische Militärinvasion im Irak 2003 einen der wichtigsten iranischen Kontrahenten ausgeschaltet und Teheran endgültig das Tor zum Nahen Ostens geöffnet (Kissinger 2014: 191; Sadjadpour/Ben Taleblu 2015: 16). Der Sturz Saddam Husseins ist der Beginn der umfangreichen Expansion des Iran im Nahen Osten. Seither sind proiranische Akteure in der ganzen Region im Aufwind. Die Feindschaft gegen die USA und Israel ist dabei ein wichtiger Aspekt in der außenpolitischen Ideologie des iranischen Regimes. Damit mobilisiert es schiitische Akteure und versucht zugleich, auch Sympathien unter Sunniten zu gewinnen.

Religion nimmt in den Führungsambitionen des Iran eine vielfältige Funktion ein. Schließlich ist das Land eine Theokratie, die verlautbart, ihr Staatssystem als Modell für die gesamte islamische Welt zu sehen. Insbesondere in den Beziehungen zu nichtstaatlichen Akteuren kommt die Bedeutung der Religion zum Ausdruck. Denn die wichtigsten Verbündeten des Iran, über die er seinen regionalen Einfluss aufrechthält, sind zumeist schiitisch (Ostovar 2016: 25). Die libanesische Hisbollah ist seit Jahrzehnten ein enger Partner des iranischen Regimes und zählt heute zu den mächtigsten nichtstaatlichen Akteuren in der Region. Die Beziehungen zwischen dem Iran und der Hisbollah basieren zuallererst auf religiösen Gründen, weil sich die Organisation zum Konzept der Welayat-e Faqih bekennt und somit den iranischen Revolutionsführer als höchste religiöse wie politische Autorität ansieht. In dieser Beziehung ist Religion, im speziellen sogar eine bestimmte konfessionelle Strömung, die wichtigste Grundlage für die Zusammenarbeit. Immerhin war Teheran in den 1980er-Jahren am Aufbau der Hisbollah beteiligt. Gleiches gilt für die irakische Badr-Organisation, die ebenfalls den iranischen Revolutionsführer als höchste Autorität anerkennt. Das Bekenntnis zum Konzept der Statthalterschaft des Rechtsgelehrten setzt dieselben religiösen und politischen Ansichten wie die des iranischen Regimes voraus. Daher ist auch hier Religion die wichtigste Grundlage dieser Beziehung. Dies gilt nicht für die Allianz mit dem Assad-Regime. Wie diese Analyse aufzeigt, fußt diese Partnerschaft eher auf politischen als auf religiösen Gründen. Denn das syrische Regime gilt nur bedingt als schiitisch, ist säkular ausgerichtet und bekennt sich nicht zur Welayat-e Faqih. Bleibt noch die jemenitische Huthi-Bewegung, die in den letzten Jahren in den Verdacht geraten ist, ein proiranischer Klient zu sein. Zwar sind die Anhänger dieser Bewegung zaiditische Schiiten, allerdings unterscheiden sie sich deutlich von den Schiiten im Iran und Libanon. Folglich bekennen sie sich nicht zur Welayat-e Faqih. In dieser Beziehung stehen politische und ideologische Gemeinsamkeiten im Vordergrund, wie etwa die Veränderung politischer Machtverhältnisse; der Iran im Nahen Osten und die Huthis im Jemen. Allerdings werden das Assad-Regime und die Huthi-Bewegung in den Medien vereinfacht als „schiitische Glaubensbrüder" des Iran dargeboten und die iranische Außenpolitik konfessionell hergeleitet. Doch die Beispiele des Libanons und Iraks, sowie Syriens und Jemens zeigen, dass Religion zwar in einigen Fällen die wichtigste Basis der Zusammenarbeit ist, jedoch nicht in allen Beziehungen. Trotzdem kann sich der Iran nicht vom Schatten seiner konfessionalisierten Außenpolitik befreien. Denn seine wichtigsten Verbündeten gehören entweder derselben schiitischen Strömung (Hisbollah und Badr-Organisation) oder einem anderen Zweig der Schia an (Assad und Huthi) (Ostovar 2016: 7). Außerdem ist unklar, wie groß der iranische Einfluss auf die schiitischen Gemeinschaften im Nahen Osten tatsächlich ist (Akbari 2010: 70). Immerhin handelt es sich um unterschiedliche Gruppierungen mit lokalen Eigenheiten, die auch individuelle politische Agenden verfolgen. Der Iran muss erheblichen Aufwand betreiben, um seinen Einfluss auf diese Akteure stetig zu erneuern (Akbari 2010: 70). Daneben ist Religion eine ideologische Komponente in der iranischen Außenpolitik, dazu zählt auch die antiwestliche Rhetorik. Damit verfolgt die iranische Regierung das Ziel, Zuspruch und Sympathien unter allen Muslimen zu gewinnen und die Legitimität des Regimes zu erhöhen. Daher ist Religion ein starker Einflussfaktor in der iranischen Außenpolitik, obgleich nicht der einzige.

Grundsätzlich weist die iranische Außenpolitik einige Ungereimtheiten auf. Beispielsweise erklärt Präsident Rouhani, solche die Dominanz und Hegemonie anstrebten, seien Feinde des Friedens und Kriegstreiber (Rouhani 2018). Allerdings verfolgt gerade der Iran offensiv hegemoniale Ambitionen. Diese werden häufig mit geografischen, demografischen und historischen Aspekten begründet. Stolz verkündet Rouhani vor der UN-Generalversammlung, der Iran könne niemals bezwungen werden (Rouhani 2018). Die Rhetorik der iranischen Machthaber ist eindeutig; der Iran will die regionale Führungsmacht sein. Um dieses Ziel zu erreichen bedient sich Teheran auch der Religion. Denn wer den Nahen Osten führen will, muss sich als Vertreter aller Muslime legitimieren. Teheran lanciert die Iranische Revolution als eine universelle, die im Zuge des Revolutionsexports die muslimischen Länder von der Beherrschung durch fremde Mächte befreien werde. Insbesondere Khomeini verfolgte dieses Kalkül, um den Iran von seinem konfessionellen Schatten zu befreien. Doch nach 2003 hat sich die iranische Außenpolitik zunehmend konfessionalisiert. Die Beziehungen mit schiitischen Akteuren sind in den Vordergrund gerückt. Dabei sind irantreue Schiitenmilizen wie die Hisbollah zur wichtigsten Stütze der iranischen Machtpolitik im Nahen Osten geworden (Steinberg 2018: 1). Der Begriff ‚schiitischer Halbmond‘ umschreibt den Einflussbereich des iranischen Regimes, der vom Persischen Golf, über Irak und Syrien bis zum Libanon reicht. Wenn der Jemen ebenfalls in diesen Einflussbereich geraten sollte, wird die Bezeichnung ‚schiitischer Vollmond‘ zutreffender sein. Mit seiner offensiven Vorgehensweise beabsichtigt der Iran, den Status quo im Nahen Osten zu verändern. Dabei profitiert er von der Schwäche der arabischen Welt, die gleich einer Schockstarre mit Bürgerkriegen und zerfallenden Staaten beschäftigt ist. Der Iran will die Gunst der Stunde nutzen und seine regionale Vorherrschaft langfristig absichern. Eine weitere Stufe der iranischen Machtpolitik könnte sein, dass Teheran irantreue Gruppierungen wie die Hisbollah oder die Badr-Organisation ermutigt, sich von ihren Staaten zu lösen, um eigenständig zu werden oder mit dem Iran zu fusionieren. Jedenfalls nimmt Teheran keine Rücksicht auf die Westfälischen Prinzipien und untergräbt die Staatenordnung der Region. Diesem Vorwurf entgegnen iranische Politiker häufig, die USA und Israel versuchen den Iran zu delegitimieren, indem sie ihn als Gefahr für die globale Ordnung darstellen (Zarif 2014: 57).

4.2   Saudi-Arabien

„Saudi Arabia is Custodian of the Two Holy Mosques and the birth place of Islam, and as such it is the eminent leader of the wider Muslim world." (al-Faisal 2013: 38)

Turki al-Faisal, Mitglied der saudischen Königsfamilie und langjähriger Leiter des saudischen Geheimdienstes, betont, Saudi-Arabien blicke zuversichtlich in die Zukunft. Denn es sei die Wiege des Islam und habe eine der stärksten Volkswirtschaften in der Region, inklusive einige der erfolgreichsten Unternehmen (al-Faisal 2013: 37). Saudi Aramco sei beispielsweise der größte Produzent und Exporteur von Erdöl. Das Königreich ist zwar flächenmäßig der größte Staat im Nahen Osten, allerdings besteht es hauptsächlich aus Wüsten und kargen Gebieten. Dennoch genießt Saudi-Arabien eine zentrale Lage in der Region und grenzt an Jordanien, Irak, die arabischen Golfstaaten sowie an den Jemen. Mit letzterem teilt das Land seine längste Staatsgrenze. Zudem ist Saudi-Arabien das einzige Land, das sowohl zum Roten Meer als auch zum Persischen Golf eine Küste besitzt. Damit hat das Königreich eine enorme strategische Bedeutung für den Welthandel, da wichtige Handels- und Transportwege an ihm vorbeiführen. Es hat rund 34 Millionen Einwohner (Stand 2019), wovon jedoch ca. ein Drittel Gastarbeiter aus Ländern wie Bangladesch, Indien und Jemen sind. Die einheimische Bevölkerung ist hauptsächlich arabisch. Aus demografischer Sicht ist Saudi-Arabien dünn besiedelt und liegt weit abgeschlagen hinter anderen regionalen Akteuren wie dem Iran, der Türkei und Ägypten.

Eine wichtige Komponente in der Innen- und Außenpolitik des Königreichs ist der Faktor Erdöl. Saudi-Arabien verdankt seinen materiellen Reichtum dem Export von Erdöl und könnte ohne die Einnahmen aus diesem Geschäft seine Führungsambitionen nicht verfolgen. Es zählt zu den Ländern mit den weltweit größten nachgewiesenen Erdölreserven. Daher ist es für die weltweite Energieversorgung von immenser Bedeutung (Steinberg 2008: 15). Aufgrund der eigenen Energiesicherheit sind zahlreiche Staaten an guten Beziehungen mit Riad interessiert. Auch die außergewöhnliche Partnerschaft zwischen Saudi-Arabien und den USA basiert ursprünglich auf energiepolitischen Erwägungen (Steinberg 2008: 15). Das Königreich nutzt die immensen Einnahmen aus dem Erdölgeschäft auch als außenpolitisches Instrument (Soubrier 2014: 7). Es unterstützt Staaten wie Ägypten und Jordanien mit großzügigen finanziellen Hilfen, um Unterstützung für seine Politik zu mobilisieren (Sons 2017a: 99; Soubrier 2014: 7). Seit 2013 zählt insbesondere Ägypten zu den größten Empfängern saudischer Hilfsgelder (Sons 2017a: 103). Kairo hat zuletzt oftmals die saudische Regionalpolitik mit eigener Beteiligung unterstützt. Allerdings wird die starke Abhängigkeit Saudi-Arabiens vom Erdölexport zunehmend kritisch gesehen. Al-Jubeir erklärte 2018, sein Land wolle die Abhängigkeit vom Erdöl reduzieren. Zwar könne Saudi-Arabien noch über einhundert Jahre Erdöl produzieren, allerdings könnte die Welt schon in zwanzig oder dreißig Jahren diesen Rohstoff nicht mehr benötigen (al-Jubeir/Coleman 2018).

Die Aufstände in der arabischen Welt 2011 und ihre Folgen haben Saudi-Arabien in eine tiefe Krise gestürzt (Soubrier 2014: 3) und erheblich zum Wandel seiner Außenpolitik beigetragen. Besorgt beobachtete das saudische Königshaus den Sturz der Machthaber in Ägypten und Tunesien, zweier wichtiger Verbündeter (Sons 2017a: 100). Es folgten Massenproteste in weiteren arabischen Ländern wie Jemen, Syrien und Bahrain. Angesichts dieser Entwicklung fürchtete das Königreich den Zusammenbruch der regionalen Staatenordnung (Sons 2017a: 100) sowie die eigene Sicherheit und Stabilität. Dabei kam es auch in Saudi-Arabien zu vereinzelten Protesten gegen die Regierung. Die Demonstranten forderten die Einführung einer konstitutionellen Monarchie, die Bekämpfung von Korruption und eine gerechte Verteilung des Erdölreichtums. Riad begegnete den Protesten mit Geldzuwendungen an die Bevölkerung und einer verstärkten Präsenz von Sicherheitskräften (Steinberg 2014: 5, 7). Tatsächlich blieben folgenschwere Massenproteste wie etwa in Ägypten oder Syrien aus. Doch die Lage in der Ostprovinz, wo die schiitische Minderheit des Landes lebt, war deutlich komplexer. Dort kam es 2011 regelmäßig zu Zusammenstößen zwischen schiitischen Demonstranten und saudischen Sicherheitskräften. Die Schiiten in Saudi-Arabien beklagen eine systematische Benachteiligung. Ihre Zahl in der Ostprovinz wird auf zwei bis drei Millionen geschätzt, was ca. 10 bis 15 Prozent der Gesamtbevölkerung entspricht (Steinberg 2014: 10). Die Beziehungen zwischen der schiitischen Minderheit und Riad sind seit jeher angespannt. Der Wahhabismus, die prägende religiöse Strömung in Saudi-Arabien, vertritt eine strenge Haltung gegenüber Schiiten. Außerdem beschuldigt Riad den Iran, diese Minderheit für eigene Zwecke zu mobilisieren. Jedenfalls hat dieser Konflikt eine bedeutende strategische Dimension, da in der Ostprovinz die saudische Ölindustrie beheimatet ist (Steinberg 2014. 10). Diese Auseinandersetzung wird die künftige Stabilität des Königreichs beeinflussen und Auswirkungen auf seine Außenpolitik haben, beispielsweise auf den Umgang mit Schiiten in arabischen Staaten.

Diese innenpolitischen und regionalen Entwicklungen haben Saudi-Arabien enorm unter Druck gesetzt. Das Königshaus betrachtet Forderungen nach politischer Veränderung aus der Bevölkerung als existenzielle Bedrohung für die saudische Monarchie (Mason 2015: 43). Auch der vermeintliche Aufstieg der Muslimbrüder nach den Umbrüchen in Ägypten und Tunesien wurde in Riad als Bedrohung wahrgenommen. In Ägypten wurde Muhammad Mursi, Kandidat der Muslimbrüder, zum neuen Präsidenten gewählt und in Tunesien gewann die Ennahda an Bedeutung (Sons 2017a: 100). Der politische Islam schien aus den Aufständen gestärkt hervorzugehen. Riad steht den Muslimbrüdern skeptisch gegenüber, weil diese im Gegensatz zum politischen System des Königreichs ein republikanisches Staatsmodell fordern (Sons 2017a: 101). Außerdem gibt es eklatante theologische Unterschiede zwischen dem Wahhabismus und der Muslimbruderschaft. Beide Strömungen haben unterschiedliche politische, religiöse und ideologische Ansichten. Daher unterstützte Saudi-Arabien im Juli 2013 den Militärputsch gegen Mursi (Steinberg 2014: 6) und pflegt seither ein enges Bündnis mit dem neuen Präsidenten as-Sisi. Schließlich erklärte Saudi-Arabien die Muslimbrüder 2014 zur Terrororganisation (Sons 2017a: 101; Sunik 2014: 4; Zarras 2018: 128). Riad versucht alle Bedrohungen gegen den Status quo und die saudische Monarchie im Keim zu ersticken. Darüber hinaus unternimmt das Königreich diverse Maßnahmen, um auch die anderen Monarchien in der arabischen Welt zu stabilisieren (Ennis/Momani 2013: 1128; Steinberg 2014: 6).

Die Rivalität mit dem Iran ist zurzeit die wichtigste Thematik in der saudischen Außenpolitik. Sie ist allen anderen Themenfeldern übergeordnet. Saudi-Arabien sieht den revolutionären Iran als existenzielle Bedrohung für sein traditionelles Dasein und die regionale Ordnung. Drei Jahreszahlen und Ereignisse stehen für diese Wahrnehmung: (1) Die Revolution im Iran 1979 markiert den Beginn der saudisch-iranischen Rivalität. Riad sieht sich einem Staat gegenüber, der mit antimonarchischen, revolutionären und religiösen Ansätzen offensiv in die Region eindringt und gesamtislamische Führungsambitionen beansprucht. Ein antagonistischer Staat, der in nahezu allen Politikfeldern den Interessen des Königreichs zuwiderläuft. (2) Der Irakkrieg von 2003 hat die saudischen Befürchtungen verstärkt. Der Sturz Saddam Husseins hat das regionale Machtverhältnis zugunsten des Iran verschoben. Seither hat Teheran seinen Einfluss im Nahen Osten ausgebaut. (3) Nicht zuletzt haben die Aufstände in der arabischen Welt 2011 die Spannungen zwischen Saudi-Arabien und dem Iran noch einmal intensiviert. Riad bewertet die Proteste der schiitischen Bevölkerung in den arabischen Golfstaaten als Destabilisierungsmaßnahme des iranischen Regimes. Außerdem haben beide Staaten während der Aufstände in Ägypten, Syrien und im Jemen jeweils unterschiedliche Lager unterstützt. Die saudische Führung registriert, dass Teheran in der Region nicht mehr ignoriert werden kann.

Gemäß Turki al-Faisal hat Riad bezüglich des Iran zwei Sorgen: Erstens das iranische Nuklearprogramm, auf das Saudi-Arabien reagieren werde, wenn der Iran tatsächlich in den Besitz von Nuklearwaffen kommen sollte. Zweitens die Einmischung und Destabilisierung der iranischen Führung in Ländern mit schiitischem Bevölkerungsanteil wie Irak, Bahrain, Kuwait, Libanon und Jemen (al-Faisal 2013: 38). Die saudische Regierung ist beunruhigt über die Einmischung der iranischen Führung in die inneren Angelegenheiten arabischer Staaten:

> „Saudi Arabia will oppose any and all of Iran's interference and meddling in other countries. It is Saudi Arabia's position that Iran has no right to meddle in other nations' internal affairs, especially those of Arab states." (al-Faisal 2013: 39)

Denn das Königreich will die arabische Welt alleine anführen und die Region auf der Weltbühne repräsentieren. Daher haben saudische Offizielle den Ton gegenüber dem Iran in jüngster Zeit deutlich verschärft. Sie gehen Teheran nun viel offener und aggressiver an. Außenminister al-Jubeir erhebt in einem Zeitungsinterview schwere Vorwürfe gegen den Iran: Er betreibe Terrorismus, Konfessionalismus, Einmischung und Unterstützung von Milizen (al-Jubeir/Hermann 2017). Das iranische Regime versuche seit 1979 die Revolution zu exportieren und bediene sich dabei der arabischen Schiiten. Ziel dieser Politik sei, eine regionale Dominanz herzustellen (al-Jubeir/Hermann 2017). Adel al-Jubeir trat in seiner Funktion als Außenminister (2015–2018) häufig bei internationalen Podien auf, um die Außenpolitik seines Landes zu erklären. Auf einem dieser Auftritte vor dem Council on Foreign Relations in Washington beschreibt er die iranische Außenpolitik wie folgt:

> „Iran is the world's chief sponsor of terrorism. Iran is the one that trying to dominate the region. Iran is the one that is sending its Quds Forces and Revolutionary Guards into other countries to destabilize them, and that has to stop." (al-Jubeir/Coleman 2018)

Saudi-Arabien wirft dem Iran häufig vor, durch seine Außenpolitik die Region zu destabilisieren. Riad nennt dabei auch offen Länder, in denen es iranische Aktivitäten vermutet. 2016 erklärte der damalige Kronprinz Muhammad bin Naif vor der UN-Generalversammlung, der Iran unterstütze terroristische Milizen in Bahrain, Kuwait, Jemen, Irak, Syrien, Libanon und anderen Gebieten (bin Naif 2016: 6). Die Region stehe vor einer gefährlichen Destabilisierung seiner Sicherheit gegenüber. Außerdem verbreite Teheran eine konfessionelle Rhetorik und fördere auch damit die tiefe Spaltung der Region (bin Naif 2016: 6). Die saudische Regierung lässt keinen Zweifel daran, dass der Fokus ihrer Außenpolitik auf den Iran gerichtet ist. Es gibt kaum eine außenpolitische Stellungnahme hochrangiger Offizieller und kaum eine Analyse der saudischen Außenpolitik, in der nicht auch der Iran erwähnt wird. Riad macht Teheran für das Chaos im Nahen Osten verantwortlich

(Sons 2017a 105). Dabei sieht das Königreich den Iran als politischen, ideologischen, religiösen und geopolitischen Rivalen. Denn beide beanspruchen eine
Führungsrolle in der Region und tragen ihre Rivalität in den von bin Naif genannten Ländern aus (Sons 2017a: 110). Al-Jubeir zufolge ist die saudische Position
eindeutig: „Our position is that Iran has no role in the Arab World other than to
get out" (al-Jubeir/Coleman 2018). Auch der aktuelle Kronprinz Muhammad bin
Salman wählt drastische Worte: Sein Land werde nicht warten, bis die Schlacht
nach Saudi-Arabien kommt, sondern es werde daran arbeiten, dass die Schlacht
im Iran stattfindet (Sons 2017b: 101). Die Zurückdrängung des Iran genießt in
der Außenpolitik des Königreichs höchste Priorität. Kissinger zufolge geht es in
diesem Konflikt um den Fortbestand der Monarchie, die Legitimität des Staates
und sogar um die Zukunft des Islam (Kissinger 2014: 165).

Saudi-Arabien pflegt eine strategische Partnerschaft mit den USA, die als
unverzichtbarer Grundpfeiler seiner Außen- und Sicherheitspolitik gilt. Dieses Bündnis geht auf ein Abkommen zwischen Staatsgründer Abdulaziz ibn
Saud und dem US-Präsidenten Franklin D. Roosevelt zurück, das am 14.
Februar 1945 auf dem amerikanischen Kreuzer USS Quincy begründet wurde
(Keynoush 2016: 58; Sons 2017a: 127; Sunik 2014. 2). Es hat bis heute nicht
an Bedeutung verloren, obwohl beide Staaten äußerst unterschiedlich sind (Sons
2017a: 127). Denn Saudi-Arabien ist eine absolutistische Monarchie und Religion genießt eine besondere Stellung im politischen System des Landes. Dem
Königreich wird wiederholt vorgeworfen, Menschenrechte und Rechtsstaatlich-
keit zu missachten (Sons 2017a: 188–189). Die Vereinigten Staaten hingegen
sind ein republikanisch-säkularer Staat und verstehen sich als ‚internationaler
Advokat' von demokratischen Werten. Trotzdem pflegen sie seit Jahrzehnten eine
strategische Partnerschaft, die al-Jubeir dergestalt beschreibt:

> „Sie [USA] sind unser strategischer Partner. Wir haben große gemeinsame Inter-
> essen, das ist eine sehr stabile Beziehung. Sie ist für beide Länder sowie für die
> Stabilität und Sicherheit in der Region sehr wichtig." (al-Jubeir/Hermann 2017)

Tatsächlich basiert dieses besondere Bündnis auf handfesten politischen Interessen, wobei dem Faktor Erdöl eine zentrale Bedeutung zukommt. Saudi-Arabien
braucht die Vereinigten Staaten um die eigene Sicherheit zu gewährleisten. Denn
das Königreich ist politisch, demografisch und militärisch in vielerlei Hinsicht
verwundbar (Steinberg 2008: 14), obgleich es in den vergangenen Jahren deutlich
aufgeholt hat. Außerdem garantiert Washington die Integration des Königreichs
in das internationale System und in den globalen Welthandel, beides für das erd-
ölexportierende Land unermesslich. In jüngster Zeit haben aus saudischer Sicht

zudem strategische Erwägungen an Gewicht gewonnen. Riad setzt weiter auf eine stabile Partnerschaft mit den USA, um den Iran auszugleichen und den Status quo im Nahen Osten zu sichern. Die Vereinigten Staaten hingegen waren anfangs hauptsächlich aus energiepolitischen Gründen an Saudi-Arabien interessiert. Die Entdeckung riesiger Erdölvorkommen auf der Arabischen Halbinsel in den 1930er-Jahren war hierfür ein entscheidender Beweggrund. Riad sollte die Weltwirtschaft mit Erdöl versorgen und konnte sich im Gegenzug auf den Schutz der Vereinigten Staaten verlassen (Steinberg 2008: 14). Im Zuge des Kalten Krieges wuchs die strategische Bedeutung des Königreichs, das gemeinsam mit dem Iran die ‚Twin-Pillars-Strategy' der USA im Nahen Osten stellte, um als Gegengewicht zur Sowjetunion und sowjetischer Verbündeter zu fungieren. Auch heute ist das Land nicht lediglich wegen seiner Erdölreserven von Bedeutung für Washington. Denn Erdöl verliert insgesamt an Bedeutung, zumal die Vereinigten Staaten durch Fracking inzwischen auch selbst Öl produzieren und etwas unabhängiger vom Weltmarkt geworden sind. Saudi-Arabien gilt als Garant für den US-amerikanischen Einfluss im Nahen Osten. Außerdem verbinden beide Staaten weitgehende wirtschaftliche Interessen, da Riad mittlerweile in Milliardenhöhe in den USA investiert (al-Rasheed 2017: 7).

Allerdings gab es unter Präsident Barack Obama erhebliche Unstimmigkeiten zwischen beiden Staaten (Mason 2015: 68; Sunik 2014: 2). Die unterschiedliche Haltung in zwei Fällen offenbart dies: Im Syrienkrieg forderte Riad ein härteres Vorgehen der USA gegen das Assad-Regime. Allerdings wurde die saudische Führung enttäuscht, da Obama nicht bereit war militärisch einzugreifen, obwohl die von ihm gesetzten roten Linien mehrfach überschritten wurden (Steinberg 2014: 25). In Riad wurde das Unvermögen der USA in diesen Konflikt einzugreifen, genau registriert. Erste Rufe nach neuen Partnerschaften wurden laut. Die Vertrauenskrise verschärfte sich deutlich, als die USA 2015 ein Atomabkommen mit dem Iran unterzeichneten, das Teheran in der Weltpolitik wieder salonfähig machen würde (al-Rasheed 2017: 8). Das Königreich betrachtete dieses Abkommen als Vertrauensbruch und als unverständliche Stärkung seines Erzrivalen. Saudi-Arabien machte sich bereits auf die Suche nach neuen Verbündeten, als 2017 der Amtsantritt Donald Trumps eine Kehrtwende einleitete (al-Rasheed 2017: 8; Pabst 2017: 70). Trump unternahm im Mai 2017 einen Staatsbesuch in Saudi-Arabien und sicherte Riad die uneingeschränkte Unterstützung seiner Regierung gegen den Iran zu:

> „For decades, Iran has fuelled the fires of sectarian conflict and terror. It is a government that speaks openly of mass murder, vowing the destruction of Israel, death to America, and ruin for many leaders and nations in this room […] Until

the Iranian regime is willing to be a partner for peace, all nations of conscience must work together to isolate Iran, deny it funding for terrorism and pray for the day when the Iranian people have the just and righteous government they deserve." (al-Rasheed 2017: 9)

Die Intensität der Partnerschaft zwischen Saudi-Arabien und den USA ist regierungsabhängig. Der Wechsel von Obama zu Trump demonstriert, wie unterschiedlich die Haltung zum Königreich sein kann. Während Obama in seiner zweiten Amtszeit bereitwillig auf den Iran zuging, um eine Einigung im Atomstreit zu erreichen, verwarf Trump nach seiner Wahl diese Politik und verhängte neue Sanktionen gegen den Iran. Saudi-Arabien kann sich nicht langfristig auf die Unterstützung der USA verlassen, da schon ein Regierungswechsel die Partnerschaft auf den Prüfstand stellen kann. Nichtsdestotrotz fürchtet die saudische Führung einen Rückzug der USA aus dem Nahen Osten (Kissinger 2014: 160). Er würde Saudi-Arabien mit regionalen Schwergewichten wie dem Iran und der Türkei alleine zurücklassen. Bisher glich Saudi-Arabien die eigene Verwundbarkeit mit dieser Partnerschaft aus (Steinberg 2008: 14). Indessen könnte die unterschiedliche Haltung der USA unter Obama und Trump in Riad zur Beurteilung führen, sich auf die Suche nach neuen Partnern zu begeben (Mason 2015: 69). Jedoch ist fraglich, ob es die Partnerschaft mit den USA ersetzen kann. Dabei ist dieses Bündnis für Riad nicht ohne Risiko: Der saudischen Führung wird daheim und in der Region vorgeworfen, die umstrittene Nahostpolitik der USA mitzutragen (Steinberg 2008: 14). Der Iran instrumentalisiert diese Partnerschaft, um Saudi-Arabien in der Region zu delegitimieren.

Das Königreich setzt zudem auf eine enge Kooperation mit den arabischen Golfstaaten. Der Golfkooperationsrat (GKR) ist hierbei das wichtigste Instrument seiner regionalen Außenpolitik. Er wurde 1981 von Saudi-Arabien, Kuwait, Bahrain, Katar, den VAE sowie Oman gegründet und hat seinen Sitz in Riad. Seine Mitgliedsländer sind allesamt arabische Monarchien und Anrainerstaaten des Persischen Golfs. Beobachter sind der Meinung, der GKR sei als Reaktion auf die Iranische Revolution gegründet worden, um eine einheitliche Front gegen Teheran zu bilden (Fürtig 2002: 73; Koch 2010: 24; Sons 2017b: 98). Die Organisation soll die Zusammenarbeit seiner Mitglieder in der Außen- und Sicherheitspolitik stärken und die wirtschaftlichen Beziehungen vertiefen. Sie will die Koordination und Integration zwischen den arabischen Golfstaaten vorantreiben (Koch 2010: 26). Obwohl zu Beginn des 21. Jahrhunderts weitgehende Schritte unternommen wurden, um einen freien Markt und eine gemeinsame Währung zu etablieren, ist die Integration durch interne Streitigkeiten ins Stocken geraten. Vor allem im Bereich der militärischen Kooperation ist es seit Jahren nicht gelungen, eine gemeinsame Truppe gegen externe Bedrohungen aufzustellen (Koch 2010: 28–30). Saudi-Arabien scheint zwar den GKR als größtes und stärkstes Mitgliedsland zu dominieren, allerdings gibt es internen Widerstand gegen seine Führung (Mason 2015: 50). Vor allem Katar und Oman stechen heraus, die in vielen Punkten mit Riad uneins sind (al-Rasheed 2017: 5; Steinberg 2014: 17). Dabei spielt der Iran keine geringe Rolle, denn Katar und Oman lehnen die unnachgiebige Iranpolitik der anderen Mitgliedsländer ab. Außerdem versuchen beide Saudi-Arabiens mächtige Stellung im GKR auszugleichen (Soubrier 2014: 20). Dabei stoßen die saudischen Hegemonial- und Integrationsbestrebungen bei allen Mitgliedsländern auf Ablehnung, da sie großen Wert auf ihre Souveränität und Unabhängigkeit legen (Koch 2010: 33; Steinberg 2014: 17). Tiefgreifende Integrationsbemühungen werden daher nicht leichtfertig mitgetragen, sondern sorgfältig geprüft, ob sie die eigene Souveränität gefährden. Die Politik der saudischen Führung durch Integration die arabischen Golfstaaten auf seine Linie zu bringen, ist gescheitert. Denn die neue aggressive Außenpolitik des Königreichs hat den GKR fraktioniert (al-Rasheed 2017: 5).

Die im Juni 2017 ausgebrochene Katar-Krise offenbart geradezu Auflösungserscheinungen der Organisation. Saudi-Arabien, Bahrain, die VAE und Ägypten haben eine diplomatische, wirtschaftliche und logistische Blockade gegen Katar verhängt, um einen Wandel seiner Politik zu erwirken (Pabst 2017: 62; Sons 2017b: 98). Die schwerwiegenden Vorwürfe und Sanktionen trafen das Land mitten im Ramadan. Die Türkei übernahm die Nahrungsmittelversorgung Katars und auch der Iran sicherte seine Unterstützung zu (Pabst 2017: 70). Die Blockadestaaten, angeführt von Saudi-Arabien, kritisierten die Beziehungen des Emirats zur Muslimbruderschaft und zum Iran (Pabst 2017: 62). Daneben beschuldigten sie Katar der Terrorfinanzierung (Pabst 2017: 64). Das Emirat solle seine Beziehungen zum Iran reduzieren, die Muslimbruderschaft zur Terrororganisation erklären und den Sender Al-Jazeera, der über die saudische Politik zumeist kritisch berichtet, schließen (Sailer/Roll 2017: 2). Unter den Forderungen ist auch die Schließung der türkischen Militärbasis in Katar. Saudi-Arabien duldet keine regionale Macht in der arabischen Welt, die seine Führung infrage stellen könnte. Diese Haltung erklärt die zuletzt gestiegene Rivalität zwischen Saudi-Arabien und der Türkei. Al-Jubeir legitimiert das Vorgehen seines Landes mit harschen Worten (al-Jubeir/Coleman 2018): Katar finanziere Radikale und sei zur Basis der Muslimbruderschaft geworden. Doha versuche gemeinsam mit dem Iran und der Hisbollah die Region zu destabilisieren:

„We have no hostility towards Qatar. We just vehemently oppose to their behavior, which is very dangerous to us and has endangered our citizens and has endangered our security, and that's why we took the steps we took." (al-Jubeir/Coleman 2018)

Die tiefen Risse zwischen Saudi-Arabien und Katar gehen auf den Arabischen Frühling zurück. Beide haben während der Proteste und in der Zeit danach unterschiedliche Akteure unterstützt und fanden sich abermals auf gegensätzlichen Positionen wieder (Pabst 2017: 67; Sailer/Roll 2017: 1). Saudi-Arabien missbilligt insbesondere das Verhältnis des Emirats zur Muslimbruderschaft. Al-Jazeera berichtete euphorisch über die Proteste in Ägypten und die katarische Regierung unterstützte den neuen Präsidenten Mursi (Sons 2017b: 99). Dies sorgte in Riad und Abu Dhabi für Empörung, da beide Monarchien den Aufstieg der Muslimbruderschaft als existenzielle Bedrohung für ihre absolute Herrschaft sehen (Sons 2017b: 100). Allerdings sind die Vorwürfe gegen Katar nicht gänzlich haltlos. Tatsächlich unterhält das Emirat sonderbare Beziehungen zu radikalen Gruppen. Doch auch Saudi-Arabien selbst unterhält fragwürdige Beziehungen mit solchen Gruppen und sieht sich daher dem Vorwurf der ‚Doppelmoral' ausgesetzt (Pabst 2017: 68).

Der entscheidende Grund für die Isolation des Emirats liegt in seinen regionalen Ambitionen. Der ‚Ministaat' führt eine eigenständige Außenpolitik und setzt seine finanziellen Mittel als machtpolitisches Instrument ein (Pabst 2017: 66). Er leistet vielen Ländern großzügige Entwicklungshilfe und bringt sich in regionalen Konflikten häufig als Vermittler ein. Katar schöpft dieses Selbstbewusstsein aus seinem Reichtum, der auf immensen Erdgasvorkommen basiert. Vor der katarischen Küste wurde 1971 das Erdgasfeld ‚North Dome Field' entdeckt, welches zu den größten der Welt gehört (Pabst 2017: 65). Doha erhofft sich durch den Erdgasexport hohe Einnahmequellen und investiert in eine erfolgreiche Ausbeutung. Der Austritt Katars im Januar 2019 aus der Organisation erdölexportierender Länder (OPEC) nach jahrzehntelanger Mitgliedschaft unterstreicht diese Absicht. Allerdings grenzt das katarische Erdgasfeld an ‚South Pars', welches vom Iran beansprucht wird. Doha ist für eine effiziente Ausbeutung seiner Erdgasvorkommen an einem ausgewogenen Verhältnis mit Teheran interessiert (Fürtig 2017: 8; Pabst 2017: 66). Die katarischen Erdgasreserven gewährleisten die Unabhängigkeit des Emirats. Die Spannungen zwischen Saudi-Arabien und Katar offenbaren zudem die wachsende ökonomische Rivalität zwischen Erdöl- und Erdgasproduzenten. Dabei betrachtet Riad die katarischen Ambitionen als Angriff auf den eigenen Führungsanspruch (Pabst 2017: 67). Folglich bezweifelt Saudi-Arabien die Legitimität der katarischen Herrscherfamilie Al Thani. Der saudische Großmufti sprach ihr sogar jede religiöse Legitimität ab, was Fürtig zufolge einem

Umsturzaufruf gleicht (Fürtig 2017: 7–8). Saudi-Arabien versucht Katar zu diszi-
plinieren und das Emirat auf eine Stufe mit Bahrain zu stellen. Denn in diesem
Konflikt geht es offenbar auch darum, wer die arabischen Golfstaaten anführen
soll (Sons 2017b: 102). Von Katar wird verlangt, die saudische Politik mitzutragen und den Führungsansprüchen Riads nicht zu widersprechen. Hat sich Katar
selbst überschätzt? Immerhin unterhält das Emirat eine der kleinsten Streitkräfte
in der gesamten Region (Fürtig 2017: 8). Bei einer Gewaltanwendung seines über-
mächtigen Nachbarn wäre das Emirat auf externe militärische Hilfe angewiesen.
Dessen ist sich Doha bewusst und sucht daher den Schulterschluss mit der Türkei
und dem Iran. Die Blockade könnte das Gegenteil von dem bewirkt haben, was
sich Saudi-Arabien erhoffte. Sie scheint Katar näher an die Rivalen des Königs-
reichs gerückt und die Brüche innerhalb der Golfstaaten vertieft zu haben (Pabst
2017: 71). Als die Katar-Krise im Juni 2017 ausbrach, wurden verschiedene Szenarien zum weiteren Fortgang des Konflikts, wie Regime-Change, Konfliktlösung
oder Kalter Krieg diskutiert (Sailer/Roll 2017: 2–3). Letzteres ist eingetreten, weil
Katar seine Beziehungen zur Türkei und zum Iran intensiviert hat, während Saudi-
Arabien nicht von seinen harschen Forderungen abgerückt ist. Diese Situation
könnte die Bildung neuer Allianzen zur Folge haben.

Für die saudische Regionalpolitik ist Ägypten ein Akteur von essenzieller
Bedeutung. Denn das Land hat die größte Bevölkerung in der arabischen Welt,
eine starke konventionelle Armee und historische Relevanz im Nahen Osten.
Außerdem sitzen einflussreiche Institutionen wie die Arabische Liga oder die
Azhar-Universität in Kairo. Um seinen Führungsanspruch in der Region zu verwirklichen, ist Saudi-Arabien auf den Beistand Ägyptens angewiesen. Daher
versucht Riad das Land mit Finanzhilfen an sich zu binden und den Aufstieg
der ägyptischen Muslimbruderschaft zu verhindern, da sie eine Annäherung an
den Iran vollziehen könnte (Mason 2015: 53). Immerhin würde eine Partnerschaft
zwischen Ägypten und dem Iran die regionalen Dynamiken ausschlaggebend
verändern (Soubrier 2014: 5) und die Golfmonarchien erheblich unter Druck
setzen. Tatsächlich gab es in der kurzen Amtszeit unter Mursi erste Anzeichen
einer Annäherung beider Staaten, die in Riad mit Besorgnis beobachtet wurde
(Soubrier 2014: 5). Am Ende unterstützte das Königreich den Militärputsch gegen
Mursi und ist beruhigt, dass der nachfolgende Präsident as-Sisi die Muslimbrüder
bekämpft (Sons 2017a: 102). Turki al-Faisal erläutert die Bedeutung Ägyptens für
Saudi-Arabien wie folgt: „Egypt holds a special place in Saudi security interests.
It is the largest Arab country, with close and historically deep and significant
ties to the Kingdom" (al-Faisal 2013: 41). Diese Worte verdeutlichen, dass Riad
genau hinschaut, wer in Kairo regiert und ob diese Regierung mit den saudischen Interessen übereinstimmt. Dabei ist Ägypten auch stets ein Aspirant als

Führungsmacht der arabischen Staaten und somit einer der wenigen Konkurrenten Saudi-Arabiens. Allerdings ist das Land aufgrund seiner innenpolitischen Situation gegenwärtig nicht in der Lage eine Führungsrolle einzunehmen. Riad ist zwar an einem stabilen Ägypten interessiert, damit es mit seiner großen Bevölkerung kein Sicherheitsrisiko für die Region wird, aber das Land soll auch nicht dermaßen erstarken, das es saudische Führungsansprüche gefährden könnte.

Daneben nimmt der Libanon innerhalb saudischer Sicherheitsinteressen einen wichtigen Platz ein. Denn hier ist der wichtigste proiranische Akteur in der arabischen Welt beheimatet; die Hisbollah. Saudi-Arabien sieht die Organisation als Bedrohung für die regionale Stabilität und bewertet sie als Terrororganisation. Riad ist an einem stabilen und befreundeten Libanon interessiert (Steinberg 2008: 26). Er soll saudischen Wirtschaftsinteressen entsprechen, die Hisbollah bekämpfen und den iranischen Interessen zuwiderlaufen. In dem ehemaligen Premierminister Rafik Hariri sah Riad einen vertrauenswürdigen Verbündeten, der die Interessen des Königreichs respektierte (Steinberg 2008: 25–27). Er wurde 2005 bei einem Bombenattentat getötet. Seither sucht Saudi-Arabien vergeblich nach einem engen Partner in der libanesischen Politik. Selbst Saad Hariri, der das politische Erbe seines prosaudischen Vaters Rafik Hariri übernommen hat, scheint die saudischen Erwartungen nicht erfüllen zu können. Riads Unzufriedenheit mit der Lage im Libanon offenbarte sich 2017, als Saad Hariri in Saudi-Arabien festgesetzt wurde und seinen Rücktritt als Ministerpräsident erklärte. Die libanesische Politik war von 2009 bis 2015 zwischen zwei Lagern festgefahren: Auf der einen Seite die Allianz des 14. März, die antisyrische Parteien verbindet und von Hariri angeführt wird und der Allianz des 8. März, die prosyrische Bewegungen und die proiranische Hisbollah zusammenbringt (Legrenzi/Lawson 2016: 35). Der zunehmende Einfluss der Hisbollah im Libanon wird in Riad im Kontext der iranischen Expansion gesehen. Obwohl die Hisbollah sich bemüht, nicht als iranischer, sondern als arabischer Akteur wahrgenommen zu werden (Legrenzi/Lawson 2016: 37). Denn die Perzeption als vom Iran aus gesteuerter Akteur lässt die Hisbollah sowohl im Libanon als auch in der arabischen Welt als fremden Akteur erscheinen. Dabei dient es durchaus auch iranischen Interessen, wenn die Hisbollah als lokaler Akteur erscheint, um die Befürchtung einer arabisch-persischen Rivalität zu entkräften und die Iranische Revolution als universelles Gut darzustellen. Saudi-Arabien wird auch in Zukunft die Entwicklungen im Libanon genauestens beobachten, prosaudische Kräfte unterstützen und jede Chance nutzen, um die Hisbollah und den Iran zu verdrängen.

Im Lichte seiner Rivalität mit dem Iran steht auch die Palästinapolitik des Königreichs. Palästina ist eine bedeutende ideologische Komponente der iranischen Außenpolitik. Sie dient als Legitimationsgrundlage des Regimes und sorgt für Sympathiewerte in der arabischen Welt. Riad hingegen wird wegen seines Bündnisses mit den USA verdächtigt, sanft mit Israel umzugehen und wenig Interesse für die Belange der Palästinenser zu haben (Steinberg 2008: 19). Der Iran thematisiert offensiv den Palästinakonflikt und versucht Saudi-Arabien über seine passive Haltung zu delegitimieren (Steinberg 2008: 20). Eine passive Palästinapolitik birgt für Riad durchaus einige Risiken: Erstens läuft es Gefahr seine innere Legitimität zu gefährden, da der König als ‚Hüter der beiden Heiligen Stätten' einen religiösen Titel trägt und sich für die Belange seiner Glaubensbrüder einzusetzen verspricht. Zudem haben religiöse Kräfte eine besondere Stellung in Saudi-Arabien und könnten gegen eine solche Politik opponieren. Zweitens stärkt sie vor allem den Iran und die Türkei, die eine offensive Palästinapolitik betreiben, mit der sie Popularität in der gesamten arabischen Welt erlangen. Saudi-Arabien sehnt sich nach einem Ende des Palästinakonflikts (Mason 2015: 46–47). Dann könnten andere Akteure diesen Konflikt nicht mehr als Legitimationsquelle nutzen. Westliche Verbündete hingegen, die häufig mit dem Palästinakonflikt beschäftigt sind, könnten sich aus saudischer Sicht gänzlich auf den Iran konzentrieren (Mason 2015: 47).

Ein Schwerpunkt der saudischen Außenpolitik liegt zudem auf Syrien. Die Beziehungen beider Staaten sind seit jeher kompliziert, weil sie zahlreiche Unstimmigkeiten haben. In den 2000er-Jahren offenbarte sich die Uneinigkeit beider Länder vor allem im Libanon. Dort unterstützen sie jeweils gegensätzliche politische Gruppierungen. Saudi-Arabien macht Syrien für das Attentat auf den prosaudischen Ministerpräsidenten Hariri verantwortlich (Steinberg 2008: 25). Sein Tod hat die Beziehungen zwischen Riad und Damaskus stark belastet. Zudem unterstützt Syrien die Hisbollah. Schon damals wurde Syrien in Riad als Brückenkopf des iranischen Regimes gesehen (Steinberg 2008: 25). Daher bemühte sich König Abdullah 2009 und 2010 Syrien aus der Partnerschaft mit dem Iran zu lösen. Tatsächlich verbesserten sich die Beziehungen zwischen Riad und Damaskus als schließlich 2011 ein erbitterter Bürgerkrieg in Syrien ausbrach und die Beziehungen erneut auf den Kopf stellte. Um seine Existenz zu sichern setzte das Assad-Regime auf seine altbewährten Partnerschaften mit dem Iran und der Hisbollah und hat den Bürgerkrieg auch mir russischer Unterstützung überdauert. Die saudischen Bemühungen Syrien aus der Partnerschaft mit dem Iran zu lösen und das Land in einen arabischen Konsens gegen den Iran einzubinden sind folglich gescheitert. Der Bürgerkrieg hat die Partnerschaft zwischen Syrien und dem Iran deutlich gestärkt. Saudi-Arabien zählte zu Beginn des Syrischen Bürgerkriegs gemeinsam mit der Türkei zu den wichtigsten Gegnern des Assad-Regimes. Doch je länger der Krieg dauerte, umso mehr verlor Saudi-Arabien das Interesse sich gegen Assad zu positionieren. Inzwischen fordert Riad nicht mehr den Abgang

Assads. Offenbar ist die Einsicht eingetreten, dass er den Bürgerkrieg überstehen und das Land womöglich auch in Zukunft regieren wird.

Des Weiteren steht der Irak im Fokus des Königreichs, mit dem es eine lange gemeinsame Grenze hat. Denn die Entwicklungen im Irak können unmittelbare Auswirkungen auf Saudi-Arabien haben. Die irakische Invasion in Kuwait 1990 betrachtete Riad als schwerwiegenden Angriff auf die Stabilität der Golfregion. Außerdem befürchtete das Königreich ebenfalls Ziel einer irakischen Aggression zu werden. Daher bat es die Vereinigten Staaten um Hilfe, die daraufhin Soldaten in Saudi-Arabien stationierten. Diese Stationierung wiederum löste eine tiefe innenpolitische Krise im Königreich aus. Auch ein Jahrzehnt später während des Irakkrieges fürchtete es die Folgen auf das eigene Land. Zuvor opponierte Saudi-Arabien gegen die Invasionspläne der USA im Irak. Tatsächlich haben sie die innere Machtstruktur des Landes grundlegend verschoben und aus saudischer Sicht ein Worstcase-Szenario ausgelöst. Denn nach der Invasion haben sich Bagdad und Teheran angenähert und der iranische Einfluss im Irak ist stetig gewachsen. Vor allem Nuri al-Maliki, irakischer Ministerpräsident von 2006 bis 2014, wurde in Riad als schiitischer Extremist und Handlanger des Iran betrachtet (Steinberg 2008: 24). Al-Faisal erklärt: „[…] Iraq that once waged a bloody war against Iran has now become a significant arena of growing Iranian influence, thanks to the aftermath of the U.S. invasion" (al-Faisal 2013: 39). Er betont, der Irak habe als Gründungsmitglied der Arabischen Liga, UNO und OPEC ein großes Potenzial. Das Land sei im Herzen des Nahen Ostens beheimatet und habe eine vielfältige Bevölkerung. Allerdings halte die iranische Einmischung den Irak auf, der ein aktives Glied der arabischen Gemeinschaft bleiben müsse (al-Faisal 2013: 39). Die US-amerikanische Invasion hat auch einen Rivalen des Königreichs ausgeschaltet. Denn der Irak unter Saddam Hussein pflegte aggressive Führungsambitionen in der arabischen Welt und war durchaus in der stärkeren Machtposition als Saudi-Arabien. Doch nach dem Sturz des Saddam-Regimes ist der Irak de facto dreigeteilt, die drei großen Bevölkerungsgruppen der Schiiten, Sunniten und Kurden verfolgen jeweils eigene politische Agenden. Daher kann der Irak keine glaubwürdigen Führungsansprüche mehr stellen, obwohl er in geeintem Zustand sicherlich eine geeignete Ausgangslage dafür hätte. Aus saudischer Sicht jedoch gilt das gleiche Prinzip wie für alle arabischen Staaten, die potenziell eine Führungsposition einnehmen könnten: Der Irak soll stabil genug sein, um saudischen Interessen wie der Zurückdrängung des Iran beisteuern zu können, aber nicht dermaßen erstarken, um saudische Führungsansprüche zu gefährden (Steinberg 2008: 22). Der Irak ist der einzige arabische Golfstaat, der nicht Mitglied im Golfkooperationsrat ist. Eine irakische Mitgliedschaft scheitert auch an den Vorbehalten des Königreichs, das durch diese seine tonangebende Position im GKR verlieren könnte.

Zudem hat sich im Zuge des Arabischen Frühlings Bahrain zu einem Sicherheitsrisiko für Saudi-Arabien entwickelt. Dort kam es 2011 wiederholt zu Massenprotesten, die hauptsächlich von der schiitischen Bevölkerung ausgingen. Das bahrainische Herrscherhaus ist sunnitisch, obwohl das Land eine schiitische Bevölkerungsmehrheit hat (Steinberg 2014: 21). Schiitische Demonstranten forderten den Sturz des bahrainischen Königs und ein Ende des monarchischen Systems (Steinberg 2014: 22). Die Ereignisse in Bahrain wurden in Riad als besonders gefährlich eingestuft, weil das Land ebenfalls ein monarchisches System pflegt und seine schiitische Bevölkerung mit den Schiiten in Saudi-Arabien eng verbunden ist (Soubrier 2014: 3). Daneben grenzt Bahrain an wichtige Erdölfelder im Osten Saudi-Arabiens. Überdies unterhält die saudische Königsfamilie unter den Golfstaaten die engsten Beziehungen zum bahrainischen Herrscherhaus: „Now to Bahrain. This nation is geographically and historically the closest to Saudi Arabia" (al-Faisal 2013: 42). Folglich hat Saudi-Arabien eigene Sicherheitskräfte in das Nachbarland geschickt, um die andauernden Proteste gegen die bahrainische Regierung zu beenden. Den Aufstand interpretierte Riad als iranische Maßnahme zur Destabilisierung der arabischen Golfstaaten. Al-Faisal erklärt, Saudi-Arabien werde nicht zusehen, dass der Iran in Bahrain nach der Macht greift (al-Faisal 2013: 42). Auch in Manama selbst wurde der Aufstand im Kontext der Rivalität zwischen Sunniten und Schiiten gedeutet, obwohl er auf handfesten politischen und wirtschaftlichen Gründen basierte. Die Ereignisse in Bahrain haben die Konfessionalisierung der nahöstlichen Politik intensiviert (Steinberg 2014: 23).

Eine der größten außenpolitischen Herausforderungen seiner Geschichte erlebt das Königreich gegenwärtig im Jemen. Das südliche Nachbarland steht enormen Herausforderungen gegenüber. Wirtschaftliche Missstände, hohe Arbeitslosigkeit, Armuts- und Hungersnöte sowie die Bevölkerungsexplosion haben den Jemen in eine tiefe Krise gestürzt (Schäfer 2015: 226). Das Land wird als ‚failed state' eingestuft (Schäfer 2015: 226), als ein Staat, der nicht mehr in der Lage ist, grundlegende Aufgaben zu erfüllen. Riad ist über diese Entwicklung besorgt und sieht im Jemen eine ernsthafte sicherheitspolitische Bedrohung für das Königreich. Immerhin ist Saudi-Arabien bereits häufiger Ziel von ballistischen Raketenangriffen der Huthis geworden (al-Jubeir/Hermann 2017; Ministry of Foreign Affairs of Saudi Arabia 2017a: 35–37). Als Ali Abdullah Salih im Zuge der Proteste 2012 gestürzt wurde, eskalierte die Situation gänzlich. Vor allem der Konflikt zwischen der Zentralregierung und den Huthis geriet außer Kontrolle. Mansur Hadi wurde zwar mit saudischer Unterstützung als neuer Präsident eingesetzt, allerdings gelang es ihm nicht, die innenpolitische Krise zu entschärfen (Sons 2017a: 114). Stattdessen haben die Huthis weite Teile des Landes unter ihre Kontrolle gebracht und die Zentralregierung erheblich geschwächt. Riad sieht in der Huthi-Bewegung eine vom Iran aus gesteuerte und gegenüber dem Königreich feindlich gesinnte militante Gruppierung. Hinter dem Siegeszug der Huthis stecke die verdeckte Unterstützung aus dem Iran. Allerdings widersprechen Beobachter dieser Darstellung: Der Einfluss des Iran auf die Huthi-Bewegung sei gering, stattdessen würden andere Faktoren wie ausgeprägte militärische Fähigkeiten der Huthis, Unzufriedenheit der Bevölkerung mit Präsident Hadi, die Allianz der Huthis mit dem ehemaligen Präsidenten Salih und andere interne Faktoren für den Vormarsch der Bewegung sprechen (Heibach 2017: 3; Juneau 2016: 647).

Im März 2015 startete Saudi-Arabien schließlich eine Militäroffensive gegen die Huthis. In einem White Paper mit dem Titel „Saudi Arabia and the Yemen Conflict" (2017), veröffentlicht vom saudischen Außenministerium, wird die Intervention begründet: Die verdeckte Unterstützung des Iran an eine jemenitische Gruppierung habe vorhandene Gräben vertieft und eine politische wie wirtschaftliche Krise ausgelöst, die zur gewaltsamen Verdrängung von Präsident Hadi geführt habe. Die arabische Koalition, angeführt von Saudi-Arabien, interveniere, um die Zivilbevölkerung vor den Huthi-Milizen zu schützen und die legitime Regierung wiederherzustellen (Ministry of Foreign Affairs of Saudi Arabia 2017a: 5). Adel al-Jubeir rechtfertigt die Militäroffensive seines Landes mit ähnlichen Worten: „This is a war that we didn't want. This is a war that was imposed on us" (al-Jubeir/Coleman 2018). Die Huthis hätten den nationalen Dialog verlassen und sich des Jemens bemächtigt. Saudi-Arabien könne nicht tatenlos zusehen, wie eine radikale Bewegung, die mit dem Iran und der Hisbollah verbündet sei, dieses strategisch wichtige Land übernehme (al-Jubeir/Coleman 2018):

> „[…] what other option did we have. Do we want a Hezbollah-controlled country on our southern border? No. Not going to happen. Do we want a Hezbollah-controlled country controlling access to the Red Sea where more than ten percent of the world trade takes place? No. Do we want to give Yemen to the Iranians? No." (al-Jubeir/Coleman 2018).

Saudi-Arabien stellt die Militäroffensive als letztes Mittel und logische Reaktion auf die Entwicklungen im Jemen dar. In dem White Paper werden zudem vermeintliche Erfolge der Koalition angeführt: Sie habe den iranischen Einfluss auf der Arabischen Halbinsel eingedämmt, den Huthi-Separatismus beträchtlich ausgemerzt, den religiösen Extremismus erodiert, Aggressionen gegen die Zivilbevölkerung reduziert und die Wiederaufnahme von humanitärer Hilfe gesichert (Ministry of Foreign Affairs of Saudi Arabia 2017a: 9–11). Dabei verfolge Saudi-Arabien vor allem vier Ziele, nämlich den Schutz der eigenen Grenzen, die Zurückdrängung des Iran, Bekämpfung von terroristischen Bedrohungen und Wahrung der regionalen Sicherheit (Ministry of Foreign Affairs of Saudi Arabia 2017a: 13). In dem Papier wird zudem betont, dass diese Interessen sich mit denen der USA decken. Riad versucht eine US-amerikanische Unterstützung für die Intervention zu generieren. Die Vorgänge im Jemen bedrohten auch US-Interessen. Darin ist der Wille zu erkennen, die Weltgemeinschaft von der Richtigkeit der Militäroffensive im Jemen zu überzeugen. Dabei betont die saudische Regierung ohnehin, lediglich auf Einladung der legitimen Regierung von Mansur Hadi die Intervention begonnen zu haben, die schließlich auf Artikel 51 der UN-Charta zum Recht auf Selbstverteidigung basiere (Ministry of Foreign Affairs of Saudi Arabia 2017a: 27). Denn trotz aller Bemühungen hat das militärische Vorgehen nicht den erwarteten Ertrag gebracht, sondern eine der schwersten humanitären Krisen der heutigen Zeit verursacht (Sons 2017a: 117). Deshalb wird Saudi-Arabien für sein Vorgehen international kritisiert. Der Jemenkrieg hat dem Ansehen des Königreichs erheblich geschadet (Heibach 2017: 8). Al-Jubeir hingegen beklagt, Saudi-Arabien werde häufig verhöhnt, aber über die Missetaten der Huthis gebe es keine Entrüstung (al-Jubeir/Coleman 2018).

Eine Studie zur Berichterstattung saudischer Medien verdeutlicht, dass Saudi-Arabien den Iran als Drahtzieher hinter den Huthis sieht (siehe Schäfer 2015). Teheran instrumentalisiere schiitische Gruppen und statte sie mit Waffen aus, um die arabischen Monarchien zu stürzen (Schäfer 2015: 230). Er fördere konfessionelle Spannungen, um die Region zu destabilisieren und eigene Interessen zu verfolgen (Schäfer 2015: 231). Die offizielle Haltung der saudischen Regierung ist ebenfalls eindeutig:

„Iran, the world's biggest state sponsor of terrorism, has provided Houthis with weaponry, financial support and training as part of an effort to swing Yemen in favor of Iran's regional ambitions." (Ministry of Foreign Affairs of Saudi Arabia 2017a: 13)

Saudi-Arabien betrachtet die Entwicklungen im Nahen Osten ausschließlich im Zusammenhang mit dem Iran. Auch hinter den Ereignissen im Jemen sieht es Bestrebungen des Landes seinen Einfluss in der Region auszuweiten. Doch Beobachter weisen darauf hin, dass eine iranische Unterstützung an die Huthis bisher

nicht nachgewiesen werden konnte (Heibach 2017: 4; Juneau 2016). Nichtsdestotrotz dürfte der Jemenkonflikt im iranischen Interesse sein, da er Saudi-Arabien
politisch und wirtschaftlich beansprucht und die Huthis auf der Suche nach Verbündeten tatsächlich an Teheran rückt (Heibach 2017: 4, 6). Davon abgesehen
ist ein fragiler Jemen ohne Zweifel eine sicherheitspolitische Bedrohung für das
Königreich, weil er einen Flüchtlingsstrom auslösen und den Konflikt nach Saudi-
Arabien verlagern könnte (Mason 2015: 51). Riad will mit seinem militärischen
Vorgehen ein ‚Exempel statuieren'. Es versteht sich als Garant der regionalen Ordnung und verdeutlicht, künftig gegen ‚Störenfriede' auch militärisch vorzugehen:
„Indeed, Saudi efforts to stabilize Yemen are an effort to assert the Kingdom's
role as a guarantor of regional stability" (Ministry of Foreign Affairs of Saudi
Arabia 2017a: 15).

Die Funktion der Religion in der saudischen Außenpolitik ist nicht eindeutig festzustellen. Obwohl sich Saudi-Arabien als islamischer Staat versteht, ist
keine weitgehende Übertragung der Religion auf die Außenpolitik erkennbar.
Auf globaler Ebene präsentiert sich das Land als zuverlässiger Wirtschaftspartner
und enger Verbündeter der USA. Als Profiteur der gegenwärtigen Weltordnung
unterstützt es bestehende internationale Strukturen. Das Königreich tritt nicht als
Akteur auf, der die Ordnung auf Basis religiöser Überlegungen verändern will.
In seiner Regionalpolitik spielt Religion allerdings im Kontext seiner Rivalität
mit dem Iran durchaus eine Rolle. Sie wird als defensives Mittel eingesetzt,
um der offensiven iranischen Außenpolitik entgegenzutreten. Den Jemenkonflikt
reduziert Riad auf konfessionelle Gründe und bezeichnet die Huthis als Handlanger des iranischen Regimes. Somit trägt es ebenfalls zur Konfessionalisierung der
Konflikte bei, statt sie zu entspannen. Außerdem wird Religion häufig als Legiti-
mationsmittel eingebracht. So hat der saudische Großmufti dem katarischen Emir
die religiöse Legitimität abgesprochen, um den Druck auf Doha im Streit mit
Riad zu erhöhen. Allerdings betont Saudi-Arabien auf regionaler Bühne eher die
arabische Identität, anstelle der islamischen. Riad spricht häufig vom arabischen
Konsens und von innerarabischen Angelegenheiten, in die sich externe Akteure
nicht einmischen sollen. Diese Argumentation dient als Basis, um die iranische
und türkische Position in der arabischen Welt zu schwächen. Die Betonung der
islamischen Identität würde dagegen beide Rivalen nolens volens miteinbeziehen.
Daher ist die saudische Außenpolitik durch Pragmatismus geprägt und nicht durch
religiöse Ideologie. Zwar kann Saudi-Arabien aufgrund innenpolitischer Gründe
die Religion in der Außenpolitik nicht gänzlich ignorieren, doch nimmt sie keineswegs eine ausschlaggebende Funktion ein. Immerhin ist keine nennenswerte
‚islamische Allianz' unter Führung des Königreichs entstanden (Haynes 2013:
267).

Die Analyse der saudischen Regionalpolitik liefert vor allem ein Resultat; Saudi-Arabien sieht sich mitten im Schussfeld zahlreicher Konflikte. Nördlich des Königreichs liegen die bürgerkriegsgeplagten Länder Irak, Syrien und Libanon. Hinzu kommt der Palästinakonflikt. Südlich davon ist im Jemen ebenfalls ein Bürgerkrieg ausgebrochen. Zudem ist die Lage auch in den Golfstaaten deutlich fragiler geworden, wie das bahrainische Beispiel zeigt. Daher wirkt Saudi-Arabien zunehmend nervös, zumal es auch mit innenpolitischen Herausforderungen wie Arbeitslosigkeit, internen Machtkämpfen und wirtschaftspolitischen Reformen zu tun hat (Fürtig 2017: 7). Als Reaktion ist die saudische Außenpolitik in jüngster Zeit deutlich aggressiver geworden (Fürtig 2017: 7; Kissinger 2014: 159; Steinberg 2014: 27). Dabei war sie zuvor stets durch Behutsamkeit und Zurückhaltung gezeichnet (Kissinger 2014: 159; Steinberg 2014: 27). Das übergeordnete Ziel der saudischen Außenpolitik ist nach wie vor die Eindämmung iranischer Führungsansprüche im Nahen Osten (Steinberg 2008: 17). Der gestiegene Einfluss des Iran in der Region sorgt im Königreich für Nervosität, das gegen Teheran den Schulterschluss mit Ägypten, den arabischen Golfstaaten und Akteuren wie der libanesischen Bewegung des 14. März sucht (Steinberg 2008: 19). Grundsätzlich verfolgt Saudi-Arabien das Prinzip des kollektiven Handelns wie sein Vorgehen im Jemen oder gegen Katar zeigt. Riad versucht stets regionale Partner wie Ägypten und globale Partner wie die USA für seine Politik zu mobilisieren (Sons 2017a: 98). Die saudische Außenpolitik zielt unfehlbar auf eine Hegemonie in der Region ab. Saudi-Arabien will den Nahen Osten anführen und duldet keine Abweichler, wie die Katar-Krise offenbart. Das Königreich will die regionale Ordnungsmacht und einziger Ansprechpartner für externe Akteure sein (al-Rasheed 2017: 5). Daher versucht es innerarabische Rivalen wie Ägypten und den Irak zu bändigen und außerarabische Rivalen wie den Iran und die Türkei aus der Region fernzuhalten.

4.3 Türkei

„So the fact that we have become more active in our region, dealing with regional matters, should not be interpreted as Turkey's reorientation or distancing itself from Europe." (Gül/Tepperman 2013: 2)

Die Türkei kann wie der Iran nicht auf eine Region reduziert werden. Das Land liegt auf zwei Kontinenten und grenzt ebenfalls an völlig unterschiedliche Regionen. Seine acht Nachbarn sind Griechenland, Bulgarien, Georgien, Armenien, Aserbaidschan, Iran, Irak und Syrien. Der ehemalige türkische Staatspräsident

Abdullah Gül (2007–2014) beschreibt die Türkei als geografische Drehscheibe: „Turkey is a bridge between Europe, Asia, the Middle East, and the Caucasus" (Gül/Tepperman 2013: 2). Außerdem grenzt das Land im Norden an das Schwarze Meer und im Süden an das Mittelmeer. Diese geopolitische Lage verleiht der Türkei eine außerordentliche strategische Bedeutung. Sie war in der Geschichte das Zentrum vieler aufstrebender und zerfallender Imperien wie Byzanz und das Osmanische Reich. Gül erklärt, die heutige Türkei sei einzigartig in ihrer Region, weil sie ein mehrheitlich muslimisches Land mit demokratischer Affinität und freier Markwirtschaft sei (Gül/Tepperman 2013: 2). Flächenmäßig ist sie im regionalen Vergleich ein mittelgroßes Land und liegt deutlich hinter Saudi-Arabien, dem Iran und Ägypten. Allerdings zählt es mit ca. 82 Millionen Einwohnern (Stand 2019) zu den bevölkerungsreichsten Staaten der Region.

Die Außenpolitik der jungen Republik richtete sich nach den Vorstellungen des Staatsgründers Atatürk. Komplementär zu den innenpolitischen Reformen war der Islam auch in der Außenpolitik kein tonangebendes Element mehr (Hunter 2017: 139). Stattdessen orientierte sich die Türkei an europäischen Normen und verfolgte eine vorsichtige Westorientierung. Trotzdem übte Atatürk eine strikte außenpolitische Neutralität. So wurden Konflikte vermieden und die Staatsführung konnte sich vollends auf die innenpolitischen Umwälzungen konzentrieren. Gemäß dem republikanischen Wahlspruch „Frieden in der Heimat, Frieden in der Welt"[1] pflegte die Türkei ein gutes Verhältnis mit ihren direkten Nachbarn, insbesondere mit dem Iran und Irak. Doch gleichzeitig distanzierte sie sich vom Nahen Osten und ignorierte die arabische Welt (Hunter 2017: 145). Die Vorfälle im Ersten Weltkrieg hatten die türkisch-arabischen Beziehungen stark beschädigt. Beide Seiten gingen nach dem Zerfall des Osmanischen Reichs getrennte Wege. Die Türkei gab ihre außenpolitische Neutralität erst nach dem Zweiten Weltkrieg auf. Als Reaktion auf die bipolare Weltordnung und sowjetische Expansion entschied sich Ankara für die westliche Allianz. 1952 trat die Türkei schließlich dem Nordatlantikpakt (NATO) bei und erklärte eindeutig ihre Zugehörigkeit zum Westen (Warning 2011: 34). Fortan standen sich die Türkei und viele arabische Staaten wie Ägypten und Syrien in feindlichen Lagern gegenüber (Göksel 2015: 51). Dabei sorgte Ankara bereits 1949 für großen Unmut in der arabischen Welt, da die türkische Regierung als erstes muslimisches Land Israel offiziell anerkannte (Bostancı 2016: 655; Göksel 2015: 51; Warning 2011: 34). Die Türkei hingegen musste im Zypernkonflikt zwischen 1960 und 1974 feststellen, dass die arabischen

---

[1] „Yurtta Sulh, Cihanda Sulh" war ein außenpolitischer Grundsatz der frühen Republik. Dieser wird auf Atatürk zurückgeführt und in der Präambel der türkischen Verfassung erwähnt.

Staaten ihr den Beistand verwehrten und stattdessen die griechischen Zyprioten unterstützen (Aviv 2017: 308; Warning 2011: 36). Auch von seinen westlichen Verbündeten erfuhr Ankara keine nennenswerte Unterstützung in diesem Konflikt. Diese Erfahrung sorgte für ein erstes Umdenken in der türkischen Außenpolitik. Künftig bemühte sich die Türkei ihre Partnerschaften zu diversifizieren, obgleich sie am westlichen Bündnis festhielt.

Das Ende des Kalten Krieges öffnete Ankara neue außenpolitische Möglichkeiten (Seufert 2012: 6). Die türkische Bevölkerung verfolgte euphorisch den Unabhängigkeitsprozess der zentralasiatischen Länder, da sie sprachlich und kulturell mit diesen verbunden ist. Außerdem suchten während des Kalten Krieges viele Zentralasiaten Zuflucht in der Türkei vor dem Sowjetregime. Die historischen und kulturellen Bedingungen waren ausgezeichnet, um in Zentralasien neue Partner zu gewinnen. Der damalige türkische Staatspräsident Özal erkannte dieses Potenzial und unternahm zu Beginn der 1990er-Jahre eine medienwirksame Reise durch die neuentstandenen Republiken. Damit begann die Öffnung der Türkei auf der Suche nach Alternativen für die reine Westorientierung (Ramm 2011: 52). Gleichzeitig intensivierte Özal die Annäherung an die arabische Welt (Warning 2011: 37). Als Reaktion auf die irakische Invasion in Kuwait beteiligte sich die Türkei 1991 an der Militärkampagne der Vereinigten Staaten gegen das Saddam-Regime. Dieses Engagement stellt eine Zäsur in der türkischen Außenpolitik dar, weil mit ihr die kemalistische Nahostpolitik obsolet wurde (Hunter 2017: 150; Müftüler-Baç 2014: 541). Seit dem Ersten Weltkrieg war die Türkei erstmals wieder direkt in die Angelegenheiten der arabischen Welt verwickelt. Mit dem Ende des Kalten Krieges ist in der türkischen Außenpolitik eine Wiederentdeckung der islamischen und kulturellen Identität eingetreten (Hunter 2017: 147). Die kulturelle Identität erleichterte den Zugang nach Zentralasien, während die islamische eine Annäherung mit der arabischen Welt ermöglichte. Özal gilt als Vorreiter der ersten umfassenden Öffnung der Türkei (Aviv 2017: 308). Sie fand allerdings nicht auf Kosten der Westorientierung statt, da Ankara seine Beziehungen zum Westen ebenfalls zu festigen suchte (Bostancı 2016: 653). Die türkische Unterstützung für den Militärschlag der USA gegen den Irak 1991 und der Antrag auf eine Mitgliedschaft in der Europäischen Gemeinschaft 1987, der jedoch abgelehnt wurde, sind Beispiele dafür (Warning 2011: 37).

Als die AKP erstmals 2002 die Regierung übernahm, erreichte die außenpolitische Öffnung des Landes neue Dimensionen. Ahmet Davutoğlu gilt als zentrale Figur hinter dieser Entwicklung (Işıksal 2015: 16; Ramm 2011: 53). Der Politikwissenschaftler übernahm auch selbst einflussreiche Ämter in den AKP-Regierungen: Zunächst wurde Davutoğlu 2002 zum Chefberater Erdoğans ernannt, ehe er von 2009 bis 2014 als Außenminister und anschließend bis 2016 als Ministerpräsident fungierte. Sein Buch *Strategische Tiefe* (2001) gilt als wegweisendes Werk der türkischen Außenpolitik zu Beginn des 21. Jahrhunderts. Darin kritisiert Davutoğlu die traditionelle Regionalpolitik der Türkei, die passiv und gleichgültig sei, und fordert stattdessen ein aktives Handeln im internationalen Umfeld. Die Türkei müsse sich in mehreren Regionen engagieren, um die reine Westorientierung auszugleichen. Als Erbe des Osmanischen Reichs, das jahrhundertelang für Stabilität im Nahen Osten gesorgt habe, müsse die Türkei einen Beitrag für Ordnung und Frieden leisten (Davutoğlu 2011: 331). Das Land dürfe sich nicht vom Nahen Osten abwenden und ihn den Globalmächten überlassen. Eine eigene Regionalpolitik sei zwingend notwendig. Außerdem analysiert Davutoğlu ein strategisches Dreieck, das aus Ägypten, der Türkei und dem Iran besteht (Davutoğlu 2011: 355). Für langfristige Stabilität in der Region sei die Zusammenarbeit dieser Akteure von großer Bedeutung. Die Türkei müsse einen Abbau der Rivalität zwischen diesen Akteuren anstreben. Allerdings ist zwei Jahrzehnte nach der Veröffentlichung des Buches unklar, ob Ägypten tatsächlich noch den Einfluss genießt, den Davutoğlu eingesteht. Der Arabische Frühling hat das Land in eine tiefe politische, wirtschaftliche und soziale Krise gestürzt. Kairo ist kaum in der Lage eine aktive Regionalpolitik zu betreiben. Saudi-Arabien scheint Ägypten in diesem strategischen Dreieck ersetzt zu haben. Jedenfalls kritisiert Davutoğlu auch das Zerwürfnis zwischen beiden Seiten, das nach dem Ersten Weltkrieg entstanden sei (Davutoğlu 2011: 406–409). Die Feindseligkeit zwischen den Kemalisten und arabischen Herrschern habe tiefe Gräben gezogen. Doch als Erbe des Osmanischen Reichs müsse die Türkei wieder Zugang in die Region finden (Davutoğlu 2011: 410). Dabei sei zu beachten, nicht als Handlanger der Globalmächte wahrgenommen zu werden, da dies dem Prestige der Türkei erheblich schade (Davutoğlu 2011: 417). Zusammenfassend fordert Davutoğlu eine nüchterne, aber engagierte Regionalpolitik. Eine passive Haltung werde die Türkei ins Abseits stellen und sicherheitspolitische Gefahren bewirken (Davutoğlu 2011: 450).

Işıksal erkennt in den Ausführungen des ehemaligen türkischen Außenministers vier Ansätze: (1) Eine multidimensionale Außenpolitik sei der wichtigste Bestandteil dieser Lehre (Işıksal 2015: 18). Die traditionelle Westorientierung sei bedeutsam, doch eine Öffnung für neue Partnerschaften mit Staaten wie Russland, Iran, China oder Indien sei notwendig, um den Westen auszugleichen (Işıksal 2015: 18). (2) Zudem fordere Davutoğlu eine proaktive Diplomatie (Işıksal 2015: 19). Die Türkei müsse eine aktivere Rolle in internationalen Organisationen einnehmen und sich neuen Regionen öffnen. Außerdem solle das Land einen Beitrag zur Lösung der Konflikte in seiner Nachbarschaft beitragen. (3) Der populärste

Teil dieser Konzeption ist allerdings die Null-Problem-Politik, die freundschaftliche Beziehungen mit allen Nachbarstaaten vorsieht. Das Verhältnis der Türkei mit ihren Nachbarn war stets konfliktträchtig. Davutoğlu hingegen fordere ein Umdenken, damit Konflikte reduziert und Kooperationen erreicht werden (Işıksal 2015: 20–22). Tatsächlich konnte dieser Ansatz zwischen 2002 und 2011 zahlreiche Erfolge vorweisen. Insbesondere die Beziehungen mit Griechenland, Iran, Nordirak und Syrien erlebten eine Blütezeit (Işıksal 2015: 22). (4) Schließlich habe diese Lehre eine Komponente, die Işıksal als Neoosmanismus bezeichnet (Işıksal 2015: 24–25). Der Islam und die osmanische Geschichte genießten in der Außenpolitik eine gehobene Stellung. Davutoğlu fordere die Vertiefung der Beziehungen zur islamischen Welt und eine distanzierte Haltung gegenüber Israel. Allerdings sieht sein Konzept die islamische Welt nicht als Ersatz für das Bündnis mit westlichen Staaten, sondern als Ergänzung (Göksel 2015: 53). Denn Davutoğlu fordert eine außenpolitische Diversifizierung, ohne vorhandene Partnerschaften aufzukündigen (Ramm 2011: 55).

Dieser Ansatz sorgte für eine erfolgreiche Ära in der türkischen Außenpolitik. In den ersten beiden Legislaturperioden der AKP zwischen 2002 und 2011 konnte die Türkei ihre Partnerschaften diversifizieren und ihre internationale Stellung merklich aufwerten. Sie ging auf ihre Nachbarstaaten zu, engagierte sich aktiver in internationalen Organisationen und interessierte sich immer mehr für periphere Gebiete wie Afrika, Südostasien und Südamerika (Ramm 2011: 57). Außerdem brachte sich die türkische Regierung häufig als Vermittlerin in internationalen Konflikten ein. Ein Beispiel hierfür sind die brasilianisch-türkischen Vermittlungsversuche im Streit um das iranische Atomprogramm. Dabei nahm Ankara die Rolle eines Vermittlers zwischen Ost und West ein. Kurzum die türkische Außenpolitik hat unter der AKP eine tiefgreifende Transformation erlebt (Işıksal 2015: 26). Merkmale dieser Transformation waren der Ausgleich in den Ost-West-Beziehungen, die Reduktion von Konflikten mit den Nachbarstaaten und die umfassende Wiederentdeckung des Nahen Ostens, die sich vor allem wirtschaftlich äußerte. Erhielt die AKP 2002 noch einen Stimmenanteil von 34 Prozent, wuchs dieser 2007 auf rund 47 Prozent. Die Wähler honorierten den Kurs der Partei von Ministerpräsident Erdoğan. Bei den Parlamentswahlen 2011 kam sie sogar auf fast 50 Prozent der Wählerstimmen. Die überragenden Wahlsiege haben den außenpolitischen Kurs der AKP bestärkt. Die innenpolitische Stabilität hat Erdoğan außenpolitisches Selbstbewusstsein verliehen. Er stellte zunehmend alle anderen türkischen Politiker in den Schatten. Während die Türkei euphorisiert in die Zukunft blickte, befürchteten die europäischen und amerikanischen Verbündeten eine Abkehr des Landes vom Westen. Als Indikatoren hierfür wurden vor allem der Ausbau der Beziehungen mit muslimischen Ländern, der Disput mit

Israel und die zunehmende antiwestliche Rhetorik türkischer Politiker angeführt (Seufert 2012: 5). Doch Ankara versuchte die traditionellen Verbündeten zu beruhigen; die Öffnung des Landes werde nicht auf Kosten bewährter Partnerschaften erfolgen (Gül/Tepperman 2013: 2).

Die Debatte um das ‚türkische Modell' kann als Beleg für die erfolgreiche Außenpolitik der Türkei zwischen 2002 und 2011 angeführt werden (Faath 2011: 271). Vor allem zu Beginn der Massenproteste in Ägypten und Tunesien diskutierten arabische Medien, ob die türkische Erfolgsgeschichte als Modell für die im Umbruch befindliche Region taugt. Das Ziel der AKP, die Türkei auf Augenhöhe mit dem Westen und als Vorbild für die Region zu erheben, schien erreicht (Ramm 2011: 60). Der tunesische Politiker Raschid Ghannuschi bezeichnete die Türkei als das richtige Modell für Tunesien, weil es Islam und Demokratie verbinde (Göksel 2015: 67; Islam 2016: 25–26). Die Türkei als ein modernes und wirtschaftlich aufstrebendes Land, das gleichzeitig seinen religiösen und kulturellen Werten verbunden blieb, entfaltete in der arabischen Welt eine große Anziehungskraft. Doch die türkische Regierung stand dieser Diskussion im Lichte ihrer bedachten Außenpolitik distanziert gegenüber (Faath 2011: 271). Die Türkei könne zwar als Inspirationsquelle dienen, aber wolle kein Ratgeber für andere Staaten sein (Faath 2011: 272). Der damalige Staatspräsident Abdullah Gül erklärte, es sei erfreulich, wenn die Türkei als Modell gesehen werde, als muslimisches Land, das demokratische und wirtschaftliche Erfolgsgeschichte schreibe. Trotzdem habe die Türkei nicht die Absicht, sich als Modell darzubieten: „[…] we have no intention to act as anyone's big brother" (Gül/Tepperman 2013: 7).

Doch der Arabische Frühling hat diese Entwicklung auf den Kopf gestellt. Er markiert die letzte entscheidende Zäsur im Nahen Osten, nach der Revolution 1979 und dem Irakkrieg 2003. Die Aufstände in der arabischen Welt haben keine Neuordnung oder Demokratisierung bewirkt, wie die Demonstranten anfangs forderten, sondern retrospektiv die regionale Instabilität vorangetrieben und die Rivalität zwischen dem Iran, Saudi-Arabien und der Türkei befeuert. Die Folgen des Arabischen Frühlings haben die Errungenschaften der türkischen Regionalpolitik zwischen 2002 und 2011 annulliert. Pflegte die Türkei noch zuvor ein partnerschaftliches Verhältnis mit fast allen nahöstlichen Staaten, so war sie nun schlagartig in ihre innenpolitischen Konflikte verwickelt. Die türkische Regierung hatte die Massenproteste aufmerksam beobachtet und sah ihre Zeit gekommen. Geleitet von der Annahme, die Türkei werde die Zukunft der Region mitgestalten, wenn sie sich für die Demonstranten ausspricht, unterstützte Ankara gleich zu Beginn die Aufstände in Ägypten, Tunesien, Libyen und Syrien. Die Partnerschaft mit Herrschern wie Baschar al-Assad wurde durch bittere Feindschaft ersetzt. Erdoğan forderte ein hartes Durchgreifen der internationalen Staatenge-meinschaft gegen den syrischen Machthaber und rief sogar die NATO auf den Plan. Damit war das Ende der Null-Problem-Politik und der bedachten Außen-politik der 2000er-Jahre besiegelt (Göksel 2015: 58). Denn die Türkei begann zunehmend Partei zu ergreifen und geriet zwangsläufig in Konflikt mit gegenüber-stehenden Lagern. In der Konsequenz steht Ankara heute im Disput mit Ägypten und Syrien. Ebenso ist das zwischenstaatliche Verhältnis mit Saudi-Arabien und den VAE gestört. Ankara hat den Status als Vermittler in regionalen Konflikten verloren (Işıksal 2015: 26). Zudem hat die Türkei selbst enorme innenpoliti-sche Veränderungen durchlebt: Über drei Millionen syrische Flüchtlinge sind ins Land gezogen, die Gesellschaft hat sich zunehmend polarisiert und die Regierung einen autoritären Kurs eingeschlagen. Gleichzeitig haben sich die Beziehungen zum Westen und zu vielen arabischen Staaten stetig verschlechtert. Außerdem hat die Türkei einen Systemwechsel erlebt und wird nun durch ein Präsidialsystem regiert, mit einem mächtigen Präsidenten an der Staatsspitze. Von der Euphorie zu Beginn des Arabischen Frühlings, als die Türkei noch ein Vorbild und Modell für die Region war, ist heute wenig übrig geblieben. Dabei hätte die Türkei, als ein Land, das Tradition und Moderne verbindet, auf wirtschaftlichen Erfolg gerichtet ist und gute Beziehungen mit der internationalen Gemeinschaft unterhält, durch-aus eine Vorreiterin für die Transformation der Region sein können. Doch sie hat diese historische Chance vorerst verspielt. Vor allem nach dem Sturz des ägypti-schen Präsidenten Mursi, dem Überleben des Assad-Regimes und der vorläufigen Stabilisierung der Golfmonarchien sehnt sich die Türkei nach ihrer Stellung vor dem Ausbruch des Arabischen Frühlings.

Syrien symbolisiert das Scheitern der ambitionierten Null-Problem-Politik. Das Land ist für die türkische Regionalpolitik von zentraler Bedeutung. Die Tür-kei teilt ihre längste Staatsgrenze mit Syrien und betrachtet das Land als Tor zur arabischen Welt. Beide Länder sind historisch und kulturell eng miteinan-der verbunden. Denn Syrien ist aus den Trümmern des Osmanischen Reichs entstanden, von dem es vier Jahrhunderte (1516–1917) regiert wurde. Danach gingen beide Länder getrennte Wege. Das gegenseitige Interesse war gering (Islam 2016: 14). Der Konflikt um Hatay, heute die südlichste Provinz der Tür-kei, überschattete das frühe türkisch-syrische Verhältnis. Die historische Provinz hatte 1939 beschlossen, sich der Türkei anzuschließen. Syrien verweigert diesen Anschluss offiziell anzuerkennen, weil es ebenfalls einen Anspruch auf Hatay erhebt. Außerdem pflegten beide Staaten im Kalten Krieg gegensätzliche Ideo-logien. Während Ankara die Westbindung vorantrieb, verbündete sich Damaskus mit der Sowjetunion. Ein wesentlicher Konflikt zwischen der Türkei und Syrien dreht sich zudem um die Nutzung des Wassers der beiden Flüsse Euphrat und

Tigris. Sie entspringen in Ostanatolien und fließen weiter nach Syrien sowie in den Irak. Zur effizienten Nutzung dieser Gewässer hat die Türkei im Rahmen des Südostanatolien-Projekts (türk. GAP) zahlreiche Staudämme errichtet. Syrien kritisiert dieses Vorhaben und sieht negative Auswirkungen auf den eigenen Wasserbedarf. In Damaskus wird befürchtet, die Türkei könnte Wasser als macht-politisches Instrument nutzen. Das Verhältnis beider Länder erreichte schließlich in den 1990er-Jahren einen bis dahin historischen Tiefpunkt. Ankara warf Syrien vor, die PKK und eine Spaltung der Türkei zu unterstützen (Islam 2016: 8). Die türkische Regierung drohte sogar mit Krieg, wenn der syrische Beistand an die PKK nicht umgehend eingestellt wird (Islam 2016: 15). Zahlreiche Konflikte prägten das türkisch-syrische Verhältnis im 20. Jahrhundert.

Davutoğlu kritisierte diesen Zustand und bemängelte die Initiativlosigkeit in den türkisch-syrischen Beziehungen, die ein enormes Potenzial hätten (Davutoğlu 2011: 402). Vor allem der Handel müsse ausgebaut werden, damit die Konflikte in den Hintergrund rücken. Er sieht Syrien als ein ökonomisches Tor in den Süden (Davutoğlu 2011: 404). Tatsächlich begann die AKP im Sinne ihrer Null-Problem-Politik die Beziehungen mit Syrien ab 2002 zu revidieren. Für Damaskus bot sich hiermit eine Möglichkeit die internationale Isolation ein Stück weit zu durchbrechen (Islam 2016: 16). Es folgten gegenseitige Staatsbesuche: 2004 reiste zunächst der syrische Präsident Assad in die Türkei und empfing anschließend den damaligen Ministerpräsidenten Erdoğan in Syrien (Islam 2016: 9). Tatsächlich gelang es beiden Seiten die zahlreichen Dispute aus dem letzten Jahrhundert bei-seite zu legen und eine neue Ära einzuleiten. Die Handelsbeziehungen florierten (Göksel 2015: 60): Der syrische Export in die Türkei stieg von 187 Millionen US-Dollar in 2006 auf 630 Millionen US-Dollar in 2010. Der türkische Export nach Syrien stieg von 608 Millionen US-Dollar in 2006 auf 1,64 Milliarden US-Dollar in 2010 (Islam 2016: 17). Außerdem stieg auch die Zahl syrischer Touristen in der Türkei sprunghaft an. Beide Länder erfreuten sich ihrer Wiederentdeckung durch den jeweiligen Nachbarn. Damaskus beendete letztlich die Unterstützung an die PKK. Ferner leiteten beide Staaten obendrein eine Kooperation im militä-rischen Bereich ein. Die Türkei und Syrien rückten zwischen 2002 und 2011 eng zusammen, wie seit der Gründung beider Republiken nicht gesehen.

Doch der Arabische Frühling verwarf diese Entwicklung. Plötzlich waren Ankara und Damaskus wieder Gegner. Als Assad auf die inländischen Proteste mit Gewalt reagierte, forderte Erdoğan den Abgang des syrischen Präsiden-ten. Auch Gül beschuldigte das Assad-Regime: „The problem in Syria is the grave human rights violations being committed by the regime against the peo-ple, who have legitimate demands" (Gül/Tepperman 2013: 4). Die Türkei stand nun wieder mit ihren traditionellen Partnern USA und Europa auf einer Linie gegen das Assad-Regime (Göksel 2015: 57). In den Jahren zuvor hatte Ankara gegen die Isolation Syriens durch die westliche Staatengemeinschaft opponiert. Nun entwickelte sich die Türkei zum wichtigsten Unterstützer der syrischen Opposition und Hatay zum Rückzugsgebiet von Regimegegnern (Zarras 2018: 122). Die türkische Regierung setzte auf ein baldiges Ende des Assad-Regimes, wie in Ägypten, Tunesien und Libyen. Danach werde man gemeinsam mit der Opposition die Zukunft des Nachbarlandes entscheidend mitgestalten, war die herrschende Annahme. Doch Assad ist nicht auf die Forderungen eingegangen. Syrien ist in einen Bürgerkrieg gestürzt, der nunmehr seit vielen Jahren tobt und hunderttausende Todesopfer gefordert hat. Das türkisch-syrische Verhältnis war nun wieder da, wo es am Ende des letzten Jahrhunderts stand (Islam 2016: 19). Der Syrienkrieg selbst hat schwerwiegende Folgen für die Türkei: Mehr als drei Millionen syrische Flüchtlinge, sicherheitspolitische Risiken und rückläufiger Handel sind das Resultat. Außerdem hat der Bürgerkrieg auch türkische Todesopfer gefordert, da es regelmäßig zu Einschüssen aus syrischem Gebiet kommt. 2016 startete die Türkei schließlich eine Militäroffensive und ist seitdem mit eigenen Soldaten in Syrien präsent. Erdoğan versichert, die Türkei befürworte die territoriale Integrität und Souveränität ihres südlichen Nachbarn. Denn die mehr als drei Millionen geflüchteten Menschen, die sich in der Türkei aufhielten, könnten erst dann in ihre Heimat zurückkehren, wenn es dort wieder sicher sei (Erdoğan 2018a). Nichtsdestotrotz ist die Situation in Syrien aus türkischer Sicht ein Fiasko. Ohne Syrien kann die Türkei keinen umfassenden Zugang in den Nahen Osten erhalten. Je besser das türkisch-syrische Verhältnis funktionierte, desto einflussreicher wurde Ankara im Nahen Osten. Das Ende dieser Partnerschaft hat die ambitionierte Nahostpolitik der Türkei torpediert.

Ein wichtiger Schwerpunkt der türkischen Regionalpolitik liegt zudem auf dem Irak. Mit seiner stetig wachsenden Bevölkerung ist das Land ein lukrativer Absatzmarkt und verspricht ein großes Handelspotenzial. Für die Türkei hat der Irak auch geopolitische Relevanz, weil er direkten Zugang zur Golfregion und in den Süden der Halbinsel ermöglicht. Beide Länder sind seit Jahrhunderten eng miteinander verbunden. Die ablehnende Haltung der Kemalisten gegenüber arabischen Staaten galt nicht dem Irak. Denn bereits unter Atatürk gab es bilateralen Austausch zwischen beiden Staaten. Sie begründeten 1937 gemeinsam mit Iran und Afghanistan den Sadabad-Pakt. Er gilt als Nichtangriffsabkommen und wurde zur einvernehmlichen Beilegung von Grenzstreitigkeiten eingeführt. Zu Beginn des Kalten Krieges kooperierten die beiden Nachbarstaaten außerdem im sicherheitspolitischen Bereich. Sie schlossen 1955 den Bagdad-Pakt, dem später weitere Staaten beigetreten sind, um den sowjetischen Einfluss im Nahen Osten einzudämmen. Ferner sorgen die irakischen Turkmenen und Kurden für eine Verbindung zwischen beiden Ländern, die vorwiegend im Nordirak leben und enge Beziehungen zur Türkei unterhalten. Ankara hat ein Interesse an Stabilität im Irak und befürwortet die Einheit des Landes (Müftüler-Baç 2014: 538; Steinberg 2011b: 163). Denn die Krisen im Irak haben oftmals direkte Auswirkungen auf die Türkei. Ein Beispiel ist die Flucht irakischer Kurden in die türkische Grenzregion in Folge des Angriffs auf Kuwait. Außerdem nutzt die PKK die Schwäche der irakischen Zentralregierung und hat sich im Nordirak eingerichtet (Steinberg 2011b: 163). Sie organisiert von hier aus Hit-and-Run Terroranschläge auf Stellungen in der Türkei. Ankara plagen vor allem zwei Sorgen (Müftüler-Baç 2014: 545): Erstens fürchtet die türkische Regierung die Auflösung des irakischen Zentralstaates in kleinere Einheiten. Diese Furcht ist nicht unbegründet, da der Irak bereits de facto dreigeteilt ist. Ein Krieg zwischen den unterschiedlichen Volksgruppen hätte katastrophale Auswirkungen auf die gesamte Region. Deswegen ist die Türkei bemüht, den Dialog mit allen irakischen Volksgruppen aufrechtzuerhalten, um eine einheitliche Lösung zu unterstützen. Zweitens möchte Ankara eine grenzüberschreitende Zusammenarbeit kurdischer Separatisten verhindern. Die Unabhängigkeitsbestrebungen der Kurden im Nordirak könnten eine grenzüberschreitende Wirkung entfalten und die Einheit der Türkei bedrohen.

Im Kontext der neuen Außenpolitik hat Ankara 2008 die kurdische Regionalregierung anerkannt (Müftüler-Baç 2014: 538). Insbesondere die Handelsbeziehungen zwischen der Türkei und Nordirak haben sich seither intensiviert. Diese Kooperation hat die Feindseligkeiten zwischen beiden Seiten reduziert (Steinberg 2011b: 162). Die Annäherung zwischen Ankara und Erbil basiert zudem auf energiepolitischen Gründen. Der Nordirak besitzt reichhaltige Erdöl- und Erdgasvorkommen, die Erbil über die Türkei nach Europa exportieren will (Steinberg 2011b: 177). Da das wirtschaftliche Überleben der Kurdenregion vor allem vom Export dieser Rohstoffe abhängt, ist sie an guten Beziehungen mit Ankara interessiert. Die Türkei hingegen beabsichtigt, als Transitland vom Rohstoffreichtum des Irak zu profitieren und eine energiepolitische Drehscheibe in der Region zu werden (Steinberg 2011b: 176). Daher haben die türkischen Beziehungen auch mit Russland und Katar eine energiepolitische Komponente. In den türkisch-irakischen Beziehungen stehen wirtschaftliche Aspekte im Vordergrund. Der Irak ist für die Türkei ein wichtiger Handelspartner. Nach dem Irakkrieg sind die Investitionen türkischer Unternehmen im Nachbarland rasant gestiegen. Betrug das türkisch-irakische Handelsvolumen 2003 noch 940 Millionen US-Dollar, ist dieser Wert 2011 auf 9 Milliarden US-Dollar gestiegen (Müftüler-Baç 2014: 541). Während türkische Unternehmen vor allem Konsumgüter exportieren und die irakische Baubranche dominieren, versorgt der Irak die Türkei mit Rohstoffen (Steinberg 2011b: 175). Konfliktpotenzial zwischen beiden Staaten birgt die Wasserknappheit im Nahen Osten. Der Irak ist wie Syrien auf das Wasser von Euphrat und Tigris angewiesen. Die Staudämme in der Türkei haben den Durchfluss in den Irak verringert. Dabei steigt der Wasserbedarf des Landes, weil seine Bevölkerung stetig wächst. Obwohl in dieser Frage bisher ein eklatanter Disput zwischen Ankara und Bagdad ausgeblieben ist, könnte sich dieses Thema künftig zuspitzen. Doch die Herausforderung der langfristigen Wasserversorgung, die beide Länder betrifft, könnte auch als Anlass zur intensiveren Kooperation dienen. Schließlich hängt es davon ab, wie die betroffenen Regierungen damit umgehen. Nichtsdestotrotz bleibt der türkische Einfluss auf den Irak begrenzt und fokussiert sich vor allem auf wirtschaftliche Zusammenarbeit (Steinberg 2011b: 173). Der Iran nimmt hier deutlich mehr Gewicht ein, da er schlagkräftige proiranische Akteure aufgebaut hat.

Ein Beispiel für den bemerkenswerten Wandel der türkischen Außenpolitik in den 2000er-Jahren liefert der Libanon. Das kleine Land am östlichen Mittelmeer spiegelt die regionale Vielfalt wieder. Es beheimatet zahlreiche unterschiedliche Konfessionen und Ethnien. Die türkisch-libanesischen Beziehungen waren im 20. Jahrhundert begrenzt. Nach der osmanischen Herrschaft geriet der Libanon zunächst unter französisches Mandat, ehe er 1943 seine Unabhängigkeit erlangte. Doch externe Akteure dominierten auch weiterhin die Belange des Landes. Zunächst prägte Syrien die libanesische Politik, bevor Saudi-Arabien und der Iran übernahmen. Mit dem Regierungsantritt der AKP ist auch das Interesse der Türkei am Libanon gestiegen. Rafik Hariri befürwortete die Annäherung zwischen den beiden Ländern. Auf der Suche nach neuen Handelspartnern kam ihm die außenpolitische Öffnung der Türkei gelegen (Rieck 2011: 203). Als damaliger Ministerpräsident sah Hariri in der Türkei eine Chance den syrischen Einfluss auszugleichen (Rieck 2011: 204). 2004 unternahm er einen Staatsbesuch in die Türkei, der endgültig eine neue Ära in den türkisch-libanesischen Beziehungen einleitete. Ankara gelang es den Libanon als Projektionsfläche für die neue Außenpolitik zu nutzen. Viele Elemente der neuen Außenpolitik kamen im türkisch-libanesischen Verhältnis zum Ausdruck. Zum Beispiel konnte sich die Türkei als Vermittlerin zwischen den politischen Akteuren im Libanon einbringen (Rieck 2011: 206). Dazu konnte die wirtschaftliche Zusammenarbeit intensiviert werden. Das Handelsvolumen war von 225 Millionen US-Dollar in 2002 auf 900 Millionen US-Dollar in 2008 angestiegen (Rieck 2011: 212). Der Türkei war es im Zuge ihrer neuen Außenpolitik gelungen, ein wichtiger Akteur im Libanon zu werden. Doch der Syrienkrieg hat diese Entwicklung gebremst. Vor allem die proiranischen und prosyrischen Kräfte im Libanon sind auf Distanz zur Türkei gegangen. Davor hatten sie noch die Vertiefung der türkisch-libanesischen Beziehungen begrüßt. Die Haltung der libanesischen Volksgruppen zur Türkei zeigt, wie verzahnt innen- und regionalpolitische Entwicklungen im Nahen Osten sind. Je besser die türkisch-iranischen und türkisch-syrischen Beziehungen verliefen, desto offener waren auch die libanesischen Schiiten gegenüber der Türkei (Rieck 2011: 215). Fernerhin ist die Golfregion in den Fokus der türkischen Außenpolitik gerückt. Für Jahrzehnte waren die Beziehungen zwischen der Türkei und den arabischen Golfstaaten von gegenseitigem Desinteresse geprägt (Wiese 2011: 143). Doch unter der AKP sind die Beziehungen zu den Ländern des Golfkooperationsrats ausgebaut worden. Die gestiegene wirtschaftliche und energiepolitische Bedeutung dieser Staaten ist der entscheidende Grund für diesen Sinneswandel. Denn die AKP verfolgt ambitionierte ökonomische Ziele, die sie ohne die Erschließung neuer Märkte und einer energiepolitischen Diversifizierung schwerlich erreichen kann. Daher sind die finanzstarken und ressourcenreichen Golfstaaten erwünschte Partner. Folglich liegt der Schwerpunkt in den Beziehungen zwischen der Türkei und den GKR-Ländern im wirtschaftlichen Bereich (Wiese 2011: 152). Doch auch das Interesse des Golfkooperationsrats an der Türkei war nach dem Irakkrieg 2003 gestiegen. Vor allem Saudi-Arabien wollte die Türkei in eine Allianz gegen den Iran einbinden (Oktav 2018: 108). Der Golfkooperationsrat erhob die Türkei 2008 offiziell zum strategischen Partner. Außerdem stieg das Handelsvolumen zwischen der Türkei und dem Golfkooperationsrat von rund 1,5 Milliarden US-Dollar in 2002 auf fast 20 Milliarden US-Dollar in 2012 (Oktav 2018: 108). Die verbesserten Beziehungen äußerten sich nicht nur in politischer Zusammenarbeit, sondern auch in steigenden Handelswerten. Vor allem das Verhältnis mit Katar stach hervor, weil Erdoğan eine persönliche Freundschaft mit dem katarischen Emir Hamad bin Khalifa Al Thani (1995–2013) pflegte (Wiese 2011: 153), die er auch mit dessen Sohn Tamim bin Khalifa Al Thani fortführt, der 2013 die Führung übernahm. Bereits in den 2000er-Jahren gab es viele Berührungspunkte zwischen Ankara und Doha: Beide lehnten Sanktionen gegen den Iran ab und waren in der Palästinafrage nicht weit voneinander entfernt. Im Gegensatz zu vielen anderen arabischen Staaten stärkte der Arabische Frühling die türkisch-katarische Partnerschaft. Beide Staaten standen in Ägypten, Syrien und in der Haltung zur Muslimbruderschaft auf einer Linie. Doch mit den wichtigsten beiden Staaten des Golfkooperationsrats, Saudi-Arabien und den VAE, kam es immer häufiger zu Differenzen. Die Unterstützung des Putsches gegen Mursi durch Saudi-Arabien und den VAE sorgte in der Türkei für Empörung (Oktav 2018: 110). Ungläubig beobachtete Ankara, wie Riad und Abu Dhabi der neuen Militärregierung beistanden. Saudi-Arabien und die VAE hingegen ärgerten sich über die positive Haltung der AKP gegenüber der Muslimbruderschaft. Zudem sorgte 2016 aus türkischer Sicht die Passivität Saudi-Arabiens und der VAE während des Putschversuches gegen Präsident Erdoğan für Irritationen (Oktav 2018: 112). Der Iran hatte den Putschversuch innerhalb weniger Stunden verurteilt, doch Saudi-Arabien und die VAE blieben zunächst still (Oktav 2018: 113). Später warf Erdoğan bei öffentlichen Auftritten gezielt den VAE vor, sich über den Putschversuch gefreut zu haben. Daneben weicht Ankara von der harten Vorgehensweise gegen den Iran ab. Erdoğan erklärt, der Dialog mit dem Iran sei wichtig, um Stabilität in der Region zu erreichen (Erdoğan 2018a). Diese Entwicklungen haben die Beziehungen zwischen der Türkei und dem GKR lahmgelegt. Sie haben die wirtschaftliche und energiepolitische Zusammenarbeit gehemmt. Während der Katar-Krise ist der Riss noch tiefer geworden. Die Türkei lehnt die Blockade gegen Katar ab und hat dem Emirat ihre uneingeschränkte Unterstützung zugesichert. Ankara hat die Blockade auch als Angriff auf die Türkei gewertet, weil Saudi-Arabien, die VAE und Ägypten die Schließung der türkischen Militärbasis in Katar fordern (Oktav 2018: 114). Daher pflegt die Türkei unter den GKR-Ländern gegenwärtig nur mit Katar ein enges Verhältnis. Die Beziehungen mit Saudi-Arabien, den VAE und Bahrain sind schwer belastet. Dabei sind vor allem Saudi-Arabien und die VAE von großer Bedeutung: Sie sind die bevölkerungs- und wirtschaftsstärksten Mitglieder des Rates. Außerdem haben sie großen Einfluss auf die regionalen Entwicklungen, weil sie zahlreiche Mitglieder der Arabischen Liga mit Finanzhilfen an sich binden. Ein gestörtes Verhältnis vor allem mit Saudi-Arabien könnte der Türkei den Zugang in den Nahen Osten verschließen, solange die Beziehungen mit Ägypten ebenfalls gestört sind.

Die Türkei kann Ägypten aufgrund demografischer, politischer und militärischer Aspekte nicht ignorieren. Beide Länder sind religiös, kulturell und historisch miteinander verbunden. In den 2000er-Jahren ist das Interesse der ägyptischen Gesellschaft an der Türkei deutlich gestiegen (Jacobs 2011: 223). Sie beobachtete neugierig die rasanten politischen Veränderungen unter der AKP. Das ,türkische Modell' wurde in Ägypten intensiv diskutiert, als möglicher Ausweg aus der eigenen politischen wie wirtschaftlichen Stagnation (Jacobs 2011: 224). Dabei stand das Mubarak-Regime dem Machtzuwachs der türkischen Regierung in der arabischen Welt skeptisch gegenüber. Einerseits erreichte Erdoğan hohe Beliebtheitswerte bei den Ägyptern und andererseits machte Ankara zunehmend die ägyptische Vermittlerrolle im Palästinakonflikt streitig. Dennoch konnten die türkisch-ägyptischen Beziehungen ausgebaut werden. Das Handelsvolumen erreichte 2009 einen Wert von rund 1,5 Milliarden US-Dollar (Jacobs 2011: 229). Doch mit Ausbruch des Arabischen Frühlings begann eine turbulente Zeit in den türkisch-ägyptischen Beziehungen. Ankara stellte sich gleich zu Beginn der Massenproteste auf die Seite der Demonstranten und forderte den Rücktritt Mubaraks.

Als nach dessen Sturz Mursi zum neuen Präsidenten gewählt wurde, stand die türkische Regierung bereits in den Startlöchern, um eine enge Allianz mit Ägypten zu begründen. Ideologische Gemeinsamkeiten erleichterten Erdoğan und Mursi den gegenseitigen Zugang. Einer engen türkisch-ägyptischen Allianz schien nichts mehr im Wege zu stehen. Allerdings war Riad über diese Annäherung besorgt, da sie die Interessen des Königreichs gefährden würde. Die Zusammenarbeit zweier Staatschefs, die dem politischen Islam entstammen und das Volk mobilisierten, würde zwangsläufig die Legitimität der Golfmonarchien in Zweifel ziehen. Außerdem würde sie den saudischen Einfluss in der Region eindämmen. Denn Ankara und Kairo vertreten die zwei größten Bevölkerungen im Nahen Osten und besitzen eine der stärksten Armeen in der Region. Die Sorge vor enormen Umbrüchen durch eine enge Zusammenarbeit zwischen der Türkei und Ägypten war groß. Doch der Militärputsch von 2013 hat den Status quo gesichert. Gleichzeitig hat der Sturz von Mursi einen Wendepunkt in den türkisch-ägyptischen Beziehungen eingeleitet. Die Türkei hat den Militärputsch gegen Mursi scharf kritisiert und der neuen Regierung unter as-Sisi die Anerkennung verweigert. Bis heute gilt Erdoğan auf internationaler Ebene als der schärfste Kritiker des ägyptischen Militärregimes. Allerdings hat sich as-Sisi vorläufig konsolidiert und Ankara einen weiteren Partner verloren. Doch die Türkei ist auf ein gutes Verhältnis mit Kairo angewiesen, wenn sie einen Führungsanspruch in der Region erheben will.

Der Palästinakonflikt ist seit dem Regierungsantritt der AKP ein zentraler Bestandteil der türkischen Außenpolitik. Israel symbolisierte im letzten Jahrhundert noch die Entfremdung zwischen der Türkei und der arabischen Welt. Doch Palästina gilt als Sinnbild der Wiederannäherung in den 2000er-Jahren. Seit 1948 pflegten die Türkei und Israel ein gutes Verhältnis. Sie sahen sich als natürliche Verbündete, da sie prinzipielle Gemeinsamkeiten besaßen wie ein säkulares Staatswesen und eine außenpolitische Westorientierung. Zudem waren beide in der arabischen Welt isoliert. Sie betrachteten sich gegenseitig als Möglichkeit diese Isolation zu durchbrechen. In den 1990er-Jahren begründeten beide sogar eine enge Militärkooperation. Während Israel an militärischen Übungen in Anatolien teilnahm, profitierte die Türkei vom technischen Know-how des israelischen Militärs. In ihrer ersten Amtsperiode (2002–2007) führte die AKP das gute Verhältnis mit Israel fort. Ankara bemühte sich für eine diplomatische und langfristige Lösung des Palästinakonflikts und bot sich wiederholt als Vermittler zwischen Israelis und Palästinensern an. Doch der Gazakrieg 2008/2009 bewirkte einen Bruch: Beim Weltwirtschaftsforum 2009 in Davos kritisierte Erdoğan das israelische Vorgehen im Gazastreifen und verurteilte den Tod von palästinensischen Zivilisten. Anschließend verließ er verärgert das Podium, weil der israelische Präsident Schimon Peres mehr Redezeit bekam. Bei seiner Ankunft in der Türkei wurde Erdoğan euphorisch empfangen. Durch den Davos-Eklat avancierte er auch in der arabischen Welt zum ‚Volkshelden' (Jacobs 2011: 226; Steinberg 2011c: 126). Jacobs zufolge hatte Erdoğan den Nerv der arabischen und muslimischen Massen getroffen (Jacobs 2011: 226). Die Spannungen zwischen der Türkei und Israel erreichten 2010 schließlich einen historischen Tiefpunkt. Eine türkische Hilfsflotte wollte die Seeblockade gegen den Gazastreifen durchbrechen und wurde dabei von israelischen Soldaten gestürmt. Mehrere türkische Staatsbürger wurden dabei getötet. Die Türkei war nun Teil des Palästinakonflikts geworden und verlor dadurch ihre zuvor anvisierte Vermittlerrolle. In den folgenden Jahren ist eine weitere Eskalation ausgeblieben. Beide Seiten waren bemüht, die Wogen zu glätten, obgleich es immer wieder zu politischen Auseinandersetzungen zwischen der türkischen und israelischen Regierung kam. Unberührt von den politischen Turbulenzen blieben die Handelsbeziehungen, die sich wenig beeindruckt zeigten. Doch Beobachter sind sich einig, dass die gestiegene Popularität der Türkei in der arabischen Welt eng mit ihrer Haltung gegenüber Israel verknüpft ist (Faath 2011: 260; Göksel 2015: 56). Allerdings hat die israelkritische Haltung der türkischen Regierung für Verstimmungen mit dem Westen gesorgt. Auch einige arabische Staaten lehnen den harschen Umgang mit Israel ab. Die Golfmonarchien sind bemüht, den Palästinakonflikt zu entschärfen, weil sie den Iran als größere Bedrohung betrachten. Außerdem stehen sie der türkischen Palästinapolitik argwöhnisch gegenüber, da sie die Popularität der Türkei in den eigenen Bevölkerungen erhöht.

Die Funktion der Religion in der türkischen Außenpolitik ist davon abhängig, wer in Ankara regiert. Unter Erdoğan werden religiöse und kulturelle Faktoren häufig in die Außenpolitik übertragen. Allerdings sind im Falle der Türkei mehrere Identitäten zu erkennen, die je nach Region und politischem Sachverhalt eingesetzt werden: (1) Eine religiöse, die sich auf den Islam beruft, (2) eine kulturelle, die das Türkentum betont, (3) eine historische, die sich auf die osmanische Vergangenheit bezieht und (4) eine westliche, die das Bündnis mit den USA und Europa bekräftigt (Ramm 2011: 60; Seufert 2012: 13). Erkennbar hat Ankara die religiöse und historische Identität angeführt, um eine Wiederannäherung mit dem Nahen Osten zu erreichen. Dabei wird nur ein allgemeiner Bezug auf den Islam getätigt, weil die Region eine enorme religiöse Heterogenität aufweist (Faath 2011: 268). Daher führt die Türkei sowohl mit sunnitischen als auch mit schiitischen Akteuren den Dialog und steht einer Konfessionalisierung skeptisch gegenüber. Die historische Identität verweist auf das gemeinsame Schicksal der nahöstlichen Völker. Der Bezug auf das Osmanische Reich betont die gemeinsame Vergangenheit und dient nicht der Ableitung historischer Hegemonialansprüche.

Denn letzteres sorgt zwangsläufig für Verstimmungen mit potenziellen Rivalen. Schließlich äußert sich die Wiederannäherung der Türkei an die arabische Welt vor allem in politischer und wirtschaftlicher Hinsicht (Faath 2011: 269). Doch die religiöse und historische Identität haben den ideellen Zugang in die Region erleichtert. Folglich kommt dem Islam durchaus eine bedeutende Funktion in der türkischen Außenpolitik zu, da er die Öffnung des Landes gegenüber muslimischen Ländern legitimiert und Unterstützung dafür generiert hat.

Mit dem Regierungsantritt der AKP ist der Nahe Osten ein wichtiges Betätigungsfeld der Türkei geworden (Ennis/Momani 2013: 1128; Faath 2011: 259). Nach dem Kalten Krieg hat Özal eine erste Annäherung mit der arabischen Welt veranlasst. Unter Erdoğan hingegen ist eine umfassende Öffnung eingetreten. Dabei hat die Türkei ein strategisches Handicap, weil sie am nördlichen Rand des Nahen Ostens liegt. Das Land ist auf Syrien und Irak angewiesen, wenn es Zugang in die Region erhalten will. Ein schlechtes Verhältnis mit diesen Staaten könnte der Türkei den Nahen Osten verschließen. Die Regionalpolitik unter Erdoğan kann in zwei Phasen aufgeteilt werden: Die erste entspricht den ersten beiden Amtsperioden der AKP von 2002 bis 2011. In diesem Zeitraum hat die Türkei eine bedachte Außenpolitik geführt, die sich im Wesentlichen auf das Konzept der Strategischen Tiefe von Davutoğlu bezog. Die türkische Außenpolitik konnte in dieser Zeit große Erfolge verzeichnen. Das Land hat eine Annäherung mit seiner Region erlebt, wie seit Gründung der Republik nicht gesehen. Die bilateralen Beziehungen mit nahezu allen nahöstlichen Staaten florierten, wie auch gestiegene Handelszahlen belegen. Schon bald wurde die Türkei als Vorbild für die arabische Welt bezeichnet. Allerdings war während der Diskussionen um das ‚türkische Modell‘ gleichzeitig der Gipfel des Erfolgs erreicht. Denn der Arabische Frühling 2011 markiert den Beginn der zweiten Phase, die an konfliktträchtige Zeiten aus dem 20. Jahrhundert erinnert. Ankara hat sich von der bedachten Außenpolitik verabschiedet, die über regionalen Konflikten stand und pragmatische Interessen in den Vordergrund stellte. Mühsam erreichte Partnerschaften sind zerfallen. Die Türkei ist in zahlreiche Konflikte verwickelt wie in Ägypten, Syrien und Katar. Dabei scheint vor allem die Vision einer Türkei, die Konflikte entschärft, die Vereinbarkeit von Tradition und Moderne betreibt, sowie auf wirtschaftlichen Erfolg gerichtet ist, eine hohe Anziehungskraft in der Region zu entfalten. Wenn sie ihre Führungsambitionen verwirklichen will, muss sie ihre bedachte Außenpolitik der 2000er-Jahre revitalisieren und ihre Beziehungen mit der Region institutionalisieren.

4.4 Zusammenfassung

In diesem Kapitel ist die Rivalität zwischen dem Iran, Saudi-Arabien und der Türkei analysiert worden. Jeder dieser Staaten versucht seine Machtposition auszubauen. Dabei werden neue Allianzen geschmiedet, während alte ihre Geltung verloren haben (al-Rasheed 2017: 15). Die Katar-Krise ist ein Beispiel für diese Entwicklung: Auf der einen Seite sind der Iran, die Türkei und Katar strategisch näher gerückt und auf der anderen haben Saudi-Arabien, Ägypten und die VAE ihre Zusammenarbeit intensiviert. Der Golfkooperationsrat ist aufgrund zahlreicher Dispute zwischen den Mitgliedsländern gelähmt. Allerdings können unerwartete Ereignisse diese Konstellation wieder schlagartig verändern, so wie der Arabische Frühling für rasante Verschiebungen gesorgt hat. Rückblickend haben die Massenaufstände in der arabischen Welt die regionale Instabilität vertieft. Seither verfolgt Saudi-Arabien eine aggressive Außenpolitik und greift sogar zu militärischen Mitteln, um den Status quo zu wahren. Die Türkei hingegen ist im Nahen Osten einsamer geworden. Noch vor dem Arabischen Frühling war sie ein aufstrebender Akteur, der wirtschaftliche Interessen in den Vordergrund stellte und gute Beziehungen mit der Region unterhielt. Doch heute ist Ankara in der arabischen Welt isoliert. Denn die Beziehungen mit Ägypten, Syrien und den VAE sind schwer belastet. Auch mit Saudi-Arabien und dem Irak herrscht kein vertrauenswürdiges Verhältnis. Der Iran profitiert von der regionalen Unordnung, weil er seinen Einfluss durch nichtstaatliche Akteure sichert. Die Fragilität vieler arabischer Staaten ermöglicht Teheran proiranische Gruppen aufzubauen, wie etwa die libanesische Hisbollah oder die irakische Badr-Organisation. Trotzdem finden sich alle drei Staaten mitten im Chaos wieder. Sie sind umkreist von unbeständigen Zuständen und zahlreichen Konflikten. Eine stabile Staatenordnung kann nur durch eine enge Kooperation zwischen diesen Akteuren etabliert werden. Dem Sicherheitsdilemma von John Herz zufolge verursacht ihr Machtkampf einen ‚Teufelskreis‘, der langfristige Lösungen verhindert.

Welches Selbstverständnis hegen die nahöstlichen Regionalmächte? Sie haben eine herausragende geostrategische Bedeutung und pflegen ein ambitioniertes Selbstverständnis. Der Iran begründet seinen Führungsanspruch mit geografischen, demografischen und historischen Aspekten. Das iranische Regime leitet aus der persischen Geschichte ein selbstsicheres Machtbewusstsein ab. Außerdem besitzt der Iran enorme Mengen an natürlichen Ressourcen, die seine Machtposition stärken. Saudi-Arabien hingegen stellt seine finanzielle Stärke in den Vordergrund und verzichtet auf eine historische Herleitung. Schließlich ist das Königreich verglichen mit dem Iran und der Türkei ein relativ junges Land ohne imperiale Vergangenheit. Daher leitet Riad seinen Führungsanspruch aus seinem materiellen Reichtum und von seinem Status als ‚Hüter der beiden Heiligen Stätten' ab. Die Türkei musste den Nahen Osten erst wiederentdecken und versucht durch wirtschaftliche Stärke hervorzutreten. Sie will eine politische Inspirationsquelle sein und ihre kulturelle Attraktivität steigern, indem sie Tradition und Moderne verbindet. Die Türkei ist mit einer historischen Herleitung ihrer Machtansprüche vorsichtig, da sie Ressentiments aus der Vergangenheit nicht wiederbeleben will.

Welche außenpolitischen Grundsätze verfolgen die nahöstlichen Regionalmächte? Ein Grundsatz in der iranischen Außenpolitik ist der Revolutionsexport. Diesem liegt eine universelle Deutung der Iranischen Revolution zugrunde, deren Prinzipien in die gesamte Region exportiert werden soll. Der Revolutionsexport nimmt keine Rücksicht auf die Souveränität anderer Staaten. Die wichtigste Säule der iranischen Nahostpolitik ist allerdings seine Beziehung mit nichtstaatlichen Akteuren. Der Iran nimmt über Organisationen wie die Hisbollah enormen Einfluss auf den politischen Prozess anderer Staaten im Nahen Osten. In der saudischen Außenpolitik hingegen ist die Rivalität mit dem Iran allen anderen Themen übergeordnet. Saudi-Arabien interpretiert jede regionale Entwicklung im Kontext der iranischen Expansion. Die strategische Partnerschaft mit den USA ist dabei die wichtigste Stütze des Königreichs. Allerdings wirft die Zuverlässigkeit dieser Partnerschaft Fragen auf, da schon ein Regierungswechsel in Washington sie gefährden kann. Ein wichtiges regionales Instrument der saudischen Regionalpolitik ist der GKR, der jedoch nach der Katar-Krise deutlich geschwächt ist. Die Türkei hat mit dem Regierungsantritt der AKP das Konzept der Strategischen Tiefe implementiert, das eine multidimensionale Außenpolitik, proaktive Diplomatie und gute Beziehungen mit dem Umfeld vorsieht. Vor allem der Ausbau von Handelsbeziehungen stand im Fokus dieser Außenpolitik. Mit diesem Konzept erlebte die Türkei einen enormen Bedeutungszuwachs in der Region, der nach dem Arabischen Frühling wieder geschmolzen ist. Seither entbehrt die türkische Außenpolitik einer durchdachten regionalen Strategie.

Welche Funktion nimmt die Religion ein? Der Iran nutzt die Religion in vielfältiger Weise, zum Beispiel dient sie als ideologisches Fundament. Der Revolutionsexport stellt den Iran als eine islamische Universalmacht dar, deren Staatsideologie für die gesamte islamische Welt gelte. Das iranische Regime versucht damit Muslime in der ganzen Welt anzusprechen, obwohl es überwiegend Schiiten erreicht. Allerdings versucht es durch seine offensive Palästinapolitik und antiamerikanische Rhetorik auch Sympathien unter Sunniten zu gewinnen. Die wichtigste Funktion der Religion in der iranischen Außenpolitik offenbart sich allerdings in den Beziehungen mit nichtstaatlichen Akteuren. Die Anhänger der Hisbollah und der Badr-Organisation sehen das iranische Staatsoberhaupt als höchste religiöse wie politische Autorität. Der Iran hat Akteure geschaffen, die zwar in anderen Staaten beheimatet sind, aber Teheran gegenüber loyal sind. Dabei nimmt Religion, im speziellen sogar die schiitische Konfession, eine zentrale Bindungsfunktion zwischen dem Iran und den Schiiten in der arabischen Welt ein. Das iranische Regime mobilisiert durch konfessionelle Affinität schiitische Gruppen weltweit für sein politisches Vorhaben. Saudi-Arabien hingegen beschwört in seiner Regionalpolitik einen ‚arabischen Konsens'. Entgegen aller Erwartungen betont Saudi-Arabien im Nahen Osten keine islamische, sondern eine arabische Zusammenarbeit. Denn der Islam würde zwangsläufig den Iran und die Türkei miteinbeziehen, die Riad allerdings beide aus der arabischen Welt heraushalten will. Im Kontext seiner Rivalität mit dem Iran bedient sich allerdings auch Saudi-Arabien der Religion und konstruiert eine iranisch-schiitische Bedrohung. Mit dieser Bedrohungswahrnehmung will Riad eine arabisch-sunnitische Frontenbildung gegen den Iran erreichen und sein Vorgehen in Ländern wie Jemen und Bahrain legitimieren. Die grundlegende saudische Außenpolitik ist jedoch pragmatisch ausgerichtet, wie das Bündnis mit den USA belegt. Ankara hingegen bringt mehrere Identitäten in die Außenpolitik ein, die religiöse ist nur eine unter vielen. Religion dient der Türkei als Mittel, um eine Annäherung mit der arabischen Welt zu erreichen. Sie steht wachsenden konfessionellen Spannungen skeptisch gegenüber und distanziert sich von der unnachgiebigen Iranpolitik vieler arabischer Staaten.

Aus realistischer Perspektive ist der Machtkampf zwischen dem Iran, Saudi-Arabien und der Türkei dem Fehlen einer übergeordneten Instanz geschuldet. Im Nahen Osten fehlt ein Leviathan, der für Ordnung und Sicherheit sorgt. Die vielseitige Rivalität der nahöstlichen Regionalmächte bestärkt die realistische Auffassung, dass internationale Politik, wie alle Politik, ein Kampf um die Macht ist. Denn jeder dieser Staaten versucht eine übermächtige Position zu erreichen. Daher fördert zum Beispiel der Iran die Entstehung gleichgesinnter nichtstaatlicher Akteure in anderen Staaten. Nach Waltz ist zudem die Polarität eines Staatensystems von großer Bedeutung. Wenn der Nahe Osten als eine eigene Region im bestehenden internationalen System gilt, dann handelt es sich um ein multipolares System, das mit dem nahöstlichen Mächtedreieck beschrieben werden kann. Waltz zufolge ist ein solches System instabil. Denn die Staaten versuchen im multipolaren System die vorhandenen Machtstrukturen durch unzuverlässige Bündnisse auszugleichen. Die regionalen Entwicklungen der vergangenen Jahre zeigen, wie schnell sich Bündnisse und bilaterale Kooperationen verändern können. 2008 ging der GKR mit der Türkei noch eine strategische Partnerschaft ein. Doch nur ein Jahrzehnt später ist wieder Ernüchterung eingetreten.

Außerdem ist das Sicherheitsdilemma von Herz im Nahen Osten anhand des iranischen Atomprogramms einträglich zu beobachten. Der Erwerb von Nuklearwaffen würde dem Iran abgesehen von Israel ein Alleinstellungsmerkmal verleihen. Doch die Sicherheit des Iran würde die Unsicherheit anderer Staaten bedeuten. Saudi-Arabien verdeutlicht ebenfalls den Erwerb von Nuklearwaffen anzustreben, wenn der Iran in den Besitz davon käme. Prompt entsteht ein klassisches Sicherheitsdilemma, das den ohnehin vorhandenen Rüstungswettstreit erheblich verschärfen würde. Eine übergeordnete Autorität könnte dieser Entwicklung entgegentreten. Eine regionale Organisation, die mit entsprechenden Befugnissen ausgestattet ist, könnte die Staaten in der Region zu Recht und Ordnung aufrufen.

Nichtsdestotrotz heben sich der Iran, Saudi-Arabien und die Türkei von den übrigen Staaten im Nahen Osten ab. Sie haben die größten Bevölkerungen und Volkswirtschaften in dieser Region und unterhalten starke konventionelle Armeen. Sie erfüllen zudem größtenteils die wichtigsten Kriterien einer Regionalmacht, die von Nolte (2010) angeführt werden: (1) Zuallererst gilt das Kriterium der Verlautbarung des Führungsanspruches. Diese Staaten tun dies nicht nur wörtlich, sondern auch ihr außenpolitisches Handeln unterstreicht diese Ambitionen. (2) Zudem müssen Staaten, die als Regionalmächte bezeichnet werden, ausgeprägte materielle, organisatorische und ideologische Ressourcen aufweisen. Der Iran, Saudi-Arabien und die Türkei sind die regionalen Staaten, die diese Ressourcen am ehesten haben. Vor allem die militärische und ökonomische Stärke dieser Staaten überragt, abgesehen von Ägypten und Israel, die aller anderen Staaten in der Region. (3) Außerdem muss ein tatsächlicher Einfluss in der Region vorliegen, wenn ein Staat als Regionalmacht klassifiziert werden soll. Der Iran übt über proiranische Milizen enormen Einfluss aus, die gezielt iranische Interessen verfolgen. Saudi-Arabien beeinflusst durch finanzielle Anreize die politischen Geschehnisse in seinem Umfeld. Zahlenmäßig gelingt es Riad die meisten Staaten in der Region für seine Politik zu mobilisieren. Vor allem kleinere Staaten wie Kuwait, Bahrain und Jordanien unterstützen häufig das saudische Vorgehen. Die Türkei hat als große regionale Volkswirtschaft vor allem ökonomischen Einfluss. Außerdem übt sie kulturellen Einfluss auf die arabische Welt aus, weil sie sich als muslimisches Land mit moderner Lebensweise präsentiert. Ferner liegt die ökonomische, politische und kulturelle Verflechtung der untersuchten Akteure mit ihrer Region auf der Hand. Daneben sind sie bestrebt, eine regionale Identität zu definieren, um andere Länder von ihrer Führung zu überzeugen. Der Iran stellt seit 1979 die Religion in den Mittelpunkt und spricht von einer islamischen Identität. Saudi-Arabien hingegen betont die arabische Identität und versucht den Iran und die Türkei auszuschließen. Die Türkei akzentuiert das gemeinsame Schicksal der nahöstlichen

Völker. Alle sind bemüht eine regionale Identität in die Außenpolitik zu projizieren. Nicht zuletzt ist eine regionale Gefolgschaft nötig, das wohl schwierigste
Kriterium einer Regionalmacht. Diesem Aspekt kommt Saudi-Arabien am nächsten, da Riad häufig die Länder des GKR und weitere wie Ägypten und Jordanien
für seine Politik mobilisiert. Unter dem Strich erfüllen die untersuchten Akteure
den Großteil der von Nolte angeführten Kriterien. Die Vielzahl von Regionalmächten ist ein Kernproblem der Region. Es gibt keine übergeordnete Instanz,
die hier als Ordnungsmacht bezeichnet werden kann. Eine Ordnungsmacht kann
im Gegensatz zur Regionalmacht die Ordnung vorgeben, an die sich alle anderen Staaten halten. Solange keine höhere Ordnungsmacht existiert, wird der Nahe
Osten auch künftig Schauplatz diverser Rivalitäten bleiben. Eine Ordnungsmacht
kann ein einzelner Staat sein, der alle anderen überragt und damit unangefoch-
ten ist. Doch eine Ordnungsmacht kann auch eine überstaatliche Organisation
sein. Diese müsste von den Staaten der Region mit weitreichenden Befugnissen ausgestattet werden, damit ihre Entscheidungen respektiert und eingehalten
werden.

Freund oder Feind – Wie sich die nahöstlichen Regionalmächte gegenüberstehen

> *„Aber, möchte jemand sagen, es hat niemals einen Krieg aller gegen alle gegeben! Wie, hat nicht Kain seinen Bruder aus Neid ermordet?"*
>
> (Hobbes 1970 [1651]: 116)

Das vorige Kapitel hat die außenpolitischen Prioritäten der nahöstlichen Regional-mächte aufgezeigt. Sie wollen sich als Führungsmacht profilieren und betreiben unterschiedliche politische Konzepte für die Region. Der Iran dringt offensiv in die arabische Welt ein und versucht die regionale Staatenordnung zu revolutionie-ren. Saudi-Arabien verteidigt den Status quo und erklärt, der Iran dürfe sich nicht in die Angelegenheiten der arabischen Welt einmischen. Die Türkei setzt sich von der aufgeladenen iranisch-saudischen Rivalität ab und fordert ein integrati-ves Regionalkonzept. Das nahöstliche Mächtedreieck Iran-Saudi-Arabien-Türkei beschreibt den gegenwärtigen Grundkonflikt im Nahen Osten. Es geht dabei um die Frage, wie die Zukunft der Region aussehen soll und welches Konzept sich durchsetzen wird. Bisher zeigen sich die Akteure unfähig, gemeinsame Prinzi-pien für eine stabile Ordnung zu entwickeln. Nun werden in diesem Kapitel die Beziehungen der nahöstlichen Regionalmächte zueinander untersucht. Hier wird analysiert, wie sie sich gegenüberstehen, wie tiefgründig ihre politische und wirtschaftliche Zusammenarbeit ist, in welchem Ausmaß sich ihre Interessen decken oder unterscheiden und welche Funktion die Religion in den Beziehungen einnimmt.

© Der/die Autor(en), exklusiv lizenziert durch Springer Fachmedien Wiesbaden GmbH, ein Teil von Springer Nature 2020
M. Özev, *Religion und Außenpolitik*, Globale Gesellschaft und internationale Beziehungen, https://doi.org/10.1007/978-3-658-32220-5_5

5.1   Die iranisch-saudischen Beziehungen

„The real question is whether Iran wants to live by the rules of the international system, or remain a revolutionary state committed to expansion and to defiance of international law." (al-Jubeir 2016)

Persischer Golf oder Arabischer Golf? Wie heißt er nun, das Binnenmeer zwischen dem Iran und der Arabischen Halbinsel? Obwohl es weithin als ‚Persischer Golf' bekannt ist, lehnen viele arabische Staaten diesen Namen ab und verwenden stattdessen die Bezeichnung ‚Arabischer Golf' (Hubel 2005: 185). Dieser Namensstreit ist nur ein Beispiel für die konfliktträchtigen iranisch-saudischen Beziehungen, die weltweit enorme Aufmerksamkeit genießen. Der Iran und Saudi-Arabien werden beschuldigt, einen konfessionellen Krieg zu führen, der die gesamte Region ins Verderben stürze. Beide Länder sind für die globale Energieversorgung von immenser Bedeutung und stehen häufig im Mittelpunkt von Konflikten. Außerdem tragen sie ihre Rivalität in die Weltöffentlichkeit und versuchen neben regionalen auch globale Partner gegeneinander aufzuwiegeln. Zurzeit sind die Beziehungen geprägt durch gegenseitige Schuldzuweisungen, Anfeindungen und Skepsis. Saudi-Arabien macht den Iran für das Chaos im Nahen Osten verantwortlich. Teheran hingegen wirft Riad eine bewusste Dämonisierung und Marginalisierung des Iran vor. Dabei waren die iranisch-saudischen Beziehungen nicht immer dermaßen angespannt, sondern haben schon bessere Zeiten erlebt.

In der vorrevolutionären Ära gab es kaum nennenswerte Konflikte zwischen dem Iran und Saudi-Arabien. Beide Staaten waren Monarchien, an deren Spitzen jeweils ein Herrscher mit weitreichenden Befugnissen saß; im Iran der Schah und in Saudi-Arabien der König. Ein wesentlicher Unterschied im politischen System beider Länder lag in der Rolle der Religion. Der Iran war vor der Revolution ein säkularer Staat, während in Saudi-Arabien bereits eine Symbiose aus Religion und Politik regierte. Riad sah im Iran unter dem Schah keine unmittelbare Gefahr oder bedrohliche Macht (Okruhlik 2003: 115). Zum einen forderte der Schah, als säkular-westlich orientierter Machthaber, keine religiöse Legitimität ein und zum anderen war sein Interesse am Nahen Osten weitaus geringer als das der heutigen iranischen Führung. Reza Pahlavi konzentrierte sich stärker auf die internationale Rolle seines Landes und somit auf die Beziehungen mit den Vereinigten Staaten und Europa. Er hegte keine Absichten den Iran als islamische Führungsmacht zu etablieren. Daher war das Konfliktpotenzial in den iranisch-saudischen Beziehungen gering. In dieser Zeit hatten Teheran und Riad sogar ähnliche Interessen, obgleich sie stets eine gewisse Distanz wahrten

(Okruhlik 2003: 115). Beide opponierten in den 1960er-Jahren gegen den ägyptischen Präsidenten Gamal Abdel Nasser, der panarabische Visionen und eine Partnerschaft mit der Sowjetunion pflegte (Okruhlik 2003: 115). Nassers ideologische Ansichten offenbarten gravierende Differenzen mit dem Iran und Saudi-Arabien, die den Status quo und das Bündnis mit den Vereinigten Staaten befürworteten. Riad sah in der populistischen Politik Nassers eine Gefahr für die saudische Monarchie. Teheran hingegen fürchtete durch die panarabische Politik eine Isolation in der Region. Die Wahrung des Status quo war einer der wichtigsten Gründe für die begrenzte Kooperation zwischen dem Iran und Saudi-Arabien vor 1979. Beide sahen die Region durch den prosowjetischen Irak, Südjemen und anderen sozialistischen Bewegungen bedroht (Ahmadian 2018: 134). Daher bestand sogar ein Austausch auf höchster staatlicher Ebene: 1971 traf König Faisal den Schah in Teheran und 1976 reiste König Khalid ibn Abdulaziz für Gespräche mit dem Schah in den Iran (Fürtig 2002: 249–250). Außerdem bildeten beide Länder zwischen 1969 und 1974 die ‚Twin-Pillars-Strategy' der USA unter Präsident Richard Nixon (Ahmadian 2018: 139; Sons 2017a: 109; Sunik 2014: 4). Demnach sollten sie unterstützt von Washington als Bollwerk gegen den sowjetischen Einfluss im Nahen Osten wirken (Keynoush 2016: 9). Trotzdem gibt es Stimmen, die der Ansicht sind, die Rivalität zwischen dem Iran und Saudi-Arabien habe schon 1971 begonnen, mit dem Abzug Großbritanniens aus der Golfregion. Allerdings habe das Bündnis mit den USA die offene Austragung dieser Rivalität verhindert (Kocatepe 2017: 69; Sunik 2014: 4). Erst Großbritannien und anschließend die USA hätten das Konfliktpotenzial zwischen den beiden Staaten im Zaum gehalten. Nichtsdestotrotz pflegten der Iran und Saudi-Arabien ein funktionierendes Verhältnis, obgleich es Meinungsunterschiede schon immer gab (Gaub 2016: 2).

Doch die Revolution 1979 hat die iranisch-saudischen Beziehungen erschüttert (Ahmadian 2018: 134; Gaub 2016: 2; Kocatepe 2017: 69). Schlagartig hat sich der Iran vom Westen und Saudi-Arabien abgewandt und einen strategischen Schwenk zum Nahen Osten vollzogen. Obwohl die saudische Regierung als ‚Geste des guten Willens' der neuen Führung in Teheran gratulierte (Fürtig 2002: 26–27; Sadeghi/Ahmadian 2011: 120), standen die Zeichen nun auf Konfrontation. Gleich zu Beginn der Revolution hat Khomeini das saudische Königshaus als Feind auserkoren. Saudi-Arabien sei eine amerikanische Marionette und fürchte die Revolution, weil sie die unrechtmäßige Herrschaft der Al Saud hinwegfegen werde (Fürtig 2002: 25). Die neue iranische Führung bezweifelte die Legitimität der Golfmonarchien und ermutigte deren Bevölkerungen zu Aufständen (Kocatepe 2017: 69). Die saudische Bedrohungswahrnehmung war nicht unbegründet, da Khomeini öffentlich den Revolutionsexport ankündigte:

„The Iranian revolution is not exclusively that of Iran, because Islam does not belong to any particular people. Islam is revealed for mankind and the Muslims, not for Iran ... An Islamic movement, therefore cannot limit itself to any particular country [...]." (Fürtig 2002: 28–29)

Diese Ankündigung und der verstärkte Austausch mit den Schiiten in der arabischen Welt beunruhigten Saudi-Arabien (Okruhlik 2003: 115). Tatsächlich kam es in der saudischen Ostprovinz wiederholt zu Unruhen. Inspiriert von der Revolution gingen Schiiten auf die Straßen und skandierten proiranische Parolen (Fürtig 2002: 37–38). Vor allem ein Aspekt war von ausschlaggebender Bedeutung für die saudische Bedrohungswahrnehmung: Der Iran beanspruchte unter Khomeini die religiöse Führung der islamischen Welt (Gaub 2016: 2). Zeitgleich wurde Ende 1979 die Heilige Moschee in Mekka von Extremisten besetzt (Sunik 2014: 3), in der sich auch die Kaaba befindet, die wichtigste Wallfahrtsstätte im Islam. Die Aufständischen forderten den Sturz der saudischen Monarchie, der sie jede religiöse Legitimität absprachen. Neben der äußeren Bedrohung durch den revolutionären Iran, geriet Saudi-Arabien nun auch intern unter Druck. 1979 erlebte das Königreich die schwerste Staatskrise seit seiner Gründung. Als Reaktion auf diese Ereignisse führte König Fahd den Titel ‚Hüter der beiden Heiligen Stätten‘ ein, um dem Thron eine religiöse Legitimität zu verleihen (Akbarzadeh/Ahmed 2018: 302; Okruhlik 2003: 116). Nach der Revolution entwickelte sich der Iran zur Antithese des saudischen Königreichs (Keynoush 2016: 109). Auf der einen Seite ein revolutionärer Staat, der religiöse Führung beansprucht und offensiv in die Region eindringt. Auf der anderen Seite eine traditionelle Monarchie, deren religiöse Legitimität wankt und regionale Erschütterungen befürchtet.

Mit Beginn des Iran-Irak-Krieges im September 1980 kam es zum offenen Bruch zwischen Teheran und Riad. Saudi-Arabien stellte sich hinter Saddam Hussein und leistete dem Irak wichtige Hilfe (Fürtig 2002: 64; Sadeghi/Ahmadian 2011: 122). Das Königreich verstärkte diese sogar noch, als Reaktion auf den Putschversuch einer proiranischen Gruppierung in Bahrain 1981 (Fürtig 2002: 64). Der Revolutionsexport erschien nun als reale Bedrohung und keineswegs als bloße Einbildung. Saudi-Arabien überströmte den Markt mit Erdöl und führte absichtlich einen Preisverfall herbei (Okruhlik 2003: 116). So wurden die finanziellen Engpässe des Iran verschärft, dessen Wirtschaft unter steigenden Kriegskosten litt und die Einnahmen aus dem Erdölgeschäft dringend benötigte. Die Feindschaft zwischen beiden Ländern nahm in dieser Zeit extreme Ausmaße an. Immer wieder attackierte Teheran das Königreich und bezeichnete die saudische Monarchie als illegitim (Okruhlik 2003: 116). Riad hingegen fürchtete einen iranischen Sieg über Saddam Hussein, der eine direkte Konfrontation zwischen beiden Ländern zur Folge haben würde (Fürtig 2002: 65). Jedenfalls hat das iranische Regime den saudischen Beistand an den Irak bis heute nicht vergessen: „You remember a few weeks ago Saudi Arabia spent $110 billion buying arms for themselves. They purchased $70 billion worth of arms for Iraq during its war against Iran" (Zarif/Haass 2017).

Die Spannungen zwischen beiden Ländern zeigten sich unterdessen auch während des jährlichen *Hadsch*. Die Pilgerfahrt wurde von Iranern zum Anlass genommen, um in Mekka öffentlichkeitswirksam gegen die USA, Israel und Saudi-Arabien zu protestieren (Fürtig 2002: 45; Okruhlik 2003: 116). Der Hadsch, eine der fünf Säulen im Islam, erlebte somit eine beispiellose Politisierung. Schließlich kam es zwischen 1979 und 1987 häufig zu Konflikten zwischen Iranern und saudischen Sicherheitskräften. Am 31. Juli 1987 eskalierte die Lage, als bei verheerenden Auseinandersetzungen zwischen iranischen Pilgern und saudischen Sicherheitskräften mehr als 400 Menschen ihr Leben verloren, darunter rund 275 Iraner (Fürtig 2002: 47; Keynoush 2016: 122; Kocatepe 2017: 70; Okruhlik 2003: 116; Sadeghi/Ahmadian 2011: 123). Zuvor hatte Khomeini seine Landsleute aufgefordert, bei dem anstehenden Hadsch provokant zu protestieren (Fürtig 2002: 47). Seine Reaktion auf die Vorfälle war nicht minder strittig:

„Even if it were possible to forgive Saddam Hussein, it would never be possible to forgive Saudi Arabia. […] these vile and ungodly Wahhabis, are like daggers which have always pierced the heart of the Muslims from the back. […] Mecca is in the hands of a band of heretics." (Gaub 2016: 2)

Nach den Ereignissen in Mekka stürmten aufgebrachte Demonstranten die saudische Botschaft in Teheran (Fürtig 2002: 48). Daraufhin brach Saudi-Arabien im April 1988 die diplomatischen Beziehungen zum Iran ab (Keynoush 2016: 122; Okruhlik 2003: 116). Damit war ein Tiefpunkt in den iranisch-saudischen Beziehungen erreicht (Alsultan/Saeid 2017: 75). Der Hadsch kann durchaus als Gradmesser für das Verhältnis beider Länder gesehen werden. Schon in den 1920er-Jahren wurden Iraner von der Pilgerfahrt ausgeschlossen. Zwischen der Al Saud und Teheran gab es immer wieder Streitigkeiten um die Rolle schiitischer Pilger (Keynoush 2016: 53–56). Damals gab es das Königreich Saudi-Arabien offiziell noch nicht und der Iran hieß noch Persien. Daher ist die islamische Pilgerfahrt ein zentrales Thema in den iranisch-saudischen Beziehungen, das immer wieder auftaucht und bisweilen großes Konfliktpotenzial birgt.

Das Ende des Iran-Irak-Krieges 1988 markiert den Beginn einer Phase der Entspannung zwischen Teheran und Riad (Kocatepe 2017: 70; Sadeghi/Ahmadian

2011: 124). Beide Staaten strebten eine Deeskalation an, um nach den verlust-
reichen Kriegsjahren eine Normalisierung in der Golfregion zu erreichen. König
Fahd ordnete den saudischen Medien an, die Angriffe auf den Iran einzustel-
len (Alsultan/Saeid 2017: 76; Fürtig 2002: 50). Im Gegenzug kamen auch aus
dem Iran versöhnliche Töne. Ein weiterer Grund für die Entspannung war das
Ende des Kalten Krieges und seine deeskalierende Wirkung auf die Weltpolitik
(Kocatepe 2017: 70). Doch als entscheidender Faktor gilt der Führungswech-
sel an der Spitze des iranischen Staates (Kocatepe 2017: 71; Sadeghi/Ahmadian
2011: 124). Khomeini, der ein Jahrzehnt die iranische Politik unumschränkt
beherrschte, starb 1989. Bis zuletzt pflegte er eine radikale Haltung gegenüber
Saudi-Arabien: „Muslims should curse and fight tyrants, including and especially
the Saudi royal family [...]" (Gaub 2016: 2). Sein Ableben nährte die Hoffnung
auf einen Neubeginn in den bilateralen Beziehungen. Ali Khamenei war zum
neuen Revolutionsführer geworden. Neuer Präsident wurde Ali Akbar Rafsandschani (1989–1997), der als versöhnlicher Politiker galt (Alsultan/Saeid 2017:
81). Er verfolgte eine pragmatische Außenpolitik und suchte eine Annäherung
mit Saudi-Arabien (Kocatepe 2017: 71).

Ausgerechnet der einstige saudische Verbündete Saddam Hussein bewirkte mit
der Kuwaitinvasion im August 1990 die erhoffte Annäherung zwischen Teheran
und Riad. Die Annexion Kuwaits sorgte in den Hauptstädten der arabischen Golfstaaten für Entsetzen. Vor allem Saudi-Arabien befürchtete eine Ausweitung der
irakischen Expansion auf das eigene Territorium. Daher wurde in Riad die iranische Haltung zur Kuwaitinvasion mit Anspannung erwartet. Der Iran distanzierte
sich vom Irak und nahm eine ähnliche Position ein wie Saudi-Arabien. Dieses
Auftreten ermöglichte einen ersten umfassenden Austausch zwischen beiden Staaten seit der Revolution (Fürtig 2002: 102). Die arabischen Golfstaaten begrüßten
den iranischen Standpunkt zur kuwaitischen Souveränität (Alsultan/Saeid 2017:
86). Plötzlich galt nicht mehr der Iran, sondern der Irak als die größte Bedrohung für die Sicherheit und Stabilität der Region (Fürtig 2002: 103; Keynoush
2016: 126; Kocatepe 2017: 71). Teheran und Riad standen auf einer Seite gegen
Saddam Hussein (Okruhlik 2003: 116). Schließlich öffneten 1991 beide wieder
ihre Botschaften und nahmen diplomatische Beziehungen auf (Keynoush 2016:
131; Kocatepe 2017: 71). Fürtig analysiert ein strategisches Dreieck am Golf,
das aus dem Iran, Irak und Saudi-Arabien besteht (Fürtig 2002: 121). Wenn
einer dieser Staaten nach Dominanz strebe, kämen die anderen beiden zusammen.
Demnach sind der Irak und Saudi-Arabien in den 1980er-Jahren als Reaktion
auf den revolutionären Iran näher gerückt. Die Annäherung zwischen dem Iran
und Saudi-Arabien hingegen ist den irakischen Expansionsbestrebungen mit der
Kuwaitinvasion zu verdanken. Der Sturz Saddam Husseins hat schließlich wieder

die iranisch-saudische Rivalität wiederbelebt. Dabei ist das von Fürtig genannte Dreieck obsolet geworden, da der Irak gegenwärtig keine eindeutige Position im Hegemonialkonflikt am Golf bezieht, weil er mit enormen innenpolitischen Herausforderungen kämpft.

Unter Muhammad Khatami (1997–2005) erreichte die iranisch-saudische Annäherung einen historischen Höhepunkt. Seine Wahl nährte in Riad die Hoffnung auf eine weitere Entspannung und tiefere Zusammenarbeit (Alsultan/Saeid 2017: 108). Auf saudischer Seite pflegte insbesondere Kronprinz Abdullah eine konstruktive Haltung zum Iran. Er nahm im Dezember 1997 am Gipfeltreffen der OIC in Teheran teil und wurde von der iranischen Führung warm empfangen (Alsultan/Saeid 2017: 111; Kocatepe 2017: 71). Dort traf Abdullah neben Khatami auch den Revolutionsführer Khamenei und den ehemaligen Präsidenten Rafsandschani (Keynoush 2016: 143), der sich während seiner Amtszeit für eine Kooperation beider Staaten einsetzte. Das Gipfeltreffen der OIC fand 1997 zum ersten und bisher einzigen Mal im Iran statt. Es half Teheran seine Isolation zu überwinden, da Vertreter aus der ganzen islamischen Welt daran teilnahmen (Kayaoğlu 2015: 48). Für viele Staats- und Regierungschefs war dies die erste Reise in den Iran seit der Revolution. Im Gegenzug besuchte Khatami 1999 Saudi-Arabien und traf König Fahd in der Hafenstadt Dschidda (Kocatepe 2017: 71). Es folgten weitere gegenseitige Besuche auf Ministerialebene (Alsultan/Saeid 2017: 118). Im Gegensatz zu heute war in den 1990er-Jahren ein Austausch auf höchster Staatsebene zwischen beiden Ländern vorhanden. Die Führungen beider Staaten unternahmen ernsthafte Schritte, um ein vertrauenswürdiges Verhältnis aufzubauen. Diese Entwicklung gipfelte 2001 in der Unterzeichnung eines Sicherheitsabkommens zur Bekämpfung von organisierter Kriminalität, Terrorismus und Drogenhandel (Kocatepe 2017: 71; Okruhlik 2003: 118; Sadeghi/Ahmadian 2011: 128).

Doch schon bald folgten wieder Jahre der Spannungen, die bis heute kontinuierlich gestiegen sind. Der Irakkrieg 2003 hat das iranisch-saudische Verhältnis schwer belastet und symbolisiert die erneute Entfremdung nach der kurzzeitigen Annäherung in den 1990er-Jahren. Der Sturz Saddam Husseins und das dadurch entstandene Machtvakuum haben die Rivalität zwischen Teheran und Riad wiederbelebt. Beide pflegten unterschiedliche Auffassungen darüber, wie es im Irak weitergehen sollte. Während sich Saudi-Arabien zurückhaltend verhielt, nutzte der Iran die Gunst der Stunde, um sich im Nachbarland festzusetzen (Alsultan/Saeid 2017: 142). Die iranische Regierung unterstützte das Vorhaben der USA, schnellstmöglich Wahlen im Irak einzuführen. Durch die demografische Mehrheit der Schiiten erhoffte sich Teheran eine schiitisch dominierte Regierung, mit der eine Zusammenarbeit möglich sein würde. Tatsächlich stärkte vor allem die Übernahme der Regierung in Bagdad durch den proiranischen Premierminister Nuri al-Maliki (2006–2014) die iranische Stellung im Irak und in der gesamten Region (Sadeghi/Ahmadian 2011: 130). Die saudische Führung hingegen betrachtete al-Maliki als eine ‚iranische Marionette' und schon bald wurde Kritik am Vorgehen der USA laut: Der Irak sei dem Iran auf einer goldenen Platte serviert worden (Alsultan/Saeid 2017: 143). Der Machtwechsel im Irak und der damit verbundene Machtzuwachs des Iran im Nahen Osten haben die Beziehungen zwischen Teheran und Riad verschlechtert (Alsultan/Saeid 2017: 130; Sadeghi/Ahmadian 2011: 131). Nun suchte der Iran offensiv Zugang in den Nahen Osten und verstärkte seine Zusammenarbeit mit proiranischen Akteuren in der gesamten Region. Saudi-Arabien hingegen sieht sich seither vom Iran umkreist und versucht seinen Einfluss in der Region zurückzudrängen. Ein weiterer Faktor der Entfremdung war die Kontroverse um das iranische Atomprogramm. Insbesondere während der Präsidentschaft Mahmud Ahmadinedschads (2005–2013) betrachtete die saudische Regierung das Vorhaben misstrauisch. Denn Ahmadinedschad verschreckte die Staatengemeinschaft mit radikalen Äußerungen zur Weltpolitik. Außerdem erlebte die iranische Außenpolitik während seiner Amtszeit eine Militarisierung, da die Revolutionsgarden zunehmend an Einfluss gewannen (Alsultan/Saeid 2017: 132). Seine erste Amtsreise nach Saudi-Arabien unternahm Ahmadinedschad noch im Jahr seiner Wahl, im Dezember 2005 auf dem außerordentlichen Gipfeltreffen der OIC in Mekka. Dort sorgte sein Auftreten für Irritationen bei der saudischen Regierung, da er mit radikalen Äußerungen etwa zur Palästinapolitik auffiel (Alsultan/Saeid 2017: 153). Ein zweites Treffen fand im März 2007 statt, als Ahmadinedschad auf Einladung Abdullahs nach Saudi-Arabien reiste. Sie erörterten die Möglichkeit eines gemeinsamen Vorgehens für die Lösung regionaler Herausforderungen. Doch das Treffen brachte nicht den gewünschten Erfolg und Ahmadinedschad reiste vorzeitig ab (Alsultan/Saeid 2017: 153). Zwar trat er anschließend im Dezember 2007 als bisher einziger iranische Präsident auf dem Gipfeltreffen des Golfkooperationsrats in Doha auf, doch wird ein Alleingang der katarischen Regierung hinter dieser Einladung vermutet (Alsultan/Saeid 2017: 154). Riad scheint bereits 2007 die Hoffnung auf eine konstruktive Zusammenarbeit mit Ahmadinedschad aufgegeben zu haben.

Die Entfremdung nach dem Irakkrieg ging mit dem Arabischen Frühling 2011 in eine offene Konfrontation über. Beide Staaten standen sich nun vielerorts gegenüber. Sie reagierten unterschiedlich auf die Unruhen und unterstützten gegensätzliche Akteure in Ägypten, Syrien, Bahrain und Jemen. Auch die Ablösung Ahmadinedschads 2013 durch Rouhani hat die Situation nicht verändert. Im Gegenteil, die Konfrontation hat unter Rouhani sogar viel stärkere Ausmaße

erreicht. Ein Grund hierfür ist auch der Machtwechsel an der Spitze des Königreichs. Der verstorbene Abdullah wurde 2015 von Salman abgelöst, der eine
unnachgiebige Iranpolitik verfolgt. Allerdings konnte Rouhani zu Amtszeiten
Obamas das Verhältnis mit den USA merklich verbessern. Die iranische Regierung befürwortete unter Rouhani die Aushandlung eines Atomabkommens mit
den Weltmächten (Alsultan/Saeid 2017: 168). Schon bald begannen Verhandlungen mit der P5+1 Gruppe, bestehend aus den fünf ständigen Mitgliedern des
UN-Sicherheitsrates und Deutschland. Saudi-Arabien stand diesen Verhandlungen skeptisch gegenüber (Alsultan/Saeid 2017: 168), die letztlich zur Lösung des
Streits um das iranische Atomprogramm führten. Das Abkommen wurde weltweit
als Annäherung zwischen dem Iran und den Vereinigten Staaten gewertet. Obwohl
der Iran mit seinem ‚Hauptfeind' den Atomstreit beilegen konnte, wirkte sich dies
kaum auf das Verhältnis mit Saudi-Arabien aus. Das Königreich nahm als Reaktion auf das Abkommen sogar eine konfrontativere Haltung gegenüber Teheran
ein. Riad befürchtete eine Stärkung des Iran im Nahen Osten. Unterdessen kam
es nach langer Zeit wieder während des Hadsch zu einem verheerenden Vorfall.
Während einer Massenpanik 2015 verloren tausende Pilger, darunter auch Iraner,
ihr Leben. In der Folge kam es wieder zu diplomatischen Verstimmungen zwischen Teheran und Riad. Die iranische Regierung warf den saudischen Behörden
Inkompetenz und Versagen vor. Die Lage eskalierte gänzlich, als Anfang 2016
der schiitische Prediger Nimr al-Nimr in Saudi-Arabien hingerichtet wurde. Daraufhin wurde die saudische Botschaft in Teheran wie schon 1987 gestürmt und als
Reaktion brach Saudi-Arabien erneut die diplomatischen Beziehungen zum Iran
ab (Sons 2017a: 107).

Die Außenminister beider Staaten trugen den Disput an die Weltöffentlichkeit,
indem sie Beiträge in der *New York Times* publizierten. Zuerst erschien ein Artikel des iranischen Außenministers Zarif unter dem Titel „Saudi Arabia's Reckless
Extremism" im Januar 2016. Darin kritisiert er die Hinrichtung des schiitischen
Predigers und greift das Königreich scharf an: Saudi-Arabien fürchte die Beilegung des Atomstreits, weil dann die saudische Förderung von gewalttätigem
Extremismus in den Mittelpunkt rücken werde (Zarif 2016a). Allerdings endet
der Beitrag mit beschwichtigenden Worten: „Iran has no desire to escalate tension
in the region. We need unity to confront the threats posed by extremists" (Zarif
2016a). Die Antwort des saudischen Außenministers al-Jubeir folgte prompt noch
im Januar und erschien unter dem Titel „Can Iran Change?". Er verdrehte die
Vorwürfe und warf dem Iran vor, hinter zahlreichen Terrorangriffen zu stecken
und mit bewaffneten Organisationen zu kooperieren (al-Jubeir 2016). Außerdem
nutze der Iran Angriffe auf diplomatische Vertretungen als außenpolitisches Mittel. Die Geiselnahme in der US-Botschaft 1979 sei nur der Anfang gewesen.

Danach seien weitere Länder, darunter auch Saudi-Arabien, Opfer dieser Politik
geworden (al-Jubeir 2016). Daneben bezeichnet al-Jubeir den Iran, als „kriegs-
lustigsten Akteur" in der Region: „We are not the country designated a state
sponsor of terrorism; Iran is. We are not the nation under international sanctions
for supporting terrorism; Iran is" (al-Jubeir 2016). In einem weiteren Beitrag im
September 2016 sieht Zarif die saudisch-wahhabitische Ideologie als die Haupt-
ursache der Gewalt im Nahen Osten: „Though much of the violence committed
in the name of Islam can be traced to Wahhabism […]" (Zarif 2016b). Die Vorwürfe und Schuldzuweisungen der beiden Außenminister demonstrieren, welches
Ausmaß die iranisch-saudische Konfrontation erreicht hat. Beide Staaten versuchen sich gegenseitig international zu diskreditieren und als wahren Förderer von
Extremismus darzustellen. Dabei wollen sie insbesondere die US-Öffentlichkeit
von der eigenen Position überzeugen. Ihnen ist die Bedeutung der USA für die
Kräfteverhältnisse im Nahen Osten bewusst.

Ein wichtiger Einflussfaktor in den iranisch-saudischen Beziehungen sind die
Vereinigten Staaten. Ihre außenpolitische Haltung kann das Verhältnis zwischen
dem Iran und Saudi-Arabien stark beeinflussen. Vor 1979 waren die USA noch
mit beiden Staaten verbündet, doch danach hat der Iran das Bündnis aufgekündigt
und eine Feindschaft gegen die USA erklärt. In der Folge ist Saudi-Arabien zum
wichtigsten Verbündeten der Vereinigten Staaten im Nahen Osten aufgestiegen
und hat somit von der Entfremdung zwischen Washington und Teheran profitiert
(Alsultan/Saeid 2017: 149). Das iranische Regime kritisiert das saudische Bündnis mit den USA und nutzt es zur politischen wie religiösen Delegitimierung
des Königreichs in der islamischen Welt. Das Dreiecksverhältnis USA-Iran-
Saudi-Arabien wird zudem maßgeblich von der außenpolitischen Haltung der
amtierenden US-Präsidenten beeinflusst. So weicht die Iranpolitik der aufein-
anderfolgenden Regierungen unter Bush, Obama und Trump teilweise drastisch
voneinander ab. Unter George W. Bush zählte der Iran zur ‚Achse des Bösen'
und wurde von den Vereinigten Staaten international isoliert. Parallel kühlten
die iranisch-saudischen Beziehungen ab, obwohl sie noch zu Beginn der Bush-
Administration eine historische Annäherung verzeichneten. Doch paradoxerweise
stärkte ausgerechnet der Irakkrieg von Bush im Nachhinein die regionale Stellung
des Iran beträchtlich. Die Regierung von Obama unterzeichnete ein Atomabkommen mit Teheran, das den Iran auf der Weltbühne wieder salonfähig gemacht
hätte, wenn es 2018 nicht vom nachfolgenden Präsidenten Trump gekündigt
worden wäre. In der Endphase der Präsidentschaft von Obama kam es also zu
einer beachtlichen Annäherung zwischen dem Iran und den USA. Hier stellt
sich die Frage, wie Saudi-Arabien auf diese Annäherung reagierte. Denn das
zerrüttete Verhältnis des Iran mit dem Westen nützt dem Königreich. So gilt

es als wichtigster Verbündeter und erster Ansprechpartner der USA im Nahen Osten. Daher wird hier die Hypothese entkräftet, demzufolge die Beziehungen zwischen dem Iran und Saudi-Arabien sich normalisieren werden, wenn sich die US-iranischen Beziehungen beruhigen. Die ablehnende Haltung Saudi-Arabiens zum Atomabkommen widerlegt diese These. Die Entspannung zwischen dem Iran und den USA wurde in Saudi-Arabien mit Skepsis beobachtet. Riad fürchtete einen Bedeutungsverlust und die internationale Aufwertung des Iran.

Unter Trump hat sich diese Entwicklung wieder umgekehrt. Schon zu Beginn seiner Amtszeit signalisierte er ein Überdenken des Atomabkommens. Demgemäß führte ihn seine erste Auslandsreise im Mai 2017 nach Saudi-Arabien. Zuvor hatte er drei wesentliche Ziele seiner Nahostpolitik angedeutet (Ahmadian 2018: 142): die Zurückdrängung des Iran, die Aufkündigung des Atomabkommens und das Wiederbeleben traditioneller Allianzen. Bei seinem Besuch in Saudi-Arabien wurden unter dem Motto ‚Three Summits, One Vision' gleich drei Gipfeltreffen abgehalten: Ein bilaterales Treffen, ein Treffen mit den GKR-Ländern und ein ‚Arab Islamic American Summit', an dem rund 50 Länder teilnahmen (Ministry of Foreign Affairs of Saudi Arabia 2017b: 5). Bei allen Treffen wurde der Iran als lenkender Staat der regionalen Destabilisierung ausgemacht (Ministry of Foreign Affairs of Saudi Arabia 2017b: 7). Salman und Trump erklärten, die Einmischung des Iran in die inneren Angelegenheiten anderer Staaten, seine Anstiftung zum konfessionellen Unfrieden, seine Unterstützung an bewaffnete Milizen sowie Destabilisierungsversuche müssten eingedämmt werden. Außerdem müsse das Atomabkommen revidiert werden (Ministry of Foreign Affairs of Saudi Arabia 2017b: 8). Zudem machte König Salman die Iranische Revolution für den Anstieg von Terrorangriffen verantwortlich:

„The Iranian regime spearheads the global terrorism since Khomeini revolution until today. Since 300 years ago, we, in this country, did not witness terrorism or extremism until Khomeini revolution emerged in 1979." (Ministry of Foreign Affairs of Saudi Arabia 2017b: 13)

In einer gemeinsamen Erklärung nach dem bilateralen Treffen bekräftigten Salman und Trump, dass der Iran eine Bedrohung für die Sicherheit der Region und gesamten Welt sei und das Atomabkommen revidiert werden müsse (Ministry of Foreign Affairs of Saudi Arabia 2017b: 24). Bei dem Treffen wurden zudem saudische Waffenkäufe im Wert von 110 Milliarden US-Dollar vereinbart (Ministry of Foreign Affairs of Saudi Arabia 2017b: 6). Diese beispiellose Aufrüstung gilt als Abschreckungsmaßnahme gegen den Iran. Dementsprechend beteuerte

Trump in seiner Rede beim ‚Arab Islamic American Summit' vor den Vertretern dutzender islamischer Länder, die Bedrohung durch den Iran:

> „It is a regime responsible for so much instability in the region. I am speaking of course of Iran. From Lebanon to Iraq to Yemen, Iran funds, arms, and trains terrorists, militias and other extremist groups that spread destruction and chaos across the region." (Ministry of Foreign Affairs of Saudi Arabia 2017b: 62)

Unter Trump stellen die USA und Saudi-Arabien wieder gemeinsam den Iran als die größte Bedrohung für die Region dar. Ein Jahr nach seinem Besuch in Saudi-Arabien hat Trump das Atomabkommen beendet und neue Sanktionen gegen den Iran verhängt. Riad wirkt eskalierend ein und fordert ein unnachgiebiges internationales Durchgreifen gegen den Iran. Die iranische Führung hingegen sehnt sich nach einem Ende der Allianz zwischen den USA und Saudi-Arabien. Dann hätte es Saudi-Arabien schwer, sich in der Golfregion gegen den Iran zu behaupten. Der iranische Außenminister Zarif kritisiert vor dem Council on Foreign Relations in Washington die Haltung der USA (Zarif/Haass 2017): Im Iran gebe es immerhin Wahlen, in den Golfmonarchien hingegen nicht. Dennoch seien sie Verbündete der USA. Der Iran werde sanktioniert, aber andere Staaten der Region, die weder Demokratie noch Menschenrechte hätten, würden im Westen hofiert.

Ein weiterer Faktor, der die iranisch-saudischen Beziehungen beeinflusst, ist die generelle Haltung der arabischen Staaten gegenüber dem Iran. Diesbezüglich sind grundsätzlich zwei Gruppen erkennbar: Erstens die Gruppe iranskeptischer Staaten, die den Iran als Bedrohung sehen und seine Einflussnahme in der arabischen Welt entschieden ablehnen (Mattes 2010: 75). Dieses Lager wird gegenwärtig von Saudi-Arabien angeführt. Ägypten, die VAE, Jordanien und Bahrain gehören hierzu. Diese Staaten fordern ein gemeinsames Vorgehen gegen den Iran und schließen auch eine Zusammenarbeit mit Israel nicht aus (Mattes 2010: 75). Zweitens die Gruppe iranfreundlicher Staaten, die eine Kooperation oder zumindest den Dialog mit dem Iran befürworten (Mattes 2010: 76). Ein enges Bündnis mit dem Iran unter den arabischen Staaten betreibt lediglich Syrien. Alle anderen engen Partner sind nichtstaatliche Akteure wie die libanesische Hisbollah oder die irakische Badr-Organisation. Doch die Anzahl der Staaten, die den Dialog mit dem Iran befürworten, ist in den vergangenen Jahren gestiegen. Hierzu werden heute der Irak, Libanon, Katar und Oman gezählt. Diese Staaten sind vorsichtig und wollen ein ausgeglichenes Verhältnis mit Teheran. Ein potenzieller Kandidat für diese Gruppe ist auch der Jemen, je nachdem wie sich die politischen Verhältnisse in dem bürgerkriegsgeplagten Land entwickeln. Im Allgemeinen hängt die Haltung der arabischen Staaten gegenüber dem Iran davon ab, wer in den Hauptstädten regiert. Der Irak hat erst nach 2003 seine Haltung gegenüber dem Iran geändert. Galt das Land noch unter Saddam Hussein als ein erbitterter Irangegner, so hat es nach dem Machzuwachs der irakischen Schiiten seine Haltung gelockert. Ein ähnliches Szenario zeichnete sich nach 2012 in Ägypten ab, als Mursi die Regierung übernahm. Ägypten stand davor seine Haltung ebenfalls zu lockern, wenn der Militärputsch nicht stattgefunden hätte. Die dialogbereite Gruppe hätte mit Ägypten eine gewichtige Stimme hinzubekommen. Kurzum, die Haltung der arabischen Staaten zum Iran ist nicht einheitlich. Laut Fürtig sind die iranischen Ambitionen in der arabischen Welt ohnehin begrenzt (Fürtig 2002: 245). Zum einen unterscheide sich der Iran durch seine persische Komponente in ethnischer und sprachlicher Hinsicht von den arabischen Ländern. Zum anderen sei der Iran ein schiitisches Land und habe bisher nur Schiiten mobilisieren können. Demzufolge erreicht der Iran nicht die breite Masse der arabischen Welt.

Doch was sind die Gründe der iranisch-saudischen Rivalität? Jedenfalls ist sie nicht lediglich konfessionell begründet, wie Medien häufig vereinfachen. Stattdessen können mehrere Faktoren identifiziert werden:

1. Die Rivalität zwischen dem Iran und Saudi-Arabien speist sich zuallererst aus wirtschaftlichen Erwägungen. Dabei ist der Persische Golf mit seinen enormen Vorkommen an natürlichen Ressourcen das zentrale Konfliktfeld. Daher konkurrieren beide Staaten zunächst einmal um die erfolgreiche Ausbeutung von Ressourcen in der Golfregion, da sie lukrative Staatseinnahmen verspricht. Außerdem sind sie auf solide Absatzmärkte angewiesen und wetteifern nach Abnehmern für die gewonnenen Ressourcen. Auch der Erdölpreis ist ein Streitpunkt zwischen beiden Staaten und äußert sich vor allem in der OPEC (Sadeghi/Ahmadian 2011: 118). Energiepolitik ist ein wichtiger Grund für die Rivalität der beiden erdölexportierenden Staaten und wird nicht selten unterschlagen.

2. Das regionale Machtvakuum ist ein Faktor, der die Spannungen zwischen Teheran und Riad verstärkt (Kocatepe 2017: 76). Der allmähliche Abzug der Vereinigten Staaten und das Fehlen einer regionalen Ordnungsmacht, befeuert einen Machtkampf, der Nationalstaaten eigen ist. Der Iran und Saudi-Arabien streben nach Macht, Einfluss und Verbündeten, um das Machtvakuum selbst zu füllen.

3. Daneben hat die Rivalität eine ausgeprägte religiös-ideologische Komponente, zumal in beiden Ländern unterschiedliche Ausprägungen der Religion vorherrschen. Im Iran dominiert der schiitische Glaube und ist ein prägendes Element

seines Staatswesens. In Saudi-Arabien hingegen ist der Wahhabismus tonana-
gebend und beeinflusst Staat und Gesellschaft. Beide Strömungen lehnen sich
gegenseitig ab und werfen sich oftmals Unglauben vor (Sons 2017a: 107). Bri-
sanz erhält die religiöse Rivalität durch die Mobilisierung arabischer Schiiten
durch den Iran. Außerdem pflegen beide Staaten ein gegensätzliches politisches System. Der Iran hat ein theokratisch-republikanisches Staatssystem,
Saudi-Arabien hingegen ein monarchisch-absolutistisches (Kocatepe: 2017:
74). Ein weiterer ideologischer Unterschied liegt in der Haltung zum Westen
(Sadeghi/Ahmadian 2011: 118). Im Gegensatz zum Iran unterhält Saudi-
Arabien enge Beziehungen mit den USA. Zudem verfolgen Teheran und Riad
eine teils unvereinbare Politik im Palästinakonflikt.

4. Überdies hat die iranisch-saudische Rivalität einen ethnischen Hintergrund, der
sich in der persisch-arabischen Dichotomie äußert. Der Namensstreit um den
Golf ist eine Facette davon. Während der Iran auf den Namen ‚Persischer Golf‘
beharrt, verwenden viele arabische Staaten die Bezeichnung ‚Arabischer Golf‘.
Außerdem betont Saudi-Arabien häufig, der Iran sei als persisches Land nicht
befugt, sich in arabische Angelegenheiten einzumischen.

5. Nicht zuletzt besitzt die Rivalität eine innenpolitische Dimension. Beide Staaten kreieren externe Feinde, um von internen Herausforderungen abzulenken
(Okruhlik 2003: 113).

Trotzdem haben beide Staaten ein gewisses Kooperationspotenzial. Eine Entspannung zwischen dem Iran und Saudi-Arabien würde positive Auswirkungen
entfalten. Denn ihre Konfrontation polarisiert die gesamte Region, insbesondere
den Irak, Jemen, Libanon und Syrien (Kocatepe 2017: 83). In diesen Ländern sind regelrecht proiranische und prosaudische Lager entstanden, die eine
nachhaltige Entwicklung behindern. Teheran und Riad könnten über diese Gruppen konstruktiv zur Lösung politischer Konflikte einwirken und die betroffenen
Länder beruhigen (Okruhlik 2003: 124). Dadurch würde automatisch die regionale Stabilität steigen. Eine Deeskalation würde auch den Staatshaushalt beider
Staaten entlasten, da sie momentan hohe materielle Kosten aufbringen, um verbündete Gruppen zu unterstützen. Eine Kooperation zwischen dem Iran und
Saudi-Arabien würde eine generelle Entspannung anregen und sich stabilisierend
auf die gesamte Region auswirken. Dies könnte die wirtschaftliche Entwicklung
in der Golfregion ankurbeln, die eine junge Bevölkerung und zentrale Lage im
Weltmarkt aufweist. Zudem könnten sich beide Staaten auf die riesigen innenpolitischen Herausforderungen konzentrieren, die auf Antworten warten, wie etwa
die hohe Arbeitslosigkeit. Daneben würde sich eine iranisch-saudische Kooperation auf bilaterale Beziehungen auswirken. Zum Beispiel könnten sich die

saudisch-katarischen Beziehungen normalisieren, wenn der Iran nicht mehr als Bedrohung, sondern als Kooperationspartner eingestuft wird. Dann könnte Saudi-Arabien auch seine sicherheitspolitische Abhängigkeit von den USA verringern. Nicht zuletzt könnte eine Kooperation zwischen dem Iran und Saudi-Arabien den Ölmarkt stabilisieren (Okruhlik 2003: 124). Doch eine Zusammenarbeit scheint momentan undenkbar, wie auch der sporadische Handel zwischen beiden Ländern offenbart (Abbildung 5.1):

Jahr	Iran **Import** aus Saudi-Arabien	Iran **Export** nach Saudi-Arabien
2001	163	85
2004	250	198
2007	500	310
2010	171	80
2013	44	81
2016	4	0,235

Abbildung 5.1 Iranischer Im- und Export aus/nach Saudi-Arabien (in Millionen US-Dollar) von 2001 bis 2016. (Quelle: International Trade Centre 2019: Trade Map Data)

Zwischen 2001 und 2007 erlebte der Handel zwischen dem Iran und Saudi-Arabien einen stetigen Anstieg, auch wenn das Handelsvolumen im internationalen Vergleich gering blieb. Wenn sich dieser Trend fortgesetzt hätte, wäre schon in wenigen Jahren ein schweres Handelsvolumen entstanden. Doch wie die Daten aus 2010 aufzeigen, ist der Handel zwischen beiden Ländern nach der Weltwirtschaftskrise 2008/2009 deutlich zurückgegangen. Wie die Werte aus 2013 belegen, haben die Wirren des Arabischen Frühlings den Handel nochmals geschwächt, ehe er 2016 in Folge der diplomatischen Krise komplett eingebrochen ist. Den Daten aus dem Trade Map Data zufolge fand 2016 praktisch kein Handel zwischen dem Iran und Saudi-Arabien statt, obwohl es sich um zwei bevölkerungsreiche Nachbarn handelt. Ihr Handelsvolumen ist insgesamt auffällig niedrig. Ein Grund hierfür liegt darin, dass die Wirtschaft beider Länder auf Erdöl fokussiert ist und sie dieses nicht importieren müssen, da sie jeweils selbst Erdöl produzieren. Wenn der Handel zwischen beiden Ländern wachsen soll, muss er sich auf andere Produkte als auf Rohstoffe stützen. Im Allgemeinen spiegeln die Handelswerte von 2001 bis 2016 den Zustand der iranisch-saudischen Beziehungen wider. Zu Beginn des 21. Jahrhunderts, als es noch einen Austausch gab, fand noch ein nennenswerter Handel zwischen beiden Ländern statt. Doch in Folge des Arabischen Frühlings und der zunehmenden Spannungen ist der Handel nahezu komplett eingebrochen.

Welche Rolle spielt die Religion in den iranisch-saudischen Beziehungen? Oftmals heißt es, sie sei nur ein Faktor unter vielen (Keynoush 2016: 21). Allerdings ist die Bedeutung der Religion in den iranisch-saudischen Beziehungen nach der Revolution 1979 enorm gestiegen. Immerhin pflegt der Iran seitdem ein theokratisches Staatsmodell und beansprucht die Führung der islamischen Welt. Zudem bestreitet Teheran die religiöse Legitimität der saudischen Herrschaft über die Heiligen Stätten der Muslime. Dabei benötigt das Königreich ebendiese Legitimität, um über die Geburtsstätte des Islam zu herrschen (Fürtig 2002: 217). Dieser Disput äußert sich regelmäßig während der muslimischen Pilgerreise. Häufig kommt es zwischen iranischen Pilgern und saudischen Sicherheitskräften zu Auseinandersetzungen, die 1987 und 2015 zu schwerwiegenden diplomatischen Verstimmungen geführt haben. Der Hadsch kann als Gradmesser der iranisch-saudischen Beziehungen gesehen werden. Eine reibungslose Teilnahme iranischer Pilger kann ein Anzeichen für ein entspanntes Verhältnis zwischen Teheran und Riad sein. Denn ein Rückblick bis 1979 zeigt, wie sich politische Unstimmigkeiten zwischen den beiden Ländern schon öfters während des Hadsch entluden. Nach der Revolution ist eine augenfällige *schiitisch-wahhabitische Dichotomie* entstanden. Sie ist kein neues Phänomen, sondern existiert bereits seit Jahrhunderten. Doch die Iranische Revolution hat dieser Dichotomie eine scharfe politisch-ideologische Komponente gegeben. Seither nutzt der Iran die Religion als außenpolitisches Instrument, um sein Umfeld auf Grundlage seiner theokratischen Staatsidee zu revolutionieren. Saudi-Arabien begegnet dieser Offensive damit, den Iran als schiitisch abzustempeln, dessen Ansatz nicht für die gesamte Region tauge (Fürtig 2002: 219). Beide Seiten scheuen auch nicht, den Glauben des Anderen in Zweifel zu ziehen (Fürtig 2002: 40–41).

Die iranisch-saudischen Beziehungen haben in den letzten Jahrzehnten Höhen und Tiefen erlebt, aber im Kern ist stets die Rivalität geblieben (Ahmadian 2018: 133). Drei Jahreszahlen symbolisieren dieses konfliktträchtige Verhältnis; nämlich 1979, 2003 und 2011. Vor der Revolution gab es kaum nennenswerte Konflikte zwischen dem Iran und Saudi-Arabien, sondern durchaus gemeinsame Interessen. Beide pflegten ein strategisches Bündnis mit den USA und verteidigten den Status quo in der Region. Doch die Revolution 1979 hat eine erbitterte Feindschaft zwischen Teheran und Riad begründet, die mit der Parteinahme Saudi-Arabiens für Saddam Hussein manifestiert wurde. Zwar trat nach dem Iran-Irak-Krieg eine Phase der Entspannung in den 1990er-Jahren ein, doch schon mit dem Irakkrieg 2003 rückte wieder die Rivalität in den Vordergrund. Mit dem Arabischen

Frühling ist diese schließlich in eine offene Konfrontation übergegangen, die den gesamten Nahen Osten polarisiert und entzweit. Dabei könnte eine Annäherung zwischen dem Iran und Saudi-Arabien positive Effekte auf die gesamte Region entfalten.

5.2 Die saudisch-türkischen Beziehungen

„Die Türkei, als scheinbar gelungenes Beispiel einer Verschmelzung säkularer Staatlichkeit und religiöser Führungsriege, bildete einige Zeit ein attraktives Staatsmodell für die arabische Welt, das Saudi-Arabiens Rolle unterminieren und seinen Einfluss erheblich einschränken konnte." (Sunik 2014: 4)

Der historische Kontext der saudisch-türkischen Beziehungen ist belastet. Denn die Saud-Dynastie revoltierte zwischen 1744 und 1917 mehrmals gegen das Osmanische Reich, um einen eigenen Staat auf der Arabischen Halbinsel zu gründen (Ataman 2009: 73–74, 2012: 122; Aviv 2017: 307). Das saudisch-türkische Verhältnis war in der osmanischen Ära daher konfliktträchtig. Ungleiche politische wie religiöse Ansichten lösten zwischen beiden Seiten häufig schwere Spannungen aus (Aviv 2017: 307). Die Al Saud unterschied sich durch ihre tribale Struktur von der urbanen osmanischen Gesellschaft. Außerdem gab es gravierende Unterschiede in der Religionsauslegung. Während die Osmanen als Herrscher eines Vielvölkerstaates ein moderates Religionsverständnis pflegten, schloss sich die Saud-Dynastie mit dem Wahhabismus einer radikalen Strömung an. Allerdings konnte die Al Saud ihre Macht auf der Arabischen Halbinsel erst mit dem Ende des Osmanischen Reichs konsolidieren (Aviv 2017: 307; Steinberg 2011c: 121). Saudi-Arabien ist folglich im Konflikt mit dem Vorgängerstaat der heutigen Türkei entstanden (Ataman 2009: 74; Steinberg 2011c: 121).

Trotzdem hat Ankara Saudi-Arabien bereits 1929 anerkannt und diplomatische Beziehungen mit dem Land aufgenommen, noch bevor das Königreich 1932 verkündet wurde (Ataman 2009: 74; Ayhan 2010: 30). Doch das Verhältnis blieb bis in die 1980er-Jahre hinein reserviert und oberflächlich (Ayhan 2010: 30). Das gegenseitige Interesse war gering (Ataman 2012: 123; Aviv 2017: 307). In der Türkei setzte ein umfassender Reformprozess ein, der auch die Abkehr des Landes von der islamischen Welt vorsah, zu der Saudi-Arabien gehört. Die saudischen Machthaber hingegen sahen die Türkei als Erbe jenes Staates, der die ersten Staatsbildungsversuche der Saud-Dynastie zerschlug. Außerdem etablierten beide gegensätzliche Staatssysteme. Während Saudi-Arabien eine Monarchie mit religiösen Elementen gründete, führte die Türkei ein republikanisches System mit einer strikten Trennung von Staat und Religion ein. Der revolutionäre Bruch der Türkei mit dem Islam wurde in Saudi-Arabien kritisch gesehen (Steinberg 2011c: 122). Zudem verfolgten beide unterschiedliche außenpolitische Prioritäten. Die Türkei trat der NATO bei und positionierte sich auf Seiten des Westens. Die arabische Welt indes spielte in der türkischen Außenpolitik keine besondere Rolle mehr. Eine der wenigen Gemeinsamkeiten in der Außenpolitik war das beiderseitige Bündnis mit den Vereinigten Staaten. Allerdings hatte dieser Aspekt keinen nennenswerten Einfluss auf die saudisch-türkischen Beziehungen. Das kühle Verhältnis kann auch an den Staatsbesuchen abgelesen werden. Im gesamten 20. Jahrhundert hat es keinen einzigen offiziellen Besuch eines saudischen Königs in der Türkei gegeben (Aviv 2017: 307). Lediglich König Faisal reiste 1966 in die Türkei, um für wenige Stunden an einer internationalen Konferenz teilzunehmen (Ataman 2012: 123). Ein Grund für das kühle Verhältnis waren auch gegenseitige Ressentiments. Die Türken warfen den Arabern Kollaboration mit Großbritannien und Frankreich während des Ersten Weltkrieges vor. Die Saudi-Araber hingegen sahen die kemalistische Türkei vom ‚islamischen Weg' abgekommen.

Erst die regionalpolitischen Entwicklungen in den 1980er-Jahren haben schließlich eine Kehrtwende eingeleitet. Der langwierige Iran-Irak-Krieg stellte beide Staaten vor diverse Herausforderungen. Die Türkei erlitt Engpässe in der Ölzufuhr und verfolgte eine Diversifizierung ihrer Energiequellen (Ayhan 2010: 30). Saudi-Arabien hingegen suchte nach regionalen Verbündeten gegen den Iran. Diese Situation hat beide Staaten erstmals in ihrer Geschichte näher gerückt. Prompt folgten gegenseitige Staatsbesuche: Zunächst reiste der türkische Staatspräsident Kenan Evren 1984 nach Saudi-Arabien und 1985 folgte ein Besuch des Ministerpräsidenten Turgut Özal (Ayhan 2010: 30). Zwischen diesen beiden Besuchen empfing die Türkei den saudischen Kronprinzen Abdullah ibn Abdulaziz 1984 in Ankara (Aviv 2017: 308). Vor allem die außenpolitische Öffnung unter Özal bewirkte eine bis dahin beispiellose Annäherung zwischen den beiden Ländern (Ataman 2012: 123; Ayhan 2010: 30). Bei seinem mehrtägigen Staatsbesuch in Saudi-Arabien im März 1985 bekräftigte Özal das Interesse seines Landes an einem Ausbau der Beziehungen (Bostancı 2016: 656). Dementsprechend war er mit einer großen Delegation aus Ministern, Abgeordneten, Unternehmern und Journalisten angereist. Er traf neben Kronprinz Abdullah auch König Fahd. Gesprächsthemen waren insbesondere der Ausbau von Handels- und Wirtschaftsbeziehungen, der Iran-Irak-Krieg und die Entwicklungen in der Region (Bostancı 2016: 657). Die saudischen Medien beobachteten den Besuch des türkischen Ministerpräsidenten aufmerksam und erklärten, eine saudisch-türkische Kooperation könne zur Lösung regionaler Herausforderungen beitragen (Bostancı

2016: 658). Özal zeigte sich zufrieden mit den Gesprächen in Saudi-Arabien und betonte, die Beziehungen entwickelten sich in eine gute Richtung (Bostancı 2016: 659). Tatsächlich konnte in den 1980er-Jahren auch eine zunehmende Aktivität türkischer Unternehmer im Königreich verzeichnet werden (Aviv 2017: 308; Ayhan 2010: 30). Die gleiche Haltung in der Kuwaitkrise intensivierte die Annäherung zwischen Riad und Ankara zu Beginn der 1990er-Jahre (Ataman 2012: 123). Die türkische Regierung unterstützte die Militärkoalition gegen den Irak, die von den USA und Saudi-Arabien angeführt wurde. Für ihre Verluste im Erdölgeschäft mit dem Irak entschädigte Saudi-Arabien die Türkei mit Erdöl im Wert von 1,2 Milliarden US-Dollar (Aviv 2017: 309; Ayhan 2010: 30). Nach Özal, der 1993 im Amt verstarb, kühlten die Beziehungen aufgrund innenpolitischer Veränderungen in der Türkei zunächst wieder ab (Aviv 2017: 309).

Doch diese Phase der Abkühlung hielt nicht lange an. Denn mit dem Regierungsantritt der AKP erlebten die saudisch-türkischen Beziehungen einen historischen Höhepunkt. Die neue türkische Außenpolitik im Kontext der Strategischen Tiefe begründete ein partnerschaftliches Verhältnis mit Saudi-Arabien (Ataman 2012: 124; Aviv 2017: 309). Wie schon 1991 hatten auch 2003 die Entwicklungen im Irak einen maßgeblichen Annäherungseffekt. Das türkische Parlament lehnte den Irakkrieg ab und verweigerte den USA die Nutzung türkischer Territorien für ihre Invasionspläne (Aviv 2017: 310; Jenkins 2012: 29). Diese Entscheidung wurde in Saudi-Arabien, das einen Militärschlag als „gefährliches und unüberlegtes Abenteuer" betrachtete, wohlwollend aufgenommen (Steinberg 2011c: 120). Anschließend trieben Riad und Ankara die Kooperation zunehmend voran. Aus Sicht der Türkei spielten wirtschaftliche Erwägungen eine wichtige Rolle für den Ausbau der Beziehungen (Ataman 2012: 125). Das Königreich hingegen sah im Schwenk der Türkei zum Nahen Osten eine Chance, das Land in eine Allianz gegen den Iran einzubinden. Letztlich gingen beide aus pragmatischen Gründen aufeinander zu. Der Besuch von König Abdullah in der Türkei im August 2006 gilt als Meilenstein in den Beziehungen, weil es der erste offizielle Staatsbesuch eines saudischen Königs in der Türkei war (Ataman 2012: 126; Aviv 2017: 310). Abdullah reiste mit einer großen Delegation aus Ministern, Bürokraten und Unternehmern an, um die bilaterale Zusammenarbeit in wirtschaftlichen wie politischen Bereichen zu intensivieren (Ataman 2012: 126; Ayhan 2010: 30). Der saudische König reiste im November 2007 erneut in die Türkei, um Abdullah Gül als neuen Staatspräsidenten zu beglückwünschen (Ataman 2012: 127). In den ersten Amtsjahren der AKP sind zwischen Riad und Ankara viele Dialogkanäle geschaffen worden, die eine enge Zusammenarbeit begründet haben (Ataman 2009: 78). Dabei stechen auch die Bemühungen des saudischen Königs Abdullah hervor. Er ging auf die Türkei zu, wie kein saudischer König vor ihm. Regelmäßige hohe Staatsbesuche aus der Türkei in Saudi-Arabien wurden zur Normalität. Zwischen 2005 und 2011 besuchten entweder Ministerpräsident Erdoğan oder Staatspräsident Gül das Königreich fast jährlich (Ataman 2012: 129; Ayhan 2010: 30). Bei ihren Besuchen betonten sie stets, beide Länder müssten regionale Herausforderungen gemeinsam angehen. Die vielen gegenseitigen Besuche haben beiderseitige Vorurteile abgebaut und das Verhältnis zwischen den Ländern epochal verbessert (Ayhan 2010: 31). 2010 erhielt Erdoğan für ,seine Verdienste um den Islam' den in der arabischen Welt prestigeträchtigen Internationalen König-Faisal-Preis, der jährlich in Saudi-Arabien verliehen wird (Aviv 2017: 311).

Doch der Arabische Frühling hat die Annäherung zwischen Saudi-Arabien und der Türkei gebremst. Plötzlich standen sich Riad und Ankara vielerorts gegenüber. Während sich die Türkei auf die Seite der Demonstranten stellte, verfolgte Saudi-Arabien die Proteste mit großer Sorge (Ennis/Momani 2013). Die türkische Regierung erklärte, die arabischen Staaten müssten die Forderungen der Demonstranten umsetzen (Ataman 2012: 130). Diese Haltung führte zu ersten Verstimmungen mit Saudi-Arabien. Ägypten gilt als symbolisches Beispiel für die steigenden Differenzen nach 2011. Dort hatte Ankara den Abgang von Mubarak unterstützt. Riad hingegen forderte dessen Verbleib. Im Kern ging es in Ägypten darum, ob es den Muslimbrüdern gelingt, die Staatsgewalt vom alten Militärregime zu übernehmen. Ein erfolgreicher Machtwechsel in Ägypten, der sich nach den Wahlen 2012 abzeichnete, hätte eine regionale Aufwertung der Türkei bedeutet, weil sie enge Beziehungen mit Mursi unterhielt. Gleichzeitig hätte es die regionale Stellung der Muslimbruderschaft gestärkt, die in der gesamten arabischen Welt tätig ist und von Saudi-Arabien als Bedrohung eingestuft wird. Daher unterstützte Riad den Militärputsch gegen Mursi und erhoffte sich neben der Eindämmung der Muslimbruderschaft auch eine Begrenzung des türkischen Einflusses in der Region. Seither gilt die Türkei als schärfste Kritikerin des neuen ägyptischen Präsidenten as-Sisi, der von Riad gestützt wird. Saudi-Arabien und die Türkei fanden sich im Zuge des Arabischen Frühlings in einem Ordnungskampf wieder. Sie führen zwei unterschiedliche Konzepte an, die miteinander konkurrieren: Auf der einen Seite ein monarchisches Konzept, das bestehende Strukturen und die Macht herrschender Dynastien sichern will. Auf der anderen Seite ein populistisches Konzept, das auf Basis islamischer und republikanischer Elemente breite Volksmassen mobilisieren will. Obwohl beide Staaten weiterhin im Austausch miteinander stehen, ist das gegenseitige Misstrauen stetig gewachsen. So besuchte Präsident Erdoğan zwar im Dezember 2015 das Königreich, um Gespräche mit dem neuen König Salman zu führen, der ebenfalls im April 2016 die Türkei besuchte (Aviv 2017: 311), doch fanden diese Treffen unter anderen Vorzeichen statt, als noch vor einem Jahrzehnt.

Die im Juni 2017 ausgebrochene Katar-Krise hat die Spannungen weiter verschärft. Denn die Türkei hat sich offen auf die Seite des Emirats gestellt, mit dem sie spätestens seit 2011 eine strategische Partnerschaft pflegt. Beide Staaten vertreten in vielen regionalen Konflikten gleiche Standpunkte und betreiben zudem eine intensive finanzielle Zusammenarbeit. Saudi-Arabiens skeptische Haltung gegenüber dieser Partnerschaft offenbarte sich mit der Forderung, die türkische Militärbasis in Katar solle geschlossen werden. Doch Ankara und Doha sind nicht darauf eingegangen und haben stattdessen ihre Kooperation ausgeweitet. Die Türkei hat dem Emirat während der Blockade ihre uneingeschränkte Unterstützung zugesichert. Damit ist ausdrücklich eine neue Front im Nahen Osten zementiert worden; zwischen Saudi-Arabien und den VAE sowie der Türkei und Katar. Ihren bisherigen Tiefpunkt im 21. Jahrhundert erreichten die saudisch-türkischen Beziehungen im Oktober 2018, als der Journalist Jamal Khashoggi im saudi-arabischen Generalkonsulat in Istanbul verschwand. Er soll im Konsulat ermordet worden sein. Erdoğan zufolge ist Khashoggi vorsätzlich getötet worden und fordert eine vollständige Aufklärung des Mordes (Erdoğan 2018b): „[…] we know the order to kill Khashoggi came from the highest levels of the Saudi government." Die saudische Regierung bleibe Antworten schuldig und spiele auf Zeit, damit der Mord ins Vergessen gerate. Beide Länder unterhielten zwar freundschaftliche Beziehungen, dennoch könne Ankara hier nicht wegschauen (Erdoğan 2018b): „No one should dare to commit such acts on the soil of a NATO ally again." Dass dieser Mord in Istanbul begangen wurde, dürfte kein Zufall gewesen sein. Vielmehr offenbart er eine neue Dimension der Rivalität zwischen den beiden Staaten.

Ein wichtiger Einflussfaktor in den saudisch-türkischen Beziehungen ist der Iran (Ataman 2012: 132). Die Eindämmung seiner Hegemonialansprüche genießt für Saudi-Arabien besondere Priorität. In der außenpolitischen Öffnung der AKP sah Riad daher eine Chance, die Türkei in eine Allianz gegen den Iran einzubinden (Aviv 2017: 316). Allerdings haben beide Staaten eine divergierende Haltung zum Iran. Saudi-Arabien verfolgt eine konfessionalisierte Iranpolitik und fordert ein hartes Vorgehen gegen das iranische Regime. Die Türkei hingegen tritt ihrem Nachbarn überkonfessionell gegenüber und befürwortet den Dialog mit Teheran (Ataman 2012: 132). Vor allem im Streit um das iranische Atomprogramm fordert sie eine diplomatische Lösung und lehnt eine Eskalation ab. Trotz dieser Unterschiede liefert der Iran auch Impulse für eine Zusammenarbeit zwischen Riad und Ankara. Denn beide lehnen eine nukleare Aufrüstung und iranische Hegemonie in der Region prinzipiell ab. Das Erstarken des Iran nach dem Irakkrieg 2003 war ein entscheidender Grund, warum das Interesse des Königreichs an der

Türkei stieg. Saudi-Arabien wollte mit ihr den steigenden Einfluss des iranischen Regimes ausgleichen (Ataman 2012: 132; Steinberg 2011c: 129). Doch Ankara hat ein komplexes und vielseitiges Verhältnis mit Teheran und lässt sich nicht in eine offene Feindschaft hinreißen (Aviv 2017: 316–317). Stattdessen pflegt die türkische Regierung ein pragmatisches Verhältnis mit ihrem größten Nachbarland (Zarras 2018: 127). Unter König Salman hat sich die Lage jedoch verändert. Riad sieht die Türkei nicht mehr als Ausgleich, sondern als Glied der ,iranischen Achse'. Gemeinsam mit Ägypten und den VAE hat Saudi-Arabien während der Katar-Krise verdeutlicht, dass es das Land zunehmend als Partner des iranischen Regimes sieht. Saudi-Arabien hat das Interesse an einer türkischen Partnerschaft als Gegengewicht zum Iran verloren. Ein Grund hierfür könnte die hartnäckige Haltung Ankaras sein, sich nicht auf eine harte Linie gegen den Iran bringen zu lassen. Wenn die Türkei ein ausgeglichenes Verhältnis sowohl mit dem Iran als auch mit Saudi-Arabien verfolgt, könnte sie deeskalierend auf diese einwirken.

Riad und Ankara haben insbesondere im Irak gemeinsame Interessen, die zwei parallelen Entwicklungen verschuldet sind: Erstens, den Auswirkungen des US-amerikanischen Militärschlags von 2003. Dieser hat die Zentralregierung in Bagdad geschwächt und ein politisches Chaos erzeugt. Das bevölkerungsreiche Land droht in drei Teile zu zerfallen. Saudi-Arabien und die Türkei sind mit dem Irak benachbart und befürchten sicherheitspolitische Risiken, die das eigene Staatsgebiet bedrohen könnten. Zweitens sind Riad und Ankara über den Machtzuwachs Teherans besorgt und beobachten eine zunehmende Dominanz schiitischer Gruppierungen in der irakischen Politik (Ayhan 2010: 32). Im Allgemeinen wollen beide Staaten einen geeinten und stabilen Irak, der kein regionales Sicherheitsrisiko ist. Insofern haben sie nach 2003 verstärkt kooperiert und politische Kräfte unterstützt, die einen geeinten Irak fordern (Zarras 2018: 126). Denn ein endgültiger Zerfall des Irak könnte unabsehbare Spill-over-Effekte auslösen. Ein unabhängiger kurdischer Staat im Nordirak könnte die Sezessionsbestrebungen kurdischer Separatisten in der Türkei befeuern und den Konflikt im Südosten des Landes verschärfen. Ein solcher Staat könnte sich zudem als Hauptquartier für kurdische Separatisten aller Couleur entwickeln. Für Saudi-Arabien hingegen sind mögliche Sezessionsbestrebungen der irakischen Schiiten von großer Bedeutung. Ein unabhängiger schiitischer Staat im Südirak, mit Zugang zum Persischen Golf, könnte den Konflikt in der saudischen Ostprovinz verschärfen und dortigen schiitischen Separatisten Aufwind geben. Folglich sehen Riad und Ankara in den Entwicklungen im Irak eine unmittelbare Bedrohung der eigenen territorialen Integrität. Daher bietet der Irak einige Anhaltspunkte für eine saudisch-türkische Zusammenarbeit, die auf andere Länder in der Region ausgeweitet werden könnte.

Ein zentraler Einflussfaktor in den Beziehungen ist die Wirtschaft. Speziell aus türkischer Sicht ist diese Komponente bedeutsam, da die regierende AKP ambitionierte ökonomische Ziele verfolgt: Sie will das Land bis 2023 unter die zehn größten Volkswirtschaften der Welt bringen. Um dieses Ziel zu erreichen, betreibt die türkische Regierung ein exportorientiertes Wirtschaftsmodell. Dabei ist Saudi-Arabien ein wertvoller Absatzmarkt für türkische Exporte. Das Königreich ist einer der bevölkerungsreichsten Staaten auf der Arabischen Halbinsel und hat eine junge, wohlhabende und konsumfreudige Bevölkerung. Daneben versucht Ankara finanzstarke saudische Partner für Investitionsprojekte in der Türkei zu gewinnen (Steinberg 2011c: 136). Nicht nur Saudi-Arabien, die Golfstaaten generell haben für die Türkei eine immense wirtschaftliche Bedeutung erlangt. Ein Vorteil für den Ausbau enger wirtschaftlicher Verbindungen liegt in der Kompatibilität ihrer Volkswirtschaften (Zarras 2018: 120): Als rohstoffarmes Land fokussiert sich die Türkei auf den Export industrieller Waren, während Saudi-Arabien als rohstoffreiches Land hauptsächlich natürliche Ressourcen exportiert. Die Türkei ist auf den Import von Erdöl angewiesen, Saudi-Arabien hingegen auf die Zufuhr industrieller Güter. Die wirtschaftliche Struktur beider Länder eignet sich, die Bedarfslücke des Anderen zu füllen. Zumindest so lange bis die saudische Wirtschaft noch auf den Export von Rohstoffen basiert. Tatsächlich exportiert die Türkei gegenwärtig nach Saudi-Arabien hauptsächlich Produkte wie Maschinen, Textilien und landwirtschaftliche Erzeugnisse und importiert im Gegenzug Erdöl (Aviv 2017: 311). Die nachfolgende Tabelle gibt einen Überblick über die Entwicklung des Im- und Exports von 2001 bis 2016 (Abbildung 5.2):

Jahr	Saudi-Arabiens **Import** aus der Türkei	Saudi-Arabiens **Export** in die Türkei
2001	319	72
2004	583	183
2007	1200	543
2010	2100	1200
2013	3100	1800
2016	2900	1500

Abbildung 5.2 Saudi-arabischer Im- und Export aus/in der/die Türkei (in Millionen US-Dollar) von 2001 bis 2016. (Quelle: International Trade Centre 2019: Trade Map Data)

Zwischen 2001 und 2013 ist der Handel zwischen Saudi-Arabien und der Türkei stetig gewachsen. Im Jahr 2001, vor dem Regierungsantritt der AKP, importierte Saudi-Arabien aus der Türkei Waren im Wert von 319 Millionen US-Dollar. Knapp ein Jahrzehnt später im Jahr 2010 hatte sich dieser Wert nahezu versiebenfacht und lag nun bei über 2 Milliarden US-Dollar. Eine ähnliche Entwicklung gilt auch für Exporte aus Saudi-Arabien in die Türkei. Die türkische Hinwendung zum Nahen Osten in den 2000er-Jahren lässt sich hier auch an den Handelsdaten ablesen. Unter der AKP ist der Handel mit dem Königreich deutlich gestiegen. Doch mit dem Ausbruch der Aufstände in der arabischen Welt sind in dieser Entwicklung erste Einschnitte entstanden. Laut International Trade Centre erreichte der saudische Import aus der Türkei 2012 mit rund 3,4 Milliarden US-Dollar einen Höhepunkt. 2013 setzte unter der AKP erstmals ein leichter Rückgang ein und seither stagniert der Handel zwischen beiden Ländern. Die Wirren des Arabischen Frühlings und die heftigen Meinungsunterschiede zum Militärputsch in Ägypten haben den wirtschaftlichen Austausch beeinträchtigt. Dabei verzeichnen die Daten einen deutlichen Handelsüberschuss zugunsten der Türkei, die insgesamt unter einem starken Handelsbilanzdefizit leidet. 2016 betrug das türkische Defizit rund 56 Milliarden US-Dollar (International Trade Centre 2019). Daher lohnt sich für Ankara der Ausbau des Handels mit Saudi-Arabien, weil hier ein Handelsüberschuss erzielt werden kann. Nichtsdestotrotz bleibt der Handel zwischen den beiden Ländern insgesamt erheblich hinter seinem Potenzial zurück.

Die Aufbruchsstimmung der 2000er-Jahre in den saudisch-türkischen Beziehungen ist mit dem Arabischen Frühling abhandengekommen. Nicht mehr die Kooperation, sondern die Rivalität zwischen den beiden Staaten steht seither im Vordergrund. Doch welche Konfliktfelder belasten das Verhältnis?

1. Zuallererst konkurrieren beide Staaten um Macht und Einfluss in der gesamten Region. Durch den Ausbau von Handelsbeziehungen hatte die Türkei in der arabischen Welt zwischen 2002 und 2011 enorm an Bedeutung gewonnen. Viele arabische Länder wollten von ihrer aufstrebenden Wirtschaftsleistung profitieren. Das Land war sich seiner neuen Stellung bewusst. Als in zahlreichen arabischen Staaten Aufstände ausbrachen, forderte es ein entsprechendes Mitspracherecht. Die Türkei werde die Region mitgestalten, ließ Ankara verlautbaren. Dieser Vorstoß hat das Misstrauen der saudischen Führung geweckt, weil sie die arabische Welt alleine anführen will und keine intervenierende Macht, abgesehen von den USA, duldet.

2. Zudem hat die Rivalität eine ideologische Komponente. Saudi-Arabien steht dem ‚türkischen Modell' skeptisch gegenüber, weil es republikanisch-demokratisch ausgerichtet ist und somit eine Alternative zum saudischen Staatswesen darstellt (Sunik 2014: 7). Riad sieht in der Verbreitung dieses republikanischen Modells eine existenzielle Gefahr für die saudische Monarchie. Deshalb ist ein zentraler Streitpunkt zwischen den Führungen beider Staaten die Nähe der AKP zur Muslimbruderschaft, die ebenfalls ein republikanisches Modell für die arabischen Staaten fordert.

3. Außerdem pflegen Saudi-Arabien und die Türkei unterschiedliche religiöse Konzepte, obwohl sie gemeinhin als sunnitische Länder bezeichnet werden. Doch schon seit dem 18. Jahrhundert stehen beide Seiten in religiöser Distanz zueinander. Damals entstand der Wahhabismus, der die osmanischen Herrscher religiös verleumdete und ihnen jedwede religiöse Autorität absprach. Dieser religiöse Riss ist auch heute noch vorhanden. Die Türkei distanziert sich vom Wahhabismus und pflegt ein moderateres Religionsverständnis. In der Regionalpolitik zeigt sich dieser Unterschied in der Haltung zum Iran. Die Türkei lässt sich nicht für eine dem Anschein nach ‚sunnitische Allianz' gegen den Iran mobilisieren.

4. Nicht zuletzt gibt es eine nationale Ebene. Die Türkei tut sich auch deshalb schwer in die Region einzudringen, weil sie als externer Akteur in der arabischen Welt gesehen wird, obwohl sie enge historische, religiöse und kulturelle Verbindungen mit ihr hat. Vor allem Saudi-Arabien betont stets, dass sich externe Akteure, allen voran Teheran und Ankara, nicht in die Angelegenheiten der arabischen Staaten einmischen dürften. In diesem Zusammenhang kann auch ein kulturhistorischer Konflikt gesehen werden. Die Türkei wirft Saudi-Arabien vor, osmanisches Kulturerbe mutwillig zu zerstören, um die Spuren türkischer Herrschaft im Hedschas zu verwischen. So kam es 2002 zu einer Krise zwischen Riad und Ankara, als die saudische Regierung beschloss, die osmanische Ajyad-Burg in Mekka zu zerstören (Aviv 2017: 309; Steinberg 2011c: 123). Anstelle wurden Wohngebäude und ein Luxushotel errichtet. Das führte zu Protesten in der Türkei, und es wurden Vorwürfe des ‚kulturellen Massakers' erhoben (Steinberg 2011c: 123).

Trotz all dieser Unterschiede haben beide Staaten ein gewisses Kooperationspotenzial. Sie haben beide ein generelles Interesse an der Befriedung und Stabilisierung der Region, da sie sicherheitspolitische Auswirkungen auf das eigene Land befürchten (Zarras 2018: 123). Die Belebung der saudisch-türkischen Beziehungen in den 2000er-Jahren basierte auf pragmatischen Interessen. Riad war aus strategischen Gründen an der Türkei interessiert, um den Kreis seiner

Verbündeten gegen den Iran auszudehnen. Ankara hingegen startete aus wirtschaftlichen Erwägungen eine Charmeoffensive im Königreich. Religion spielte bei dieser Annäherung keine nennenswerte Rolle. Der Arabische Frühling hat politische Differenzen offenbart und das mühsam hergestellte Verhältnis erheblich zerrüttet. Dabei waren ideologische Faktoren ausschlaggebender als religiöse. Zwischen Saudi-Arabien und der Türkei ist keine ‚islamische Allianz' erwachsen, wie die Annäherung zunächst implizierte. Auch die Rivalität beider Akteure fußt nicht auf religiösen, sondern auf ideologischen Faktoren. Dennoch kann Religion nicht komplett ausgeblendet werden, weil ihre Ideologien religiöse Elemente beinhalten. Das Zerwürfnis beider Staaten in Ägypten ist ein demonstratives Beispiel hierfür: Die AKP verbündete sich mit der Muslimbruderschaft in erster Linie nicht deshalb, weil sie eine religiöse Bewegung ist, sondern weil sie ähnliche ideologische Ansichten haben, wie beispielsweise die Verschmelzung islamischer Normen mit republikanischen Elementen. Für die Außenpolitik dieser Akteure ist Religion als Teil ideologischer Vorstellungen relevant. Zusammengefasst sind die saudisch-türkischen Beziehungen nach einer Phase der Kooperation (2002–2011) in eine Phase der Spannungen (seit 2011) übergegangen. Ein wichtiges Kooperationsfeld liegt im wirtschaftspolitischen Bereich. Allerdings liegt der Handel zwischen Saudi-Arabien und der Türkei unter seinem Potenzial und kann noch deutlich ausgebaut werden. Uneinigkeit hingegen herrscht über die politische Ausrichtung der Region, da sie zwei unterschiedliche Konzepte betreiben; ein traditionell-monarchisches und ein modern-republikanisches Modell. Ein langfristig funktionierendes Verhältnis zwischen Riad und Ankara hätte einen regionalen Stabilisierungseffekt. Beide Staaten haben ein großes Interesse an Ordnung und Stabilität in der Region. Doch ihre individuellen Führungsansprüche verhindern eine tiefere Kooperation.

5.3   Die türkisch-iranischen Beziehungen

„Türken und Iraner, die uralte Freunde und Nachbarn sind, in etwa gleich große Länder und tiefverwurzelte Staaten besitzen, haben im Laufe der Geschichte dermaßen kooperiert, dass zeitweise in unseren Palästen persisch und in euren türkisch gesprochen wurde." [1] (Gül 2014)

---

[1] Übersetzung des Verfassers: „Birbirine kadim dost olan, komşu olan, birbirine benzer büyüklükte olan, çok köklü devlet gelenekleri olan Türkler ve İranlılar tarih boyunca birbirleriyle o kadar çok işbirliği içinde olmuş ki, öyle dönemler olmuş, bizim saraylarımızda Farsça, sizin saraylarınızda Türkçe konuşulmuş."

Die Türkei und der Iran sind für die regionale Staatenordnung von zentraler Bedeutung. Beide Länder sind aus der Asche zweier Imperien entstanden, die über Jahrhunderte die Geschehnisse im Nahen Osten dominiert haben. Ihre Beziehungen gehen bis ins 10. Jahrhundert zurück. Damals erfolgte die Einwanderung türkischer Stämme aus Zentralasien nach Anatolien über persische Gebiete. Es begann ein Verhältnis mit vielen Facetten, das seit jeher seine Ambiguität bewahrt. Selbst die türkisch-iranische Grenze geht auf ein Abkommen aus 1639 zurück und ist damit älter als die USA (1776) und der erste deutsche Nationalstaat (1871) (Davutoğlu 2011: 434; Kamacı 2015: 115). Zudem haben die Türkei und der Iran eine ähnliche geografische Situation: Sie können nicht auf eine Region reduziert werden, weil sie Merkmale mehrerer Regionen aufweisen (Davutoğlu 2011: 426). Dieses historische Beziehungsgeflecht wird von den Regierungen beider Staaten oft hervorgehoben. So betonte Abdullah Gül beim Antrittsbesuch des iranischen Präsidenten Hassan Rouhani in der Türkei, dass beide Länder historisch verankerte Staaten hätten und von alters her enge kulturelle Beziehungen pflegten (Gül 2014). Außerdem verglich er die Türkei und den Iran mit Deutschland und Frankreich. Die letzteren seien ein gutes Beispiel für die enge Zusammenarbeit zweier großer Nachbarn. Daher dürften beide Seiten keine Angst vor einem Ausbau der Beziehungen haben (Gül 2014). Schon lange zuvor hatte Davutoğlu diesen Vergleich in seinem Werk „Strategische Tiefe" (2001) ebenfalls verwendet: Das Schicksal beider Länder könne nicht voneinander getrennt werden (Davutoğlu 2011: 429).

Allerdings ist ihr Verhältnis schon seit Jahrhunderten durch eine machtpolitische Rivalität geprägt. Im 16. Jahrhundert konkurrierten die Osmanen und Safawiden um die politische und religiöse Führung der islamischen Welt (Gourlay 2016: 113; Özcan/Özdamar 2010: 102). Sultan Selim I. vertrat die Ansicht, das Osmanische Reich könne sich in Europa erst ausdehnen, wenn die Muslime unter einer politischen Führung vereinigt sind. Die engen Verbindungen der in seinem Reich lebenden Kizilbasch mit Schah Ismail beunruhigten ihn (Jenkins 2012: 10). Er befürchtete einen landesweiten Aufstand dieser Gruppierung zugunsten des Safawidenherrschers. Es begann eine legendäre Auseinandersetzung zwischen Selim und Ismail, die 1514 mit der Schlacht bei Tschaldiran ihren Höhepunkt fand (Jenkins 2012: 10). Die Schlacht endete mit einem Sieg der Osmanen, die damit einen Fuß in den Nahen Osten bekamen. Diese Auseinandersetzung besaß eine konfessionelle Komponente: Denn das Osmanische Reich trat als Wächter des sunnitischen Islam auf, während Ismail die Schia als offizielle Religion seines Herrschaftsgebiets proklamierte. Beide Herrscher pochten auf religiöse Legitimität, um breite Massen der islamischen Welt hinter sich zu vereinen. Die konfessionelle Dichotomie zwischen der Türkei und dem Iran ist in dieser

Zeit entstanden. Sultan Selim führte 1516 in Mardsch Dabiq (Syrien) und 1517 in Raydaniyya (Ägypten) zwei weitere Schlachten, bei denen er die Mamluken schlug und das Kalifat und somit das politische Zentrum des Islam nach Istanbul verlegte. Die Osmanen und Safawiden führten ebenfalls noch einige Kriege bis 1639. Dann unterzeichneten Sultan Murad IV. und Schah Safi das Abkommen von Qasr-e Schirin, das bis heute die Basis für den türkisch-iranischen Grenzverlauf ist (Jenkins 2012: 10). Nach diesem Abkommen hat sich das Verhältnis der beiden rivalisierenden Mächte beruhigt. Denn spätestens im 19. Jahrhundert trat zudem ein Wandel in der Bedrohungswahrnehmung ein. Nun galten die expandierenden Kolonialmächte Großbritannien und Russland als größere Bedrohung (Jenkins 2012: 11; Özcan/Özdamar 2010: 104).

Die Expansion der europäischen Kolonialmächte verunsicherte beide Länder gleichermaßen. Sie hatten die industrielle Revolution verpasst und hinkten dem technologischen Fortschritt hinterher. Zu Beginn des 20. Jahrhunderts war die Übermacht der europäischen Mächte längst zementiert. Die bröckelnden Reiche der Osmanen und Perser rückten zunehmend ins Visier der Kolonialmächte. Im Ersten Weltkrieg sorgten insbesondere die Absichten des Vereinigten Königreichs für Unruhe in der türkischen und iranischen Bevölkerung (Erdal 2012: 78). Beide Seiten fürchteten eine Zerstückelung ihrer Länder und Aufteilung zugunsten kolonialer Interessen. Während dieser Zeit sind in der Türkei und im Iran ähnliche Entwicklungen eingetreten: In beiden Ländern formierte sich Widerstand gegen die Pläne der europäischen Kolonialmächte. So begann zum Beispiel in der Türkei unmittelbar nach dem Ersten Weltkrieg ein Befreiungskrieg gegen die Besatzungsmächte. Außerdem sind Bewegungen entstanden, die fundamentale Reformen forderten, um den Anschluss an Europa nicht gänzlich zu verlieren (Erdal 2012: 78). Auch nach dem Ersten Weltkrieg können ähnliche Entwicklungen in beiden Ländern beobachtet werden: 1921 übernahm Reza Khan die Macht und erklärte sich 1925 zum Schah von Persien (Jenkins 2012: 12). Zeitgleich beginnt der Aufstieg Mustafa Kemals, der sich im Befreiungskrieg hervortat und allmählich die Geschicke in der Türkei übernahm. Beide entstammen ursprünglich dem Militär und wollten ihre Länder mit tiefgreifenden Umwälzungen modernisieren (Jenkins 2012: 12). Der Reformprozess beim Nachbarn wurde aufmerksam verfolgt. Reza Khan besuchte 1934 die Türkei, um den Wandel vor Ort zu betrachten und etwaige Schlüsse für den Iran zu ziehen (Erdal 2012: 84; Jenkins 2012: 13). Atatürk und Reza Khan sorgten für ein ausgeglichenes Verhältnis zwischen ihren Staaten. Ein Beleg hierfür ist die Unterzeichnung des Sadabad-Pakts 1937, der die Achtung der gegenseitigen Grenzen und die Nichteinmischung in innere Angelegenheiten bedeutete (Jenkins 2012: 13). Auch im Kalten Krieg verliefen die türkisch-iranischen Beziehungen ohne nennenswerte Konflikte. Sie pflegten ähnliche außenpolitische Prioritäten, indem sie sich an den USA orientierten und die Eindämmung sowjetischer Einflussnahme in der Region forderten. Die Revolution 1979 hat die Beziehungen nicht wesentlich verändert. Obwohl beide Staaten nun zu gegensätzlichen Polen wurden, ist daraus keine offene Feindschaft erwachsen. Zwar ist ihr Verhältnis komplizierter geworden, doch prinzipiell haben sie am pragmatischen Fundament ihrer Beziehungen festgehalten und vor allem den wirtschaftlichen Austausch intensiviert (Çetinsaya 2004: 143). Für den zunehmend isolierten Iran war der Erhalt des Handels mit der Türkei von vitaler Bedeutung (Özcan/Özdamar 2010: 105). Ankara hat schon wenige Tage nach der Revolution das neue Regime anerkannt (Çetinsaya 2004: 143; Özcan/Özdamar 2010: 105). Dennoch haben drei Faktoren die türkisch-iranischen Beziehungen in den 1980er-Jahren zunehmend vor eine Belastungsprobe gestellt: Erstens gehörten Ankara und Teheran nun antagonistischen Ideologien an, weil im Iran ein theokratischer Staat entstand. Die Türkei hingegen pflegte weiterhin ein laizistisches System, das eine strikte Trennung von Staat und Religion vorsieht. Teheran kritisierte vor allem in den Anfangsjahren der Revolution wiederholt das säkulare System seines Nachbarn (Özcan/Özdamar 2010: 106). Bei ihren Türkeireisen verweigerten iranische Staatsmänner den Besuch des Atatürk-Mausoleums in Ankara. Zweitens hatten sie plötzlich unterschiedliche Prioritäten in der Außenpolitik. Vor der Revolution waren noch beide mit den USA verbündet. Doch nun sah Teheran die Vereinigten Staaten als ‚Erzfeind‘ und prangerte die türkische Mitgliedschaft in der NATO an. Während die Türkei weiterhin ein enges Bündnis mit der westlichen Staatengemeinschaft unterhielt, distanzierte sich der Iran zunehmend von ihr. Insofern hat Ankara von der Revolution im Iran profitiert. Denn mit dem Verlust eines wichtigen Verbündeten ist die Bedeutung der Türkei für den Westen als Partner in der Region gestiegen (Çetinsaya 2004: 143; Jenkins 2012 16). Drittens fühlte sich die Türkei vom angekündigten Revolutionsexport bedroht. Ankara befürchtete eine Zusammenarbeit des iranischen Regimes mit antisäkularen Gruppierungen im eigenen Land. Nichtsdestotrotz ist eine Eskalation ausgeblieben. Die Türkei verhielt sich nach der Revolution vorsichtig und hat den Iran nicht zum Feind deklariert, sondern einen Ausgleich zwischen Teheran und dem Westen gesucht (Jenkins 2012: 16). Denn Ankara fürchtete einen möglichen Bürgerkrieg im Iran, der gravierende Auswirkungen auf die Türkei gehabt hätte (Ayman 2014: 10).

Ein Beispiel für die türkische Ausgleichspolitik liefert der langwierige Iran-Irak-Krieg. Die Türkei ist bei diesem Konflikt neutral geblieben und hat ihren Handel mit dem Iran fortgeführt (Çetinsaya 2004: 146; Özcan/Özdamar 2010: 106). Diese Haltung hat Teheran geholfen, die eigene Isolation zu reduzieren und an ausländische Waren zu gelangen. 1983 stieg die Türkei zum wichtigsten Handelspartner des Iran auf (Jenkins 2012: 17). Turgut Özal besuchte im April 1984 den Iran und regte eine weitere Intensivierung des wirtschaftlichen Austausches an (Çetinsaya 2004: 147). Tatsächlich gründeten beide Staaten gemeinsam mit Pakistan 1985 die Economic Cooperation Organization (ECO) zur Vertiefung der wirtschaftlichen Zusammenarbeit und des kulturellen Austausches. Doch die Organisation erfüllt nicht die anfänglichen Erwartungen, weil politische Konflikte nötige Schritte zur Vertiefung der Zusammenarbeit verhindern (İnat 2015: 8). Trotz dieser Bemühungen unter Özal stieg in Ankara die Sorge über den Revolutionsexport und die zunehmenden Verbindungen zwischen Teheran und antisäkularen Gruppen in der Türkei (Çetinsaya 2004: 150). Die türkische Regierung stand dem iranischen Regime nun skeptischer gegenüber.

Die 1990er-Jahre markieren eine Phase der Spannungen zwischen der Türkei und dem Iran. Das Ende der sowjetischen Herrschaft hat einen Wettbewerb zwischen Ankara und Teheran im Kaukasus und in Zentralasien ausgelöst (Çetinsaya 2004: 155; Jenkins 2012: 18). Sie sahen das entstandene Machtvakuum als Chance, sich in diesen Regionen festzusetzen, wo noch zuvor die Sowjetunion regierte. Exemplarisch für diese Rivalität ist die Haltung beider Staaten im Bergkarabachkonflikt (1992–1994) (Karacasulu/Karakır 2011: 112). Die Türkei stellte sich demonstrativ hinter Aserbaidschan und forderte den Rückzug armenischer Truppen aus den besetzten Gebieten. Der Iran hingegen unterstütze Armenien, obwohl er wichtige Gemeinsamkeiten mit Aserbaidschan hat. Zum einen lebt im Iran eine große aserbaidschanische Bevölkerungsgruppe und zum anderen sind beide Länder schiitisch geprägt. Jedenfalls hat dieser Konflikt Ankara und Teheran entzweit. Ein viel entscheidenderer Grund für die Spannungen in den Beziehungen lag jedoch woanders: Der Iran avancierte zum Unterstützer der PKK, die zunehmend ungestört von iranischem Territorium aus operieren konnte (Karacasulu/Karakır 2011: 112; Özcan/Özdamar 2010: 108). Außerdem war Teheran in eine Reihe innenpolitischer Krisen in der Türkei verwickelt und wurde als Drahtzieher hinter politischen Attentaten vermutet (Ayman 2014: 9; Jenkins 2012: 20–24; Özcan/Özdamar 2010: 109–110). Dennoch haben die Regierungen beider Staaten ein schwerwiegendes Zerwürfnis vermieden (Karacasulu/Karakır 2011: 112).

Unter der AKP haben sich die türkisch-iranischen Beziehungen zwischen 2002 und 2011 beruhigt. In dieser Periode hat die Türkei ihr Verhältnis zum Iran deutlich verbessert, im Gegensatz zu vielen arabischen Staaten, die ansteigend auf Konfrontation gegangen sind (Demiryol 2013: 114). Diese Annäherung erfolgte im Rahmen der türkischen Null-Problem-Politik, die einen Ausbau der Beziehungen mit den Nachbarstaaten vorsah. Folglich haben in den 2000er-Jahren auch die gegenseitigen Staatsbesuche zugenommen. Zwei dieser Besuche waren von größerer Bedeutung, weil sie die Weichen für eine tiefere Zusammenarbeit gestellt haben: Die Reise des türkischen Ministerpräsidenten Erdoğan 2004 nach Teheran und die des iranischen Präsidenten Ahmadinedschad 2008 nach Istanbul (Demiryol 2013: 114; Karacasulu/Karakır 2011: 111). Der Besuch des umstrittenen Ahmadinedschad in Istanbul sorgte im Westen für kontroverse Diskussionen. Erstmals wurde die Frage gestellt, ob sich die Türkei von seinen westlichen Verbündeten abwende, um ein Bündnis mit dem Iran und Syrien einzugehen. Die Annäherung eines NATO-Mitgliedstaates mit Teheran und Damaskus wurde auch wegen der umstrittenen Haltung dieser beiden Staaten gegenüber den USA und Israel vehement hinterfragt. Dessen ungeachtet haben die türkische und iranische Regierung insbesondere im wirtschafts-, energie- und sicherheitspolitischen Bereich die Zusammenarbeit vertieft (Uzun 2013: 147).

Der Arabische Frühling hat die Phase der Annäherung zwischen Ankara und Teheran zunächst beendet. Denn ihre Reaktion auf die Ereignisse in der arabischen Welt ist gegensätzlich ausgefallen (Uzun 2013: 149): Die Türkei sah ein berechtigtes Verlangen nach Mitbestimmung und bot den betroffenen Ländern ihre Unterstützung für einen demokratischen Wandel an. Sie selbst sei ein gutes Beispiel, wie ein solcher Prozess vonstattengehen könne, ohne sich von den eigenen Werten loszusagen. Der Iran hingegen interpretierte die Ereignisse als „Fortsetzung der Islamischen Revolution". In den muslimischen Ländern finde ein „islamisches Erwachen" statt. Damit hat der Arabische Frühling die tiefen ideologischen Unterschiede zwischen den beiden Staaten offengelegt (Uzun 2013: 154). Sie verfolgen unterschiedliche Konzepte für die Region, die teilweise drastisch im Widerspruch zueinander stehen. Beide Seiten betreiben ein jeweils eigenes politisches Modell bezüglich der Vereinbarkeit von Islam und Demokratie. Laut Gourlay haben die Demonstranten das ‚türkische Modell' gefordert, obwohl der Iran sich schon viel länger mit der Region auseinandersetzt (Gourlay 2016: 117).

Der Syrienkonflikt symbolisiert die wiederentfachte türkisch-iranische Rivalität. In Syrien sprach Teheran von „westlicher Verschwörung", Ankara hingegen von legitimen Forderungen der Demonstranten (Gül/Tepperman 2013: 4; Uzun 2013: 151). Je länger der Konflikt andauerte, desto schärfer forderte die türkische Regierung den Sturz Assads. Dabei hätte sein Abgang fatale Folgen für das iranische Regime: Es würde nicht nur einen seiner wichtigsten Verbündeten verlieren, sondern auch den strategischen Zugang in den Libanon und zum Mittelmeer (Elik 2018: 109). Daher steht für Teheran in Syrien einiges auf dem Spiel. In den ersten Jahren des Konflikts wurde der Umgangston zwischen Ankara und Teheran rauer.

2012, als sich Berichte über Massaker an der Zivilbevölkerung mehrten, kritisierte Bülent Arınç als Vertreter der türkischen Regierung den Iran mit harschen Worten:

> „I am addressing you, the Islamic Republic of Iran, you bear the word Islamic, but I don't know how deserving you are of it. Over the last two days have you uttered one sentence about what is happening in Syria?" (Ayman 2014: 19)

Die Zeichen standen auf Eskalation. Dieses Mal schien der Interessenkonflikt zu groß, als das er ohne weiteres hätte beigelegt werden können. Doch tatsächlich ist eine Eskalation abermals ausgeblieben. Der Syrienkonflikt hat zwar die politischen Beziehungen belastet, allerdings ist der wirtschaftliche Austausch intakt geblieben: „[…] Turkey and Iran have learned to cooperate and fight simultaneously" (Unver 2016: 135). Auch der diplomatische Austausch ist nicht unterbrochen worden, obwohl es gelegentlich heftige gegenseitige Anschuldigungen gab. Bei einem Staatsbesuch 2015 im Iran kritisierte Erdoğan, dass sie in Syrien keine gemeinsame Linie gefunden haben, um das Blutvergießen zu stoppen. Auf beiden Seiten würden Muslime sterben, egal ob sie nun Schiiten oder Sunniten seien (Erdoğan 2015). Mit diesem Herangehen versuchte die türkische Regierung auch die Lesart eines konfessionellen Konflikts zwischen der Türkei und dem Iran zu entkräften. Ankara steht einer Konfessionalisierung der Region skeptisch gegenüber. Letztendlich haben die Ereignisse in Syrien die Beziehungen zwar negativ beeinflusst, dennoch ist eine Eskalation ausgeblieben (Elik 2018: 114). Sie sehen insbesondere die wirtschafts- und energiepolitische Bedeutung ihrer Beziehungen ein. Nach der Katar-Krise 2017 haben sich Ankara und Teheran zuletzt wieder angenähert. Zudem haben sie mit Russland eine Dreierrunde ins Leben gerufen, um ihr Vorgehen in Syrien zu koordinieren.

Dominiert werden die türkisch-iranischen Beziehungen von wirtschafts- und energiepolitischen Faktoren. Für beide Staaten ist der Handel miteinander von großer Bedeutung (Karacasulu/Karakır 2011: 116; Uzun 2013: 148). In den 2000er-Jahren ist der wirtschaftliche Austausch zwischen der Türkei und dem Iran gestiegen wie nie zuvor. Laut Demiryol ist diese Entwicklung eng mit dem türkischen Aufschwung unter der AKP verbunden: Denn der Iran habe als Absatzmarkt und als Lieferant für den wachsenden Energiebedarf der Türkei an Relevanz gewonnen (Demiryol 2013: 116). Diese Annäherung kam dem Iran wie gerufen, da seine Wirtschaft zunehmend unter Sanktionen litt. Die AKP hatte schon in ihrer ersten Regierungsperiode auf den Ausbau des Handels gedrängt, der bis dahin kein bedeutsames Gewicht besaß. Denn zwischen 1990 und 2000 blieb das

Handelsvolumen abgesehen von 1996 stets unter der Grenze von 1 Milliarde US-Dollar (İnat 2015: 9; Pulat 2018: 96). Ein äußerst geringer Wert für zwei große Nachbarn, die schon damals jeweils ca. 60 Millionen Einwohner hatten. Doch auf Drängen der AKP ist der Iran zum wichtigsten Handelspartner der Türkei im Nahen Osten geworden (Demiryol 2013: 117; Gourlay 2016: 115). Das Handelsvolumen stieg von 1 Milliarde US-Dollar in 2000 auf 16 Milliarden US-Dollar in 2011 (Jenkins 2012: 53). Zwischen 2002 und 2012 ist das türkisch-iranische Handelsvolumen stetig gestiegen und hat sich auch von der Weltwirtschaftskrise 2008/2009 unbeeindruckt gezeigt. 2012 erreichte es mit ca. 21.8 Milliarden US-Dollar einen historischen Höhepunkt (International Trade Centre 2019; Pulat 2018: 105). Danach setzte ein Rückgang ein. Die nachfolgende Tabelle zeichnet diese Entwicklung nach (Abbildung 5.3):

Jahr	**Import** der Türkei aus dem Iran	**Export** der Türkei in den Iran
2001	840	360
2004	1900	812
2007	6600	1400
2010	7600	3000
2013	10300	4200
2016	4700	4960

Abbildung 5.3 Türkischer Im- und Export aus/in dem/den Iran (in Millionen US-Dollar) von 2001 bis 2016. (Quelle: International Trade Centre 2019: Trade Map Data)

Bei einem seiner letzten Amtshandlungen bedauerte Staatspräsident Gül 2014 beim Antrittsbesuch von Rouhani den neuerlichen Rückgang des beiderseitigen Handels. Dennoch müssten beide Seiten am Ziel festhalten, das Handelsvolumen auf mindestens 30 Milliarden US-Dollar zu steigern (Gül 2014). Das Potenzial beider Länder sei ohnehin größer als diese Marke. 2015 kritisierte Präsident Erdoğan bei einem Besuch in Teheran, dass der Handel nach guter Entwicklung abgeflaut und das Ziel der 30-Milliarden-Marke in Ferne gerückt ist (Erdoğan 2015). Außerdem beklagte er einen deutlichen Handelsüberschuss für den Iran (Erdoğan 2015). Tatsächlich herrscht im Handel zwischen der Türkei und dem Iran ein schweres Ungleichgewicht. Die türkischen Importe aus dem Iran sind von 815 Millionen US-Dollar in 2000 auf 12.5 Milliarden US-Dollar in 2011 gestiegen, während die Exporte lediglich von 235 Millionen US-Dollar auf 3.5 Milliarden US-Dollar gestiegen sind (Demiryol 2013: 125). Zwar sind die türkischen Exporte in diesem Zeitraum ebenfalls rasant geklettert, doch in absoluten Zahlen war aus türkischer Sicht im Jahr 2011 ein Defizit von 9 Milliarden US-Dollar vorhanden. Dieses Defizit erklärt sich durch den Import von großen Mengen an Öl und Gas. Die türkischen Importe aus dem Iran basieren nahezu komplett auf diesen Rohstoffen (Pulat 2018: 107). Daher spricht Pulat nicht von tiefen Handelsbeziehungen zwischen der Türkei und dem Iran, obwohl ihr Handel enorm gewachsen ist. Denn 2014 habe die Türkei Waren im Wert von 3.8 Milliarden US-Dollar in den Iran exportiert, der damit lediglich einen Anteil von 2.4 Prozent aller türkischen Exporte habe (Pulat 2018: 110). Bisher gleicht die Türkei dieses Defizit mit dem Irak aus. Von dort importierte sie 2011 Waren im Wert von nur 87 Millionen US-Dollar, während die türkischen Exporte in den Irak 8.3 Milliarden US-Dollar betrugen (International Trade Centre 2019).

Der wirtschaftliche Austausch zwischen der Türkei und dem Iran bleibt hinter den Erwartungen zurück, trotz des rasanten Anstiegs zwischen 2002 und 2012 (Jenkins 2012: 50). Für zwei benachbarte Staaten mit gemeinsam rund 165 Millionen Einwohnern (Stand 2019) und ambitionierten ökonomischen Zielen, ist ein deutlich höheres Handelsvolumen unentbehrlich. Pulat zieht einen Vergleich mit Deutschland und Frankreich, die durchaus eine ähnliche Ausgangslage haben: Auch sie sind benachbart, haben in etwa die gleiche Einwohnerzahl und blicken ebenfalls auf eine ambivalente Vergangenheit zurück. Doch ihr Handelsvolumen ist beträchtlich größer: Laut International Trade Centre lagen die deutschen Exporte nach Frankreich in 2014 bei rund 100 Milliarden Euro, während die deutschen Importe aus Frankreich bei rund 67 Milliarden Euro lagen (International Trade Centre 2019). Damit ist Deutschland der wichtigste Handelspartner Frankreichs. Umgekehrt zählt Frankreich zu den drei wichtigsten Handelspartnern der Bundesrepublik. Der Vergleich ist streitig, da Deutschland und Frankreich führende Industrienationen sind. Dennoch ist er nützlich, weil er aufzeigt, welchen Weg die Türkei und der Iran gehen müssen, wenn sie Wohlstand gewährleisten wollen. Insbesondere die Türkei verfolgt ein ambitioniertes Unterfangen: Sie will bis 2023, zum hundertjährigen Jubiläum der Republik, unter den zehn größten Volkswirtschaften der Welt sein. İnat zufolge wird dieses Ziel nur schwerlich zu erreichen sein, wenn die türkischen Exporte nicht insgesamt auf 1.000 Milliarden US-Dollar steigen. Daher müsse das Handelsvolumen mit dem größten Nachbarn Iran auf mindestens 100 Milliarden US-Dollar steigen (İnat 2015: 25). Aus heutiger Sicht erscheinen diese Ziele unrealistisch. Ein zentrales Problem im Handel zwischen der Türkei und dem Iran ist, dass keine Diversität vorhanden ist, weil der Fokus auf Energie liegt (Pulat 2018: 96). Außerdem belasten die internationalen Sanktionen gegen den Iran den Handel beider Länder, da die Türkei auf Druck der USA ihre Handelsbeziehungen zum Nachbarstaat einschränken muss. Allerdings sieht İnat das zentrale Handelshemmnis in den politischen Konflikten zwischen Ankara und Teheran selbst. Diese hätten den wirtschaftlichen Austausch schon in den 1990er-Jahren stark belastet (İnat 2015: 8–9). Damals gab es heftige Unstimmigkeiten wegen der PKK und der Einmischung Teherans in die türkische Innenpolitik. So erklärt er auch den Rückgang nach 2012 aufgrund der Unstimmigkeiten, die im Zuge des Arabischen Frühlings aufgetreten sind. 2016 betrug das Handelsvolumen weniger als 10 Milliarden US-Dollar und ist damit weit entfernt vom historischen Höhepunkt von 2012 und noch weiter von den selbstgesteckten Zielen.

Zudem gibt es enge energiepolitische Verflechtungen zwischen Ankara und Teheran. Aufgrund ihres wachsenden Bedarfs benötigt die Türkei Energie aus dem rohstoffreichen Nachbarland. Der türkische Energiebedarf wird auch in den kommenden Jahren weiter ansteigen, weil die Bevölkerung des Landes wächst und seine Industrialisierung fortschreitet. Daher muss Ankara eine energiepolitische Diversifizierung verfolgen (Karacasulu/Karakır 2011: 116). Nur durch die Vielfalt ihrer Energiequellen kann die Türkei eine reibungslose Versorgung und eine Unabhängigkeit von Lieferanten gewährleisten. Denn sie steckt zurzeit besonders in der Erdgaszufuhr in einer starken Abhängigkeit von Russland, die Ankara mit dem Iran ausgleichen will (Unver 2016: 134). Die Erschließung alternativer Energiequellen ist auch für die Wahrung der politischen Souveränität wichtig, da eine Unterbrechung der Energiezufuhr das gesamte Land lahmlegen könnte. Demgegenüber ist der Iran auf den türkischen Markt angewiesen, weil Sanktionen den Export seiner Rohstoffe erheblich einschränken (İnat 2015: 22). Im Prinzip ist eine wechselseitige energiepolitische Abhängigkeit zwischen beiden Staaten vorhanden: Der eine benötigt Energie für seinen wachsenden Bedarf, der andere Absatzmärkte für seine Rohstoffe. Dabei ist ein zentraler Streitpunkt zwischen Ankara und Teheran der Preis des iranischen Gases, weil die Türkei ihr teuerstes Gas vom Iran erhält (Unver 2016: 134). Demnach zahlte die Türkei 2014 für 1.000 Kubikmeter Gas aus dem Iran 490 US-Dollar, während Russland 425 US-Dollar verlangte und Aserbaidschan nur 335 US-Dollar (İnat 2015: 23). Erdoğan verdeutlichte in Teheran, dass die iranischen Erdgasexporte zwar zu 90 bis 95 Prozent in die Türkei gingen, aber sein Land dennoch einen hohen Preis zahlen müsse (Erdoğan 2015): „Doch wenn es um den Preis geht; wir importieren derzeit das teuerste Erdgas aus dem Iran.“[2] Wenn Teheran den Preis senke, würde die Türkei

---

[2]Übersetzung des Verfassers: „Fakat fiyatlara gelince, fiyatlar noktasında şu anda en pahalı doğalgazı İran'dan ithal ediyoruz.“

den Gasimport aus dem Iran erhöhen, so Erdoğan. Er fordert das „befreundete und verbrüderte" Land auf, in dieser Angelegenheit seine Solidarität zu zeigen (Erdoğan 2015). Zwar benötigt die Türkei dringend Energie aus dem Iran, um ihre Abhängigkeit von Russland zu verringern, dennoch hat sie zwei entscheidende Trümpfe gegen den Iran in der Hand: Zuallererst ist die Türkei für den Iran ein wichtiger Absatzmarkt für seine Rohstoffe. Die Türkei kann, muss aber nicht Energie aus dem Iran beziehen, sondern könnte seinen Bedarf auch mit Energie aus Ländern wie dem Irak, Katar und Saudi-Arabien kompensieren. Zweitens ist die Türkei ein wichtiges Transitland, wenn Teheran in Zukunft beispielsweise Erdgas nach Europa exportieren will (Unver 2016: 138). Trotzdem hält der Iran einen energiepolitischen Knüppel gegen die Türkei in der Hand, der jederzeit zum Einsatz kommen könnte, so wie Ende 2015. Damals kam es zu Spannungen zwischen Russland und der Türkei und prompt halbierte der Iran seinen Gasexport ins Nachbarland (Unver 2016: 138).

Darüber hinaus ist Sicherheit ein wichtiges Thema zwischen Ankara und Teheran. Dieser Aspekt ist eng mit dem Kurdenkonflikt verknüpft, da beide Länder mit Sezessionsbestrebungen konfrontiert sind. Die Türkei hat eine lange Erfahrung mit separatistischem Terrorismus, der seit den 1980er-Jaren unzählige Menschenleben gefordert hat. Der Iran ist erst später mit Gründung der PJAK 2004 zur Zielscheibe geworden. In beiden Ländern leben kurdische Minderheiten mit transnationalen Verbindungen (Gourlay 2016: 112). Zudem grenzen sie an das autonome Kurdengebiet und fürchten ausgehend vom Nordirak eine Destabilisierung des eigenen Staates (Karacasulu/Karakır 2011: 115). Diese sicherheitspolitische Problematik ist schon so alt wie die Türkei selbst. Denn bereits in den Anfangsjahren der Republik gab es oftmals Dispute mit dem Iran, weil Aufständische die schlecht bewachte gemeinsame Grenze für Angriffe auf türkische Soldaten nutzten (Jenkins 2012: 13). Besonders brisant war die Lage an der türkisch-iranischen Grenze zwischen 1927 und 1930, als am Berg-Ararat (Ağrı) mehrere kurdische Aufstände ausbrachen (Ayman 2014: 8). Die Aufständischen nutzten geschickt die unzugängliche gebirgige Grenze, um nach Angriffen die Flucht vor der türkischen Armee zu ergreifen. Ankara hatte damals erkannt, dass ohne eine bessere Grenzkontrolle auf beiden Seiten das Problem nicht gelöst werden konnte. Eine Zusammenarbeit mit dem Iran schien unausweichlich. Tatsächlich gelang es Ankara und Teheran in dieser Frage zu kooperieren (Ayman 2014: 8). Der Sadabad-Pakt von 1937 war auch eine Antwort auf die Notwendigkeit einer Kooperation in der Grenzsicherung. Mit Gründung der PKK hat dieses sicherheitspolitische Thema in den 1980er-Jahren wieder an Bedeutung gewonnen (Ayman 2014: 8). Denn der Iran fungierte nun wieder zunehmend als

Rückzugsgebiet für Aufständische. In den 1990er-Jahren führte der Kurdenkonflikt schließlich zu schweren Spannungen zwischen beiden Staaten, weil der Iran zum wichtigen Unterstützer der PKK geworden war (Demiryol 2013: 121). Demiryol zufolge hing diese Entwicklung mit der steigenden Konkurrenz im Kaukasus und in Zentralasien zusammen (Demiryol 2013: 121). Laut Gourlay nutzt der Iran die Kurden als außenpolitisches Instrument, zum Beispiel im Iran-Irak-Krieg gegen Saddam Hussein (Gourlay 2016: 116). In den 1990er-Jahren schließlich gegen die Türkei, um das Land von anderen strategischen Zielen abzulenken (Gourlay 2016: 116). Doch in den 2000er-Jahren haben beide Staaten in dieser Angelegenheit zunehmend kooperiert. Die guten Beziehungen zwischen der Türkei, dem Iran und Syrien haben eine gemeinsame Haltung gegen die PKK veranlasst (Elik 2018: 109). Doch nach dem Arabischen Frühling hat sich nochmals ein Wandel vollzogen: Seitdem gewährt Assad den Autonomiebestrebungen der Kurden in Nordsyrien freie Hand. Ankara bewertet diese Entwicklung als sicherheitspolitische Bedrohung (Elik 2018: 110).

Außerdem ist das iranische Atomprogramm ein Aspekt in den türkisch-iranischen Beziehungen. Dieser hat in den 2000er-Jahren wesentlich zur Annäherung zwischen Ankara und Teheran beigetragen. Denn die Türkei hat erklärt, der Iran habe ein Anrecht auf zivile Nutzung von Kernenergie (Demiryol 2013: 114; Uzun 2013: 147). Sie zeigte sich auf internationaler Bühne wiederholt von der Friedfertigkeit des iranischen Atomprogramms überzeugt (Özcan/Özdamar 2010: 114; Udum 2012: 104). Allerdings betont Ankara stets die zivile und friedliche Nutzung nuklearer Energie und lehnt eine militärische Nutzung ebenfalls entschieden ab (Özcan/Özdamar 2010: 114). Die türkische Regierung befürwortet den Dialog mit dem Iran und will eine Eskalation in der Nuklearfrage verhindern (Karacasulu/Karakır 2011: 115). Zwischen 2009 und 2010 startete sie gemeinsam mit Brasilien eine Initiative zur Beilegung des Atomstreits. Dabei erreichte die Annäherung zwischen Ankara und Teheran auch einen historischen Höhepunkt (İnat 2015: 10). Die Türkei setzte sich auf internationaler Ebene für die Belange seines Nachbarn ein. Diese Annäherung hat ihr den Vorwurf eingebracht, sie entferne sich vom Westen (İnat 2015: 13). Doch dieses Vorgehen ist pragmatisch, weil das Land auf eine enge sicherheits- und energiepolitische Kooperation mit dem Iran angewiesen ist und künftig auch selbst Kernenergie entwickeln will (Karacasulu/Karakır 2011: 116). Außerdem bremsen die Sanktionen gegen den Iran auch Ziele der türkischen Wirtschaftspolitik. Ankara will den Handel mit dem Nachbarland intensivieren und das Handelsvolumen ausbauen. Daher fordert die türkische Regierung eine diplomatische Lösung des Atomstreits. Eine militärische Aktion gegen den Iran hätte verheerende Folgen für die Türkei, weil sie als Mitglied der NATO zum Ziel iranischer Vergeltungsangriffe werden könnte

(Udum 2012: 99, 104). Folglich hat Ankara im Gegensatz zu Riad auch die P5+1 Gespräche befürwortet (Elik 2018: 111). Die Türkei ist im Atomstreit prinzipiell bemüht beide Seiten zu besänftigen: Einerseits tritt sie verständnisvoll gegenüber dem iranischen Atomprogramm auf, andererseits hat sie den Aufbau einer NATO-Radaranlage im Südosten des Landes genehmigt, die im Iran scharf kritisiert wird.

Ein weiterer Parameter, der die Beziehungen beider Staaten beeinflusst, ist ihr Verhältnis zum Westen. Das iranische Regime pflegt ein generelles Misstrauen gegen seinen Nachbarstaat, weil es ihn als Teil des Westens sieht (Kamacı 2015: 120). Die Türkei gilt als Partner der westlichen Staatengemeinschaft; der Iran als ihr Gegner (Gourlay 2016: 111). Aus türkischer Sicht hat die Konfrontation zwischen dem Iran und den USA neben Nachteilen auch einen Nutzen: Solange diese Konfrontation andauert, bleibt die Türkei für Washington aus strategischen Gründen unersetzlich. Die Vereinigten Staaten können mit Ankara und Teheran nicht gleichzeitig dauerhaft im Konflikt stehen, wenn sie auf den Nahen Osten einwirken wollen. Das Bündnis mit Saudi-Arabien ist nicht ausreichend, um insbesondere in den Ländern Irak, Syrien, Libanon und Palästina mitzugestalten. Obwohl seit 2016 eine Annäherung zwischen Moskau, Teheran und Ankara zu beobachten ist, wird die Partnerschaft mit dem Westen auch in den kommenden Jahren ein fester Bestandteil der türkischen Außenpolitik bleiben. Denn trotz aller Annäherung haben Russland und die Türkei divergierende Interessen in Zentralasien, im Kaukasus und auf dem Balkan. Vielmehr versucht Ankara ein pragmatisches Gleichgewicht zwischen Ost und West zu finden. Doch die NATO-Mitgliedschaft erschwert durchaus eine tiefergehende Zusammenarbeit zwischen Ankara und Teheran.

Welche Konfliktfelder gibt es in den Beziehungen zwischen der Türkei und dem Iran?

1. Zuvorderst kollidiert der Führungsanspruch beider Staaten in drei Regionen. Anders als etwa im saudisch-türkischen Verhältnis beschränkt sich ihre Rivalität nicht auf den Nahen Osten. Sie stehen auch im Kaukasus und in Zentralasien in einem Wettbewerb in den Russland involviert ist (Davutoğlu 2011: 434; Özcan/Özdamar 2010: 101–102). Aufgrund dieser Sachlage ist die Wahrscheinlichkeit von wiederkehrenden Interessenkonflikten zwischen Ankara und Teheran hoch. Zudem gibt es Anzeichen einer Ausdehnung dieser Konkurrenz auf Afrika (siehe Heibach 2018).

2. Daneben sind das gegensätzliche Staatssystem beider Länder und die damit verknüpften ideologischen Differenzen ein Störfaktor. Unterschiedlicher können zwei Staaten kaum sein: Der Iran ist ein theokratischer Staat, in dem der

schiitische Klerus ein Machtmonopol besitzt. Demgegenüber steht eine laizistische Türkei, in der die Zurückdrängung der Religion als Staatsräson gilt. Beide
Seiten kritisieren häufig das System des Anderen. Teheran sieht das türkische
Staatskonstrukt als islamfeindlich. Ankara hingegen erklärt, der Iran pflege
ein rückständiges und nicht zeitgemäßes System. Auch in ihrer Regionalpolitik zeigt sich dieser Unterschied. Der Iran will die Prinzipien der eigenen
Revolution auf die arabische Welt ausweiten. Die Türkei jedoch versucht Tradition und Moderne zu verbinden und ein eigenes Konzept in der Region zu
verbreiten.

3. Zudem gehen die Interessen beider Staaten in vielen Ländern weit auseinander.
Zum Beispiel versucht Teheran den Irak über proiranische Gruppierungen zu
dominieren und fördert die Spaltung des Landes. Die Türkei hingegen unterstützt Gruppen, die einen geeinten und stabilen Irak fordern. Auch in Syrien,
im Libanon und Jemen haben beide Staaten divergierende Interessen.

4. Dabei spielt die konfessionelle Dichotomie zwischen der Türkei und dem
Iran durchaus eine Rolle. Denn beide Staaten kooperieren in diesen Ländern hauptsächlich mit Akteuren, die ihnen konfessionell nahestehen. So
arbeitet Teheran im Irak hauptsächlich mit schiitischen Gruppierungen zusammen. Die Türkei hingegen mit sunnitischen oder säkularen Akteuren. Diese
Konfessionalisierung kann auch in Syrien und im Libanon beobachtet werden.

Trotz dieser Konfliktfelder haben beide Staaten ein enormes Kooperationspotenzial. Zuallererst bietet der Handelsaustausch viele Chancen, da beide Länder
benachbart sind und große Bevölkerungen haben. Damit ihr Handelsvolumen steigen kann, bedarf es einer Diversifikation der ausgetauschten Waren. Zweitens
könnte die energiepolitische Kooperation intensiviert werden. Gegenwärtig basiert
diese Zusammenarbeit auf den Import iranischer Rohstoffe durch die Türkei.
Sie könnte erweitert werden, indem die Erschließung des europäischen Marktes
gemeinsam betrieben wird. Davon würden beide Seiten profitieren; der Iran als
Exporteur von Rohstoffen und die Türkei als Transitland. Ein Hindernis für diese
Zusammenarbeit sind die Sanktionen gegen den Iran. Drittens haben beide Staaten
ähnliche sicherheitspolitische Sorgen im Hinblick auf separatistischen Terrorismus. Sie könnten hier militärische und politische Kapazitäten zusammenlegen
und die Sicherung ihrer Grenzen besser koordinieren. Eine aufrichtige Zusammenarbeit beider Staaten in dieser Angelegenheit würde den Aktionsradius der
PKK und PJAK enorm einschränken. Der Iran könnte zudem die syrische und
irakische Regierung in diesen Kampf einbinden. Viertens können Ankara und
Teheran deeskalierend auf Konflikte im Nahen Osten einwirken, da sie zumeist
mit befeindeten Akteuren kooperieren. Sie könnten ihre Verbindungen nutzen,

um einheitliche Lösungen zu fördern. Doch dafür müssten beide Staaten ihre machtpolitischen Rivalitäten in den Hintergrund stellen.

In den türkisch-iranischen Beziehungen ist Religion in einiger Hinsicht von Bedeutung. Zwar hat Religion zwischen 1920 und 1979 keinen nennenswerten Einfluss auf das Verhältnis beider Staaten ausgeübt, weil sie durch umwälzende Reformen ihr Gewicht in Staat und Gesellschaft verloren hat, doch hat sich diese Konstellation nach der Revolution 1979 geändert. Im Iran ist ein theokratischer Staat mit dem Anspruch auf religiöse Führung in der gesamten Region entstanden. Daher ist Religion zwangsläufig wieder zu einem Einflussfaktor in den türkisch-iranischen Beziehungen geworden. Der Iran hat im Zuge seines Revolutionsexports vermehrt ihm nahestehende Gruppierungen unterstützt und geschaffen, um die Prinzipien der Iranischen Revolution zu verbreiten. Zwischen 1979 und 2000 hat sich der Iran auch verstärkt in die türkische Innenpolitik eingemischt und antisäkulare Bewegungen unterstützt. Deswegen kam es regelmäßig zu diplomatischen Verwerfungen zwischen Ankara und Teheran. Das türkische Militär rechtfertigte den 'postmodernen Putsch' von 1997 unter anderem mit der zunehmenden Annäherung zwischen der Regierung Necmettin Erbakans (1996–1997) und dem iranischen Regime. Außerdem ist mit der stärkeren Hinwendung der Türkei zum Nahen Osten eine weitere religiöse Komponente hinzugekommen. Nun betreibt nicht mehr nur der Iran ein regionales Konzept, das religiöse Elemente beinhaltet, sondern auch die Türkei. Beide Staaten versuchen die Region vom Erfolg des eigenen Konzepts zu überzeugen. Ein anderes Beispiel für den Bedeutungszuwachs der Religion in den türkisch-iranischen Beziehungen liefert der Palästinakonflikt: Ankara und Teheran haben als nichtarabische Staaten keinen ethnischen Zugang zu diesem Konflikt, wie etwa Ägypten oder Saudi-Arabien. Ihr Zugang basiert vor allem auf religiöser Basis, weil sie die Palästinenser als Glaubensbrüder sehen. Zwar hat die Türkei zudem einen historischen Zugang, da ihr Vorgängerstaat rund vier Jahrhunderte über Palästina herrschte, doch ist der Zugang beider Staaten in erster Linie religiös konnotiert. Der Iran warf der Türkei häufig eine Nähe zu Israel vor. Deshalb begrüßte das iranische Regime zunächst den Ausbruch des türkischen Ministerpräsidenten Erdoğan 2009 in Davos (Jenkins 2012: 37). Doch als sich die Türkei in den folgenden Jahren immer energischer für Palästina begeisterte, wurde Teheran zunehmend misstrauisch (Jenkins 2012: 40). Denn der Palästinakonflikt besitzt eine besondere ideologische Bedeutung für das iranische Regime. Es generiert damit Unterstützung und Sympathien in der gesamten arabischen Welt. Die Konkurrenz um die Repräsentation der Palästinenser offenbart, dass die Türkei und der Iran bei aller Annäherung im Kern Rivalen geblieben sind. Doch obwohl Religion einen Bedeutungszuwachs in den türkisch-iranischen Beziehungen erlebt, ist sie dennoch kein dominanter Faktor. Gegenwärtig sind wirtschafts- und energiepolitische Faktoren erheblich einflussreicher.

Zusammenfassend blicken die Türkei und der Iran auf ein historisches Beziehungsgeflecht zurück. Beide Staaten sehen sich als Erben großer Imperien, die in der Vergangenheit um die regionale Führung rivalisiert haben. Die Auseinandersetzung zwischen den Osmanen und Safawiden hat tiefgründige Spuren in den Beziehungen hinterlassen und vor allem die konfessionelle Dichotomie begründet. Erst der Vormarsch der europäischen Kolonialmächte hat die Aufmerksamkeit vom Nachbarn weggelenkt. Das Vorhaben beider Staaten nach dem Ersten Weltkrieg tiefgreifende Reformen einzuleiten, hat das Verhältnis schließlich gänzlich beruhigt (Pulat 2018: 95). Bis 1979 trat eine ruhige Phase ein. Doch nach der Revolution wurden die Beziehungen wieder komplizierter. Neben ideologischen Streitpunkten belastete insbesondere der Faktor PKK die Beziehungen (Pulat 2018: 95). Doch unter der AKP haben sich die Beziehungen erneut normalisiert und vor allem in wirtschaftlicher Hinsicht einen historischen Höhepunkt erreicht. Nach der Revolution haben viele Beobachter angenommen, dass eine offene Feindschaft zwischen der Türkei und dem Iran entstehen wird. Doch trotz zahlreicher Dispute ist eine schwerwiegende Eskalation ausgeblieben. Denn sie sind zu wichtig füreinander, insbesondere in wirtschafts- und energiepolitischer Hinsicht. Die Türkei hilft dem Iran häufig, seine Isolation zu durchbrechen; wie zum Beispiel während des Iran-Irak-Krieges oder im Atomstreit. Daher sind beide stets bemüht, das Verhältnis nicht all zu sehr auf die Probe zu stellen.

5.4 Zusammenfassung

Die Beziehungen zwischen dem Iran, Saudi-Arabien und der Türkei sind komplex und geprägt von widerkehrenden Höhen und Tiefen. Die gemeinsamen Erfahrungen dieser Länder gehen weit über das Bestehen ihrer heutigen Staaten hinaus. Derzeit sind ihre Beziehungen von wesentlicher Bedeutung für die nahöstliche Staatenordnung, weil sie die einflussreichsten Akteure in der Region sind. Gegenwärtig sind die iranisch-saudischen Beziehungen gezeichnet von gegenseitigen Anfeindungen, Schuldzuweisungen und Misstrauen. Doch vor der Revolution 1979 gab es kaum nennenswerte Konflikte zwischen Teheran und Riad. Gemeinsam stellten sie sogar die zwei wichtigsten Säulen (Twin-Pillars) der US-amerikanischen Nahostpolitik. Allerdings hat die Revolution die iranisch-saudischen Beziehungen gänzlich verändert. Seitdem kommt es häufig zu politischen Krisen zwischen beiden Staaten, obgleich gelegentlich kurzlebige

Phasen der Entspannung eintreten. Der Irakkrieg und die Aufstände in der arabischen Welt haben die Beziehungen weiter verschlechtert. Die saudisch-türkischen Beziehungen waren im 20. Jahrhundert reserviert, da sie aufgrund von früheren Konflikten zwischen den Osmanen und der Saud-Dynastie vorbelastet waren. Zwischen Riad und Ankara war kaum gegenseitiges Interesse vorhanden. Die Türkei kehrte der arabischen Welt den Rücken und Saudi-Arabien blieb in Distanz zu den ehemaligen Machthabern. Erst in den 1980er-Jahren erfolgte aufgrund regionaler Entwicklungen eine erste vorsichtige Annäherung, die unter der AKP einen historischen Höhepunkt erreichte. Doch der Arabische Frühling sorgte auch in den saudisch-türkischen Beziehungen für Ernüchterung. Plötzlich standen sich beide Staaten vielerorts gegenüber. Die türkisch-iranischen Beziehungen blicken auf eine ambivalente Vergangenheit. Als Erben großer Imperien haben beide Seiten historische Verbindungen miteinander. Bereits die Osmanen und Safawiden rivalisierten im 16. Jahrhundert um die Vorherrschaft in der Region. Seither behielten sie sich stets im Blick, um eine etwaige Schwäche des Anderen auszunutzen. Erst das Vorrücken der Kolonialmächte in den Nahen Osten hat die Aufmerksamkeit vom Nachbarn weggelenkt. Nach dem Ersten Weltkrieg begann in beiden Ländern ein Reformprozess, der für einen Ausgleich in den Beziehungen sorgte. Bis 1979 blieb das Verhältnis ausgeglichen und ohne bedeutsame Konflikte. Doch nach der Revolution haben sich die türkisch-iranischen Beziehungen verkompliziert, obgleich keine offene Feindschaft erwachsen ist, wie etwa zwischen Teheran und Riad. Allerdings kam es nun häufiger zu Verstimmungen zwischen der Türkei und dem Iran. Unter der AKP hat sich das Verhältnis wieder verbessert, insbesondere der Handelsaustausch erlebte einen beispiellosen Aufschwung. Doch der Arabische Frühling hat diese Annäherung gebremst und beide Staaten in Syrien beinahe in eine direkte Konfrontation gebracht. Dennoch ist rückblickend eine Eskalation abermals ausgeblieben, weil beide Seiten sich davor hüten, die Beziehungen langfristig zu beschädigen.

Die Konfliktfelder zwischen den drei Staaten sind zumeist ähnlich. In den iranisch-saudischen Beziehungen sticht vor allem die wirtschaftliche Rivalität hervor. Als ölproduzierende Staaten konkurrieren sie um Absatzmärkte für den Export von Rohstoffen. Diese Rivalität ist überlagert von konfessionellen und ideologischen Konflikten, weil beide Akteure religiöse Führung und Legitimität einfordern. Der Iran ruft sein Umfeld auf, sich den Prinzipien der Revolution anzuschließen und Saudi-Arabien sieht sich als ‚Hüter der beiden Heiligen Stätten' zur legitimen Führung des Islam berufen. Auch die saudisch-türkischen Beziehungen sind seit dem Arabischen Frühling geprägt von einem Machtkampf. Zwischen Ankara und Riad sind ideologische Unterschiede aufgetreten, die sich vor allem in der Haltung zur Muslimbruderschaft äußern.

Doch auch religiöse Faktoren haben zuletzt Konflikte erzeugt, da beide Länder unterschiedlichen Strömungen angehören, die teils im drastischen Widerspruch zueinander stehen. Saudi-Arabien ist bestrebt, den Einfluss der Türkei auf die arabische Welt einzugrenzen. Dabei nutzt das saudische Königshaus auch ethnische Argumente: Sie dürfe sich als nichtarabisches Land keinesfalls in die Angelegenheiten der arabischen Staaten einmischen. Gleiches gelte auch für den Iran. Die türkisch-iranischen Beziehungen sind die ambivalentesten unter diesen drei Beziehungsgeflechten. Zwar führen Ankara und Teheran ebenso einen Machtkampf, insbesondere im Irak und in Syrien, allerdings hüten sie sich vor einem schwerwiegenden Bruch. Zwischen der Türkei und dem Iran gibt es oftmals Dispute wegen ihrer unterschiedlichen Staatssysteme und der damit verbundenen ideologischen Unterschiede. Das iranische Regime kritisiert häufig das säkulare System seines Nachbarstaates. Außerdem verfolgen sie unterschiedliche Interessen in zahlreichen Ländern der Region. Nichtsdestotrotz haben die drei Staaten ein gewisses Kooperationspotenzial. Eine Deeskalation in den iranisch-saudischen Beziehungen würde Entspannung und Stabilität im Nahen Osten fördern. Zwischen Saudi-Arabien und der Türkei liegt ein großes Potenzial in der wirtschaftlichen Zusammenarbeit, da sie komplementäre Volkswirtschaften haben. Doch das größte Kooperationspotenzial liegt in den türkisch-iranischen Beziehungen. Als benachbarte Staaten haben sie ein großes Potenzial in den Bereichen Handel, Energie und Sicherheit.

Religion ist nach der Revolution 1979 zum wichtigen Einflussfaktor in den iranisch-saudischen Beziehungen geworden. Seither konfrontiert der Iran die gesamte Region mit einem theokratischen Staatskonzept. Als Reaktion nutzen beide Akteure den Islam zur Legitimation des eigenen Staates und zur Delegitimierung des Gegners. Sie sprechen sich gegenseitig jedwede religiöse Legitimität ab und bezweifeln sogar den Glauben des Anderen. Schon mehrfach kam es während des Hadsch zu Auseinandersetzungen zwischen Iranern und saudischen Sicherheitskräften, die zu schweren diplomatischen Verwerfungen zwischen Teheran und Riad geführt haben. In den saudisch-türkischen Beziehungen nimmt Religion eine weniger bedeutende Funktion ein. Stattdessen wird das Verhältnis von Riad und Ankara vielmehr von ideologischen Faktoren beeinflusst. Sie vertreten zwei verschiedene politische Konzepte, die während des Arabischen Frühlings aufeinandergeprallt sind. Saudi-Arabien vertritt ein monarchisches, die Türkei hingegen ein republikanisches Modell. Daher ist keine handfeste Allianz zwischen diesen Staaten erwachsen, obwohl sie häufig als ‚sunnitische Verbündete' bezeichnet werden. Zum einen versucht Riad die Türkei aus der arabischen Welt herauszuhalten und zum anderen will Ankara sich nicht in eine konfessionell unterlegte Allianz gegen den Iran einbinden lassen. In den türkisch-iranischen

Beziehungen hingegen ist Religion ebenfalls nach der Revolution unvermeidlich einflussreicher geworden. Denn die Politik des Revolutionsexports sorgt immer wieder für Spannungen zwischen den beiden Staaten. Insbesondere in den 1990er-Jahren beklagte Ankara eine Zusammenarbeit des iranischen Regimes mit antisäkularen Kräften in der Türkei und eine Einmischung in die türkische Innenpolitik. Außerdem hat die Reaktion beider Staaten auf den Arabischen Frühling offenbart, dass sie ein unterschiedliches Religionsverständnis in der Region verbreiten wollen. Der Iran ein hoch ideologisiertes, das im Widerspruch zum internationalen System steht, die Türkei hingegen ein moderates, das Islam und Moderne in Einklang bringen will. Trotzdem ist Religion kein dominanter Faktor in den Beziehungen zwischen Ankara und Teheran, da wirtschafts- und energiepolitische Erwägungen von größerer Bedeutung sind. Insgesamt ist Religion in den untersuchten drei Beziehungsgeflechten nur ein Faktor unter vielen, der manchmal in den Vordergrund und manchmal in den Hintergrund rückt.

Konfliktursache oder Kooperationsquelle – Funktion von Religion

> *„Einigkeit ist gesunder, Aufruhr hingegen kranker Zustand und Bürgerkrieg der Tod."*

(Hobbes 1970 [1651]: 6)

Im 20. Jahrhundert setzten sich säkulare Staatsmodelle im Nahen Osten durch. Der Islam verlor seine einflussreiche Stellung in Politik und Gesellschaft. Nun gaben säkulare Strömungen wie der Panarabismus und Kemalismus den Ton an. Die religiöse Zugehörigkeit spielte keine nennenswerte Rolle mehr, so waren unter den Vordenkern des arabischen Nationalismus auch Christen (Byman 2014: 83). Doch nach einigen verheerenden militärischen Niederlagen[1] hat der arabische Nationalismus an Ausstrahlung verloren (Hubel 2005: 180). Schon bald rückte der Islam wieder in den Vordergrund. In der bisherigen Analyse haben drei Jahreszahlen die Wiederkehr der Religion in den politischen Diskurs des Nahen Ostens charakterisiert: 1979, 2003 und 2011. Die Revolution im Iran markiert dabei einen entscheidenden Wendepunkt. Sie hat in der gesamten Region die Debatte über das Verhältnis von Religion und Politik wiederentfacht. Die Reaktionen darauf sind zwar unterschiedlich ausgefallen, doch ein Großteil der Staaten im Nahen Osten lehnt die Revolution ab. Sie sei eine ‚schiitische und iranische Revolution‘, die keineswegs auf die gesamte Region übertragen werden könne. Diese Staaten, unter ihnen vor allem Saudi-Arabien und andere Golfmonarchien, fordern ein Gegenkonzept. Andere Akteure wiederum sympathisieren mit der

---

[1]Gemeint sind hier insbesondere die folgenschwere Niederlage Ägyptens im Sechstagekrieg 1967 gegen Israel und die Niederlage des Irak im Zweiten Golfkrieg 1991 gegen die USA. Beide Staaten waren unter Gamal Abdel Nasser und Saddam Hussein wichtige Verfechter des arabischen Nationalismus.

© Der/die Autor(en), exklusiv lizenziert durch Springer Fachmedien Wiesbaden GmbH, ein Teil von Springer Nature 2020
M. Özev, *Religion und Außenpolitik*, Globale Gesellschaft und internationale Beziehungen, https://doi.org/10.1007/978-3-658-32220-5_6

Revolution und stehen dem iranischen Regime kooperativ gegenüber. Dazu zählen hauptsächlich nichtstaatliche Akteure wie die Hisbollah, Badr-Organisation und Huthi-Bewegung. Der Irak und Syrien sind mit dieser Gruppe eng verbunden, obgleich sie säkulare Staatsmodelle pflegen. Staaten wie die Türkei und Ägypten hingegen wollen die Religion in ein säkulares Konzept einbinden. Dabei vertritt jeder Staat individuelle Ansichten zum Verhältnis von Religion und Politik, die stark mit den innenpolitischen Bedingungen zusammenhängen. Deshalb wird diese Debatte den Nahen Osten wohl noch länger beschäftigen. Der Irakkrieg hat ihr zudem eine konfessionelle Dimension hinzugefügt. Denn die US-amerikanische Invasion im Irak hat den Konflikt zwischen Sunniten und Schiiten in der gesamten Region befeuert (Hinnebusch 2019: 45). Der Machtwechsel in Bagdad zugunsten der schiitischen Bevölkerung hat ein politisches Konkurrenzdenken unter den Konfessionen ausgelöst. Seither gilt Konfessionalisierung als ein Merkmal nahöstlicher Politik. Der Arabische Frühling hat diese Entwicklung intensiviert und den Anschein einer Konfessionalisierung insbesondere durch die Entwicklungen in Syrien, Bahrain und im Jemen verstärkt.

Die nahöstlichen Regionalmächte bringen allesamt mehr oder weniger den Islam in die Außenpolitik ein. Die Wiederkehr der Religion in die nahöstliche Politik lässt sich in beliebigen Ländern beobachten; zum Beispiel im Libanon: Dort betreiben die ansässigen Religionsgemeinschaften eigene Kindergärten, Schulen, Krankenhäuser und Medien (Scheffler 2016: 268–269). Ihre religiösen Führer beziehen Stellung zu politischen Themen und empfangen einheimische wie ausländische Politiker (Scheffler 2016: 269). Außerdem sind diese Gemeinschaften transnational verknüpft und pflegen Kontakte mit Gleichgesinnten in anderen Ländern (Scheffler 2016: 271). Ähnliche Entwicklungen können in der gesamten Region beobachtet werden. Die Regionalmächte sind sich der Mobilisierungskraft der Religion bewusst und nutzen sie daher in der Außenpolitik. Nachfolgend (Abschnitt 6.1) wird die Funktion von Religion in der Außenpolitik dieser Staaten konzeptualisiert. Anschließend (Abschnitt 6.2) wird untersucht, inwiefern Religion einen Beitrag für Kooperation leisten kann.

6.1 Religion als außenpolitisches Instrument

„In den Konflikten und Kriegen, in denen es scheinbar um religiöse Differenzen geht, spielen in Wirklichkeit oft ganz andere Motive eine Rolle." (Schmidt 2015: 124)

In Abschnitt 2.2 wurden grundlegende Begriffe von Sandal und Fox aus „Religion and International Relations Theory" (2013) vorgestellt. Sie demonstrieren die Einflussmöglichkeiten der Religion auf die internationale Politik. Zunächst werden einige dieser Begriffe aufgegriffen, um die Ergebnisse der Abhandlung zu prüfen:

Religion beeinflusst durch die Weltanschauungen (religious worldviews) politischer Entscheidungsträger die internationale Politik (Sandal/Fox 2013: 13–14). Denn sie kann ein Bestandteil des Wertekanons eines Entscheidungsträgers sein und folglich sein Handeln prägen. Die Leitlinien der iranischen Außenpolitik werden vom Revolutionsführer vorgegeben, der aus dem Kreise ausersehener Religionsgelehrter stammt. Er muss also ein anerkannter schiitischer Theologe sein, da er sonst dieses Staatsamt nicht ausüben darf. Artikel 109 (2) der iranischen Verfassung setzt die Frömmigkeit des Revolutionsführers voraus. Er muss unweigerlich eine herausragende religiöse Weltanschauung haben, die er in politischen Entscheidungen schwerlich ausblenden kann. Sicherlich wird Religion nicht der einzige Faktor sein, der seine Entscheidungen beeinflusst, aber zweifellos ein bedeutender. Denn er zeichnet sich laut Verfassung insbesondere durch seine religiöse Eignung für dieses Amt aus – zumal er an der Spitze eines theokratischen Systems steht. Die zentrale Person in der saudischen Außenpolitik ist der König. Das wichtigste Kriterium für dieses Amt ist nicht die religiöse Eignung sondern die Zugehörigkeit zur Saud-Dynastie. Allerdings pflegt die Al Saud ein strategisches Bündnis mit der wahhabitischen Gelehrsamkeit. Zudem führt der saudische König den Titel ‚Hüter der beiden Heiligen Stätten' und übernimmt damit eine Schutzfunktion für die Geburtsstätte der islamischen Religion. Daher muss er ebenfalls religiöse Weltbilder hegen, wenn er dieser Funktion gerecht werden will. Die türkische Außenpolitik wird vom Staatspräsidenten gestaltet. Wie stark religiöse Weltbilder die türkische Außenpolitik beeinflussen, hängt vom Präsidenten selbst ab. Denn die Türkei ist ein säkularer Staat. Formal ist eine Trennung zwischen Religion und Politik existent. Allerdings finden in der Türkei seit 2014 direkte Präsidentschaftswahlen statt, bei denen sich Kandidaten unterschiedlicher Couleur zur Wahl stellen können. Erdoğan stammt aus einer konservativen Partei, die viele Jahre die Vereinbarkeit von Islam und Demokratie propagiert hat. Zudem hat er am Anfang seiner politischen Karriere in einer Partei mitgewirkt, die aufgrund ihrer religiösen Bezüge von säkularen Kreisen angegriffen wurde. Daher liegt die Vermutung nahe, dass Religion ein Aspekt seiner Weltanschauung ist, die auch seine Außenpolitik beeinflussen könnte. Unter einem republikanischen Präsidenten dürfte der Einfluss religiöser Weltbilder geringer ausfallen.

Überdies kann Religion in der Außenpolitik als Legitimationsquelle (religious legitimacy) dienen (Sandal/Fox 2013: 15–17). Die iranisch-saudischen Beziehungen sind ein demonstratives Beispiel hierfür. Zwischen Teheran und Riad entfachen immer wieder Streitigkeiten über die Frage der religiösen Legitimität. Der Iran bestreitet die Rechtmäßigkeit der saudischen Herrschaft über die Heiligen Stätten. Im Gegenzug brandmarkt Saudi-Arabien den Iran als ‚schiitisch'. Er müsse sich aus den Angelegenheiten sunnitischer Länder heraushalten. Es ist ein ‚Teufelskreis' religiöser Diskreditierung. Sandal und Fox zufolge bedeutet Legitimation, jemanden von einer Herrschaft zu überzeugen oder eine bestimmte Politik mitzutragen. Demnach dient Legitimation der Mobilisierung von Unterstützung. Auch dieser Aspekt kann in den iranisch-saudischen Beziehungen beobachtet werden: Wenn der Iran jedwede religiöse Legitimität der Saud-Dynastie bestreitet, dann spricht er damit nicht nur Muslime in Saudi-Arabien, sondern in aller Welt an. Denn die Al Saud herrscht über eine Region, die für alle Muslime von Bedeutung ist. Wenn Saudi-Arabien den Iran konfessionell diskreditiert, dann spricht es nicht nur die eigenen Bürger an, sondern Sunniten in der gesamten Region. Denn ohne Unterstützung über die eigenen Landesgrenzen hinaus lässt sich ihr Führungsanspruch nicht verwirklichen. Laut Sandal und Fox wird ein religiöser Akteur kaum Schwierigkeiten haben religiöse Legitimität einzufordern, ein säkularer Akteur hingegen schon (Sandal/Fox 2013: 17). Daher stellt die Türkei keinen Anspruch auf religiöse Legitimität. Der türkische Staatspräsident vertritt ein säkulares Land. Er wird unabwendbar auf Grenzen stoßen, wenn er religiöse Legitimität einfordern würde. Doch das iranische Staatsoberhaupt muss ein Religionsgelehrter sein. Er fordert über diese Funktion heraus religiöse Legitimität ein. Der saudische König hingegen nutzt den Titel ‚Hüter der beiden Heiligen Stätten'. Beide beanspruchen also auch eine religiöse Funktion. Der türkische Staatspräsident hingegen hat ein rein weltliches Amt.

Können der Iran, Saudi-Arabien und die Türkei als religiöse Staaten (religious states) bezeichnet werden? Dieser Begriff macht auf die unverkennbare religiöse Ideologie mancher Staaten aufmerksam (Sandal/Fox 2013: 17). Im Iran und in Saudi-Arabien genießt der Islam eine zentrale Stellung. Das politische System dieser Länder ist von religiöser Ideologie geprägt. Der Einfluss von Religion auf die Außenpolitik dieser Staaten ist sicherlich größer als auf die von säkularen Staaten. Schließlich betreiben Teheran und Riad den weltweiten Export ihrer Religionsauslegung. Saudi-Arabien fördert die Verbreitung wahhabitischer Lehren im Ausland durch Moscheen und Bildungseinrichtungen (Sandal/Fox 2013: 18). Laut Sandal und Fox ist der Export religiöser Ideologie nicht lediglich ein außenpolitischer Aspekt, sondern ein wesentliches außenpolitisches Ziel. Dieses ist teilweise in der Verfassung festgeschrieben: Im saudischen Grundgesetz wird in Artikel 23 die Verbreitung (dawa) des Islam als staatliche Aufgabe eingestuft. Der Iran hat sich den Auftrag zur Verbreitung seiner Revolution ebenfalls in die Verfassung geschrieben. Die Türkei pflegt als säkulares Land zwar keine offizielle religiöse Ideologie, aber unterstützt durch das Diyanet ebenfalls muslimische Einrichtungen im Ausland.

Diese Arbeit liefert eine zentrale Erkenntnis: Religion ist in der Außenpolitik nahöstlicher Regionalmächte nur ein Einflussfaktor unter vielen. Neben dem Islam beeinflussen diverse Faktoren ihre Außenpolitik, insbesondere wirtschafts- und machtpolitische. Außenpolitik ist komplex und kann nicht auf einen Parameter reduziert werden. Jedoch bestätigt diese Arbeit zugleich die anfängliche These: Die nahöstlichen Regionalmächte nutzen Religion als außenpolitisches Instrument, welches vier Funktionen erfüllt:

1. Politisierungsfunktion
2. Legitimierungsfunktion
3. Mobilisierungsfunktion
4. Stigmatisierungsfunktion

Die *Politisierungsfunktion* bezeichnet die Instrumentalisierung von Religion für politische Zwecke. Der Iran, Saudi-Arabien und die Türkei pflegen unterschiedliche regionale Modelle, die religiöse Inhalte einbeziehen. Mit diesen Modellen wollen sie den eigenen Macht- und Einflussbereich in der Region ausdehnen. Besonders der Iran und Saudi-Arabien instrumentalisieren dabei den Islam für politische Ambitionen. Sie politisieren und vereinnahmen Religion. Infolgedessen vermischen sich staatliche Interessen mit religiöser Botschaft. Religion fungiert dabei nur als Mittel und wird dem politischen Kalkül des Staates untergeordnet. Die *Legitimierungsfunktion* beschreibt ein zentrales Mittel dieser Staaten in der Außenpolitik. Sie bedeutet die Rechtfertigung politischer Praxis auf religiöser Grundlage. Der Iran verteidigt seine Verwicklung in den Syrienkrieg auch mit konfessionellen Beweggründen. Gleiches tut Saudi-Arabien im Jemenkrieg. Die Türkei hingegen legitimierte ihre Öffnung gegenüber dem Nahen Osten neben historischen zudem mit religiösen Argumenten. Das sind nur einige Beispiele, wie Religion in vielfältiger Weise als Legitimationsgrundlage für ein außenpolitisches Vorgehen dient. Die *Mobilisierungsfunktion* meint die Aktivierung von Unterstützung, Verbündeten und Kämpfern durch Religion. Für die Mobilisierung von Unterstützung außerhalb der eigenen Staatsgrenzen nimmt Religion eine bedeutende Funktion ein. Zum Beispiel rückt der Iran seine Außenpolitik in ein religiöses Licht und stellt sie als vorteilhaft für die gesamte islamische Welt dar, um Sympathien unter Muslimen in der ganzen Welt zu gewinnen.

Dadurch fällt es ihm leichter, sein Vorgehen im Nahen Osten durchzusetzen. Außerdem mobilisiert das iranische Regime mithilfe von Religion Verbündete wie die Hisbollah und Kämpfer in der gesamten Region. Letztere sind bereit für die ‚schiitische Sache' in Syrien und anderswo ihr Leben zu riskieren. Der Iran ist ein Paradebeispiel dafür, wie Religion durch einen Staat als vielfältiges Mobilisierungsmittel genutzt wird. Schließlich stellt die *Stigmatisierungsfunktion* das Erzeugen von Freund-Feind-Mustern auf Basis religiöser Aspekte heraus. Die nahöstlichen Regionalmächte begründen ihre Rivalitäten und Allianzen auch mithilfe religiöser Aspekte. Vor allem in den iranisch-saudischen Beziehungen kann beobachtet werden, wie sich beide Staaten mit religiösen Argumenten diskreditieren. Durch diese Freund-Feind-Muster werden andere Staaten dazu gezwungen, sich auf die eine oder andere Seite zu stellen.

Allerdings verfolgen die nahöstlichen Regionalmächte keineswegs einheitliche Muster, wenn sie Religion in die Außenpolitik einbringen. Sie nutzen den Islam als a) offensives, b) defensives und c) passives Mittel. Der Iran nutzt Religion als *offensives Mittel*, um seinen Einfluss in der arabischen Welt auszuweiten. Teheran hat nach der Revolution 1979 proiranische Akteure geschaffen, die das politische Gleichgewicht in der Region erheblich verändern. Als Resultat der revolutionären Außenpolitik setzen sich schiitische Gruppierungen verteilt im gesamten Nahen Osten für die Interessen des iranischen Regimes ein. Dabei kann der Religion insbesondere aus zwei Gründen eine offensive Funktion zugeschrieben werden: Erstens pflegt der Iran ein außenpolitisches Konzept, welches die regionale Staatenordnung revolutionieren will. Zweitens fördert Teheran die Etablierung von nichtstaatlichen Akteuren. Sie sollen iranischen Interessen dienen und einen Wandel in ihren Ländern zugunsten revolutionärer Ziele bewirken. Dieses Vorgehen nimmt keine Rücksicht auf bestehende Strukturen und die Souveränität anderer Staaten. Saudi-Arabien hingegen nutzt Religion als *defensives Mittel*. Das Königreich reagiert auf den Vormarsch seines Kontrahenten und will die bestehende Ordnung verteidigen. Riad versucht Unterstützung gegen den Iran zu mobilisieren, indem es ihn als ‚schiitische Bedrohung' darstellt. Saudi-Arabien greift als Reaktion auf die neue Gemengelage im Nahen Osten auf Religion zurück und nicht als Mittel zur Umwälzung regionaler Strukturen. Schließlich hat das Königreich erst nach den Ereignissen im Jahr 1979 einen stärkeren Fokus auf Religion als außenpolitisches Mittel gerichtet. Damals setzten die Revolution und die Besetzung der Kaaba das saudische Königshaus immens unter Druck. Die Sorge vor der religiösen Anziehungskraft des revolutionären Iran veranlasste Saudi-Arabien, ebenfalls Religion stärker in die Außenpolitik einzubeziehen. Die Türkei fällt aus diesem Raster, weil sie Religion allenfalls als *passives Mittel* nutzt. Als säkularer Staat hat sie nur begrenzte Möglichkeiten darauf zurückzugreifen. Ankara bringt den Islam in die Außenpolitik ein, um den Zugang in den Nahen Osten zu erleichtern. Doch er genießt keine offensive oder defensive Funktion wie in der iranischen oder saudischen Außenpolitik. Daher nimmt die Türkei beispielsweise im iranisch-saudischen Konflikt keine eindeutige Position ein. Obwohl sie hin und wieder die Rolle des iranischen Regimes im Nahen Osten kritisiert, lässt sie sich nicht in eine ‚sunnitische Allianz' gegen Teheran einbinden.

Infolge der drei Schlüsselereignisse (Revolution 1979, Irakkrieg 2003 und Arabischer Frühling 2011) ist *Konfessionalisierung* ein Merkmal des Nahen Ostens geworden. Dieses Phänomen gefährdet Frieden und Stabilität in der Region, weil es die Spaltung zwischen Sunniten und Schiiten, aber auch innerhalb der Konfessionen selbst, zur Folge hat. Denn Sunniten und Schiiten bilden keineswegs einheitliche Gruppen, sondern bestehen aus unzähligen Untergruppen, die teilweise in Konflikt miteinander stehen. Der Begriff beschreibt die Politisierung von Konfessionen durch politische Akteure, für die nicht der spirituelle Auftrag einer Konfession, sondern ihre politische Zweckmäßigkeit im Vordergrund steht. Für solche Akteure sind die Interessen einer einzelnen Gruppe bedeutsam, nicht die der Gesamtheit. Heute treiben politische Akteure mit religiösen Bezügen die Konfessionalisierung an, doch in der Vergangenheit haben auch säkulare Akteure dazu beigetragen: Saddam Hussein und Hafiz al-Assad haben im letzten Viertel des 20. Jahrhunderts politische Herrschaften errichtet, die sich vorwiegend auf eine bestimmte ethnisch-konfessionelle Gruppe stützen. In diesen Ländern herrschte eine Gemeinschaft über andere Gemeinschaften. Für die Besetzung von Spitzenpositionen war die gemeinschaftliche Treue wichtiger als die qualitative Befähigung. Laut Byman ist die heutige konfessionelle Gewalt auf die Fragilität der nahöstlichen Staaten zurückzuführen: „The stronger the government, the less room there is for sectarianism" (Byman 2014: 83). Ein stabiler Staat könne Extremisten effizienter bekämpfen als ein fragiler Staat (Byman 2014: 84; Hasenclever/De Juan 2009: 104). Definitiv ist die Schwäche vieler Staaten ein wichtiger Grund für die Instabilität im Nahen Osten. Abgesehen von den Golfstaaten, die noch durch finanzielle Zuwendungen ihre Bevölkerungen besänftigen können, sind lediglich der Iran, die Türkei und Israel als relativ stabile Staaten übriggeblieben. Allerdings stehen auch sie enormen Herausforderungen gegenüber. Eine Destabilisierung dieser Staaten könnte den Nahen Osten gänzlich destruieren und folgenschwere Auswirkungen weit über die Region hinaus haben. Beobachtern zufolge hat die US-amerikanische Invasion im Irak die Konfessionalisierung entscheidend vorangetrieben (Byman 2014: 80; Faath 2010: 206; Hinnebusch 2019: 46). Faath bezeichnet den Irakkrieg als Zäsur, weil er weitreichende Folgen für die gesamte Region hatte (Faath 2010: 205). Seither seien viele arabische Staaten vom iranischen Vormarsch besorgt und betrachteten die schiitischen Gemeinschaften zunehmend als Gefahr (Faath 2010: 206). Der amerikanische Militärschlag gegen den Irak war ein Wagnis, das vor Augen führt, wie externe Eingriffe unkalkulierbare Folgen entfalten und die Lage verschlimmern können.

Die Konfessionalisierung konnte zuletzt beispielhaft im Syrienkrieg beobachtet werden. Dort riefen zum Beispiel schiitische Milizionäre „Labbaik ya Hussein!", als sie für den Erhalt des Assad-Regimes kämpften. Dieser Spruch bedeutet „Dir zu Diensten, o Hussein!" und reaktiviert ein historisches Zerwürfnis, das bis zum Tod des Propheten Muhammed zurückgeht. Die Frage wer nach dem Propheten die politische Führung der Muslime übernehmen sollte, hatte die Gemeinschaft entzweit. Manche waren der Ansicht, der Prophet habe keinen expliziten Nachfolger ernannt und müsse daher durch eine Wahl ermittelt werden (Brinkmann 2010: 28). Andere wiederum behaupteten, der Prophet habe seinen Schwiegersohn Ali als Nachfolger angedeutet (Brinkmann 2010: 28). Er und seine Nachkommen seien für die politische Führung der Gemeinschaft auserkoren. Also betrachten Schiiten die Herrschaft der ersten drei Kalifen Abu Bakr, Omar und Osman als illegitim. Zum endgültigen Bruch zwischen beiden Seiten kam es, als 680 der Prophetenenkel Hussein auf Anweisung von Yazid samt seiner Gefolgschaft in Kerbela massakriert wurde. Dieses Ereignis gilt überkonfessionell als eine der größten Tragödien in der islamischen Geschichte. Dennoch haben sich Sunniten und Schiiten seither unterschiedlich weiterentwickelt, auch in theologischen Fragen, obwohl es zu Beginn nur um eine politische Angelegenheit ging. Nun beziehen sich fast 1400 Jahre später schiitische Akteure erneut auf dieses Ereignis und lassen diese historische Tragödie wieder aufleben. Die Wiederbelebung dieser geschichtlichen Erinnerung impliziert politische Botschaften: Erstens wird die Herrschaft ‚sunnitischer Akteure' abgelehnt und zweitens ein Anspruch auf Vergeltung für die Ungerechtigkeit von Kerbela erhoben. Außerdem dient sie der Mobilisierung von Kämpfern. Denn ein Schiit aus Nadschaf oder Beirut würde sein Leben in Syrien wohl kaum riskieren, wenn er nicht religiös mobilisiert wäre. Durch die Konfessionalisierung politischer Konflikte werden Anhänger der Konfessionen aufgestachelt und fanatisierte Leute in den Krieg geschickt. Sie kämpfen mit der Überzeugung, dass sie ihren Glauben verteidigen. Doch in Wirklichkeit tragen sie zur Verschärfung konfessioneller und ethnischer Feindseligkeiten bei, die über Generationen bleiben werden und Frieden unmöglich machen. Daher ist die Konfessionalisierung der nahöstlichen Politik eine ernsthafte Bedrohung für die Zukunft der Region.

2013 betonte der damalige türkische Staatspräsident Gül, dass im Nahen Osten ein umfassender Veränderungsprozess vonstattengeht. Dieser werde die

Region vor zwei Szenarien stellen (Gül 2013): Entweder werden machtpolitische Interessen in den Vordergrund rücken und eine ethnisch-konfessionelle
Identitätspolitik heraufbeschwören, die unvermeidbar tiefgründige Feindschaften
schüren werde. Wenn dieses Szenario eintritt, werde die islamische Welt in eine
dunkle Ära wie das Mittelalter in Europa katapultiert. Die Region stehe am
Anfang einer solchen Ära, prognostizierte Gül damals: „Kein Land, keine Konfession und Gesellschaft kann daraus unbeschadet hervorgehen. Jeder würde sich
nur selbst verbrauchen"[2] (Gül 2013). Oder diese Gefahr werde erkannt und die
ethnisch-konfessionelle Identitätspolitik abgelehnt, die auf starren geopolitischen
Interessen beruhe. Doch aus heutiger Sicht ist das erste Szenario eingetreten.
Die nahöstlichen Staaten haben den Flächenbrand nicht verhindert. Die Region
steht vor gravierenden Herausforderungen, die weder in wenigen Jahren noch
von einer Regierung allein gelöst werden können. Nicht unbegründet vergleichen
Beobachter die gegenwärtige Situation mit dem Dreißigjährigen Krieg. Möglicherweise stehe der arabischen Welt ein ähnlicher Krieg bevor. Damals wurden in
Europa durch Krieg, Hunger und Seuchen ganze Landstriche entvölkert, besonders in Deutschland (Hermann 2015: 111). Laut Hermann ist heute Syrien das
Schlachtfeld, wo unzählige Menschen ums Leben gekommen sind oder vertrieben
wurden. Er sieht eine entscheidende Parallele darin, dass heute wie damals Konfessionalismus die Konflikte antreibt. Grenzüberschreitende Konfessionen seien
im heutigen Nahen Osten wichtiger als nationalstaatliche Grenzen (Hermann
2015: 112). Zudem waren zwischen 1618 und 1648 alle wichtigen Länder und
Dynastien in die Konflikte verwickelt. Heute sind im Nahen Osten alle wichtigen regionalen Akteure in die Konflikte verwickelt. Die Konfliktparteien werden
häufig konfessionell betitelt, damals Protestanten und Katholiken, heute Sunniten
und Schiiten (Hermann 2015: 112). Der Vergleich lässt aufhorchen, weil ein zeit-
genössischer ‚Dreißigjähriger Krieg' gravierende Folgen für die gesamte Region
und darüber hinaus hätte. Denn heute steht den Konfliktparteien modernste Waf-
fentechnologie zur Verfügung, die gigantische Zerstörungskraft besitzt. Außerdem
sind die Bevölkerungen viel größer als damals. Ein ‚Dreißigjähriger Krieg' in der
heutigen Zeit hätte vermutlich gravierendere Ausmaße als noch im 17. Jahrhundert. Damals beendete erst der Westfälische Frieden von 1648 das Blutvergießen
und schuf eine dauerhafte staatliche Ordnung. Im Nahen Osten hingegen scheint
ein solcher Frieden noch weit entfernt (Hermann 2015: 111).

---

[2]Übersetzung des Verfassers: „Herhangi bir ülkenin, mezhebin veya toplumun böyle bir
dönemden kazançlı çıkması ise imkan ve ihtimal dahilinde değildir. Neticede sadece kendi
kendisini tüketir herkes."

Folglich ist die Frage nach der Beschaffenheit von Konflikten nicht irrelevant. Handelt es sich bei den vielen Spannungen im Nahen Osten um religiöse Konflikte? Eine Differenzierung zwischen religiösen und politischen Konflikten ist zwingend notwendig. Religion ist nie der einzige und meist nicht der ursprüngliche Grund für die Konflikte im Nahen Osten. Hubel zufolge sind religiöse Elemente mehr oder weniger ausgeprägt vorhanden, doch gegenüber wirtschaftlichen und machtpolitischen Aspekten von zweitrangiger Bedeutung (Hubel 2005: 190; Hasenclever/De Juan 2009: 102–103). Dennoch werden Begriffe wie ‚Religionskrieg', ‚konfessioneller Krieg' oder ‚sunnitisch-schiitischer Konflikt' übermäßig verwendet und verschleiern die Komplexität und Vielschichtigkeit der Auseinandersetzungen. Denn in diesen Konflikten geht es nur nebensächlich um theologische Fragen, vorwiegend um die Interessen politischer Akteure. Wer ist Schuld, wenn Konflikte im Namen der Religion geführt werden? Die Religion oder die Akteure, die sie missbrauchen? Staaten, die Religion für außenpolitische Zwecke instrumentalisieren, wollen von ihrer Politisierungs-, Legitimierungs-, Mobilisierungs- und Stigmatisierungsfunktion profitieren. Sie interpretieren die Religion so, wie sie in ihr politisches Vorhaben passt. Sie beziehen sich lediglich auf religiöse Inhalte, die ihr Vorgehen unterstützen und blenden andere aus, die dem womöglich widersprechen. Sie benutzen Religion meist als Katalysator für Konflikte und Rivalitäten, anstelle für Frieden und Kooperation.

Religion verliert ihren ursprünglichen Sinn, wenn sie von Staaten politisch instrumentalisiert wird. Ihr Wille ist dann nicht mehr von dem des Staates zu unterscheiden, weil sie als Deckmantel für politische Absichten dient. Deshalb darf Religion nicht im Interesse eines Staates ausgelegt werden. Ansonsten steht sie vorwiegend im Dienste staatlicher Interessen. Zudem besteht ein hohes Konfliktpotenzial mit anderen Staaten, die ebenfalls Religion als Instrument einsetzen. Wenn sich mehrere Staaten als rechtmäßiger Vertreter einer Religion ansehen, werden religiös-konfessionell überlagerte Konflikte begünstigt. Aus staatlicher Sicht ist Religion jedoch nur so lange ein attraktives Instrument, wie sie ihre Funktion erfüllt. Wenn Religion nicht mehr ihre Funktion erfüllt, weil sich etwa die Rahmenbedingungen verändert haben, wird sie zur Seite gelegt und durch ein anderes Instrument ersetzt. Dieses Vorgehen ist ganz im Sinne des Realismus. Demnach werden Staaten nicht zögern, jedes Mittel zu nutzen, das dem Ausbau der eigenen Machtposition dienlich ist. Solange Religion zum Erreichen politischer Ziele nützlich ist, werden Staaten sie einsetzen und fördern. Sollte sie jedoch der eigenen Machtposition hinderlich sein, werden sich Staaten anderen Mitteln zuwenden. Denn gemäß dem Realismus ist Religion für Staaten nur ein Mittel zum Zweck.

6.2   Ein anderer Blick auf Religion

„Wer die Interessen und Motive des anderen nicht ernst nehmen will, taugt nicht zum Kompromiss. Der Kompromiss aber ist die Voraussetzung für den Frieden." (Schmidt 2015: 156)

Auf den ersten Blick spielt Religion im Nahen Osten eine unrühmliche Rolle. Häufig wird sie simplifiziert als Ursache der andauernden Konflikte gesehen. Doch das Kernproblem liegt nicht in der Religion selbst, sondern in ihrer politischen Instrumentalisierung. Dennoch wird der Diskurs über die Rolle von Religion häufig verzerrt geführt (Weingardt 2016: 34–36). Religion gilt vorrangig als problematisch und konfliktverschärfend. Dabei ist ein differenzierter Diskurs zwingend notwendig, wenn die Konflikte tiefgründig durchleuchtet werden sollen. Weingardt befasst sich seit vielen Jahren mit dem Friedenspotenzial von Religion. Er fordert eine Versachlichung der Debatte über Religion und Konflikt (Weingardt 2016: 38). Medien hätten einen stärkeren Fokus auf Krieg und Hass, obwohl Religion auch Frieden schaffe (Weingardt 2016: 49-50). In „Religion, Macht, Frieden" (2007) führt er vor Augen, wie Religion Konflikte entschärfen kann. Dazu hat er zahlreiche Konflikte in der ganzen Welt untersucht, in denen religionsbasierte Akteure friedenstiftend aufgetreten sind. Zwar handelt es sich bei diesen Akteuren hauptsächlich um nichtstaatliche Institutionen, doch sie können auch Staaten Anreize bieten, sich stärker auf das Friedenspotenzial zu besinnen. Weingardt kommt zu dem Ergebnis, dass Religion signifikante Beiträge zur Deeskalation von Konflikten leisten kann (Weingardt 2007: 409). In „Religious Leaders and Conflict Transformation" (2017) bezeichnet Sandal den Nordirlandkonflikt als gelungenes Beispiel für die Deeskalation eines ethnisch-konfessionell aufgeladenen Konflikts. Demnach könnten die Erfahrungen des Nordirlandkonflikts auch im nahöstlichen Kontext nützlich sein. Das Karfreitagsabkommen, welches entscheidend zur Deeskalation in Nordirland beigetragen hat, könne als Anlaufstelle für Konflikte im Nahen Osten dienen (Sandal 2017: 134). Dabei lenkt sie den Fokus auf die konstruktive Rolle, die religiöse Akteure während der ‚Troubles' gespielt haben (Sandal 2017: 135). Kurzum, Religion kann durchaus Frieden und Stabilität fördern. Gleichwohl bestimmen im Nahen Osten einige wenige Akteure, ob Religion friedenstiftend oder eskalierend wirken soll. Insbesondere der Iran und Saudi-Arabien rechtfertigen ihr konflikticträchtiges Verhältnis auf religiöser Basis und bedienen sich dabei einer konfliktverschärfenden Religionsauslegung. Dabei ist der Islam auch reich an Prinzipien, die Frieden und Kooperation, statt Krieg und Konflikt begünstigen (siehe Kadayifci-Orellana 2013). Ein anderer Blick auf die Religion ist also nötig, wenn Frieden und Stabilität in der Region herrschen soll.

Hasenclever und De Juan untersuchen die relevante Frage, wie Religion vor politischer Vereinnahmung geschützt werden kann. Sie nennen vier Merkmale instrumentalisierungsresistenter Glaubensgemeinschaften: Religiöse Bildung, religiöse Öffentlichkeit, religiöses Bewusstsein und religiöse Autonomie (Hasenclever/De Juan 2009: 110). (1) Je niedriger die religiöse Bildung von Glaubensgemeinschaften sei, desto größer ihre Anfälligkeit für verzerrte Gewaltinterpretationen (Hasenclever/De Juan 2009: 111–113). Je höher das Wissen der Menschen über Religion ist, desto schwieriger wird es Staaten fallen, sie für politische Zwecke zu instrumentalisieren. (2) Wenn Glaubensgemeinschaften über eine religiöse Öffentlichkeit verfügen, müssen Eliten mit guten Gründen um Zustimmung konkurrieren und sich gegenüber gemäßigten Auslegungen behaupten. Ansonsten können Religionsangehörige nur schwerlich beurteilen, ob es sich um die selektive Interpretation eines radikalen und isolierten Predigers oder den Konsens des religiösen Establishments handelt, wenn Auslegungen einzelner Autoritäten konkurrenzlos bleiben (Hasenclever/De Juan 2009: 113). Eine gemeinsame religiöse Öffentlichkeit unter Muslimen würde eine vielfältige Diskussion über das Verhältnis von Religion und Politik ermöglichen. (3) Zudem fordern die Autoren eine Unterscheidung zwischen dem Profanen und Sakralen. Eine kritische Distanz zur Politik sei notwendig (Hasenclever/De Juan 2009: 115). Politiker, Staatsführer und Religionsgelehrte sind nicht unfehlbar, sondern sie können sich irren. Ihr Handeln sollte differenziert bewertet werden. (4) Außerdem sei Religion leicht instrumentalisierbar, wenn sie stark vom Staat abhängig ist. Je abhängiger eine Religionsgemeinschaft vom Staat sei, desto leichter ließe sie sich von der Politik einspannen. Autonome Gemeinschaften, die über eigene Finanzquellen und Institutionen verfügen, seien instrumentalisierungsresistenter (Hasenclever/De Juan 2009: 116).

Doch es gibt unter muslimischen Ländern durchaus auch Kooperationsansätze, wie das Beispiel der Organisation für Islamische Zusammenarbeit (OIC) zeigt. Sie wurde 1969 auf Initiative des saudischen Königs Faisal gegründet und hat inzwischen 57 Mitgliedstaaten aus vier Kontinenten. Im Unterschied zu anderen internationalen Organisationen basiert die OIC auf einer gemeinsamen Religion (Akbarzadeh/Ahmed 2018: 298). Denn die Organisation verkörpert das Streben nach muslimischer Einheit und greift in diesem Sinne das Konzept der Umma auf. Demnach sind Muslime eine religiöse und politische Einheit, ganz egal welcher ethnischen, sprachlichen oder nationalen Identität sie angehören (Kayaoğlu 2015: 6). Die OIC ist im Kontext des Sechstagekrieges und eines Brandanschlages auf die Jerusalemer Aqsa-Moschee entstanden. Als Reaktion auf diese Ereignisse kamen muslimische Staatsführer 1969 in Rabat zusammen und forderten eine intensivere Zusammenarbeit zwischen ihren Ländern. Dieses Treffen war die

Geburtsstunde der OIC. Anfänglich motiviert durch den Glauben an die Umma und bestärkt durch den anschwellenden Palästinakonflikt, hat sie sich heute in eine facettenreiche Organisation entwickelt, die kulturelle, ökonomische, soziale und politische Fragen muslimischer Länder thematisiert (Kayaoğlu 2015: 15). Die aktuelle Charta wurde 2008 beim Gipfeltreffen in Dakar verabschiedet. In Artikel 1 (1) gibt sich die Organisation folgendes Ziel: „To enhance and consolidate the bonds of fraternity and solidarity among the Member States" (OIC-Charta 2008). Laut Artikel 1 (9) stehen auch ökonomische Ziele im Fokus der Organisation: „To strengthen intra-Islamic economic and trade cooperation; in order to achieve economic integration leading to the establishment of an Islamic Common Market" (OIC-Charta 2008). In Artikel 2 (3) wird ein friedvoller Umgang miteinander gemahnt: „All Member States shall settle their disputes through peaceful means and refrain from use or threat of use of force in their relations" (OIC-Charta 2008). Eine militärische Zusammenarbeit hingegen scheint nicht erwünscht. Ein solcher Aspekt kommt in der Charta nicht vor. Der Iran, Saudi-Arabien und die Türkei sind einflussreiche Mitglieder der OIC. Insofern bietet sie den nahöstlichen Regionalmächten eine institutionalisierte Plattform, die sie für den Austausch über politische Unstimmigkeiten nutzen könnten.

Der Islamische Gipfel (Islamic Summit) ist das höchste Organ der Organisation. Das Gipfeltreffen bringt die Staats- und Regierungschefs der Mitgliedsländer zusammen und findet in der Regel alle drei Jahre statt. Die allgemeine Agenda der OIC wird bei diesem Treffen festgelegt. Der Außenministerrat (Council of Foreign Ministers) ist das wichtigste Entscheidungsorgan und bringt jährlich die Außenminister der Mitgliedsländer zusammen. Das Generalsekretariat koordiniert die Arbeit der OIC. Die Mitglieder sind äußerst vielfältig und stammen aus völlig verschiedenen Regionen. Sie pflegen unterschiedliche politische Systeme, Ideologien und Bündnisse. Die einzige übergeordnete Gemeinsamkeit ist der Islam. Die Mitgliedstaaten müssen entweder eine überwiegend muslimische Bevölkerung oder eine bedeutende muslimische Minderheit haben. Allerdings hat die Organisation kaum Autorität über die Mitgliedstaaten und kann die Umsetzung von Resolutionen nicht kontrollieren (Kayaoğlu 2015: 37). Daneben nutzen starke Mitglieder, insbesondere die nahöstlichen Regionalmächte, die OIC als Plattform für eigene Führungsansprüche (Ataman/Gökşen 2014: 11; Kayaoğlu 2015: 39).

Saudi-Arabien genießt eine besondere Stellung in der Organisation (Kayaoğlu 2015: 43). Immerhin sitzt sie in Dschidda und geht auf eine saudische Initiative aus 1969 zurück. Zudem leistet das Königreich den größten Anteil am Budget. Akbarzadeh und Ahmed zufolge wollte Riad von Anfang an die Leitung übernehmen und die politische Agenda der islamischen Welt setzen. Nur vordergründig sei die Organisation anfangs gegen Israel gerichtet gewesen, in Wirklichkeit habe das Königreich beabsichtigt, den ägyptischen Panarabismus zurückzudrängen (Akbarzadeh/Ahmed 2018: 302). Heute wird die zentrale Stellung des Landes in der OIC durch das zunehmende Engagement von Staaten wie der Türkei, dem Iran und Malaysia herausgefordert (Kayaoğlu 2015: 45). Sie alle wollen der Organisation den eigenen Stempel aufprägen und die politische Agenda der islamischen Welt gestalten. Der Iran hat eine schwierige Stellung in der OIC. Er wurde nach der Revolution marginalisiert und sieht sich häufig einem antiiranischen Block arabischer Mitgliedstaaten konfrontiert (Kayaoğlu 2015: 46–47). Seine Stellung in der Organisation offenbart sein prinzipielles Dilemma: Er hegt zwar einen ambitionierten Führungsanspruch, doch sein ausgeprägter konfessioneller Charakter steht diesem im Weg. Die Haltung der Türkei zur OIC hingegen verdeutlicht den politischen Wandel des Landes in den vergangenen Jahrzehnten. Ankara stand der Organisation zunächst distanziert gegenüber und störte sich am islamischen Kern und der harten Haltung gegenüber Israel (Ataman/Gökşen 2014: 23). Die türkische Regierung nahm zwar 1969 am ersten Treffen in Rabat teil, doch sie verhielt sich wegen der laizistischen Innenpolitik passiv. Ankara wirkte unentschlossen, ob eine Mitgliedschaft mit dem Laizismus des türkischen Staates zu vereinbaren ist. Unter Özal begann sich die Türkei jedoch stärker in der Organisation zu beteiligen. Die AKP hat dieses Engagement deutlich intensiviert (Kayaoğlu 2015: 56). Die Wahl von Ekmeleddin İhsanoğlu zum Generalsekretär (2005–2013) der OIC kann als Höhepunkt des türkischen Engagements gesehen werden. Seither hat Ankara wiederholt zu Reformen aufgerufen. Sie seien unabdingbar, wenn die Organisation effizienter werden soll (Ataman/Gökşen 2014: 25). Auch Malaysia sieht Reformbedarf; mächtige Mitgliedstaaten würden die Organisation manipulieren und nationale Interessen in den Fokus rücken, statt die gemeinsamen Interessen der Umma (Kayaoğlu 2015: 53).

In diesem Zusammenhang ist die OIC von Bedeutung, weil sie in Konfliktfällen unter ihren Mitgliedern vermitteln kann.[3] Sie könnte die drei nahöstlichen Regionalmächte an einen Tisch bringen und sie auf die Gefahren ihrer komplexen Rivalitäten aufmerksam machen. Stattdessen ist das Gegenteil der Fall: Die nahöstlichen Regionalmächte tragen ihre Rivalitäten in die Organisation hinein, obwohl sie unter ihren Mitgliedern für Einheit und Kooperation sorgen soll. Jeffrey Haynes bringt die Kritik auf den Punkt: „The OIC has never managed

---

[3] Siehe OIC-Charta, Artikel 27: „The Member States, parties to any dispute, the continuance of which may be detrimental to the interests of the Islamic Ummah or may endanger the maintenance of international peace and security, shall seek a solution by good offices, negotiation, enquiry, mediation, conciliation, arbitration, judicial settlement or other peaceful means of their own choice. In this context good offices may include consultation with the Executive Committee and the Secretary-General." (OIC-Charta 2008)

to function as an organization capable of achieving its goals of enhancing the global position of Muslims – largely because of divisions between its members" (Kayaoğlu 2015: 57). Die Organisation soll zwar die weiter gefassten Interessen der Umma vertreten, doch tatsächlich wird sie von nationalstaatlichen Interessen daran gehindert (Akbarzadeh/Ahmed 2018: 300; Ataman/Gökşen 2014: 10). Deshalb ist eine Reform der Organisation zwingend erforderlich. Diese müssen Strukturen gewährleisten, die den Interessen der Gesamtheit dienen und nicht den von einzelnen Staaten. Dann könnte sie auch auf die Rivalität unter den nahöstlichen Regionalmächten einwirken und zur Beruhigung der Lage im Nahen Osten beitragen. Doch in dem jetzigen Zustand symbolisiert die OIC das allgemeine Befinden der islamischen Welt: Dispute und Zersplitterung überschatten jede nachhaltige Entwicklung.

Wie kann dieser Krise entgegengewirkt werden? Eine Lehrstunde bietet jedenfalls die Europäische Integration. Sie verwirklicht die wirtschaftliche und politische Verflechtung von Ländern und Völkern, die noch zuvor zahllose Kriege gegeneinander geführt haben. Der Nahe Osten könnte ebenfalls auf Basis gemeinsamer Werte und Interessen in eine von Frieden, Stabilität und Wohlstand geprägte Region verwandelt werden (Gül 2013). Der Iran, Saudi-Arabien und die Türkei müssen mit Vernunft und Weitblick vorgehen und zusammen mit anderen Akteuren der Region ein zukunftsfähiges Konzept vorlegen. Wie soll die Region im Jahr 2050 aussehen? Soll sie weiterhin von Bürgerkriegen, Konflikten und Rivalitäten potenzieller Regionalmächte geplagt sein? Oder soll Frieden, Stabilität und Fortschritt herrschen? Wenn letztere eintreten sollen, müssen institutionalisierte Mechanismen entwickelt werden, die Interessenausgleich und Konsenslösungen garantieren. Die Entscheidung liegt ganz allein bei den nahöstlichen Ländern und Völkern selbst. Allerdings wird nur ein regionales Konzept eine langfristige Befriedung der Region ermöglichen. Das Aufdrängen nationaler Konzepte ist zum Scheitern verurteilt. Laut Gül hätten bisher viele Staaten immense Mengen an Ressourcen für Krieg im Nahen Osten aufgewendet. Das Ergebnis dieser Bestrebungen liege auf der Hand. Es sei längst überfällig, in den Frieden zu investieren (Gül 2013). Die Region muss gemeinsame Lösungen und Prinzipien finden, wenn sie langfristige Stabilität anstrebt.

Insofern stehen die nahöstlichen Regionalmächte und damit die Region insgesamt vor drei denkbaren Szenarien:

(1) Sie führen die gegenwärtige *Rivalität* fort, bis sich ein Staat als Ordnungsmacht durchsetzt. Aus realistischer Sicht ist dieses Szenario wahrscheinlich, da Staaten per definitionem um Macht und Einfluss konkurrieren. Allerdings ist unwahrscheinlich, dass sich ein nahöstlicher Staat in absehbarer Zeit als

Ordnungsmacht etablieren wird. Zwar könnte ein Akteur vorübergehend die Oberhand gewinnen, doch nur bis andere Akteure wieder aufrücken. Das vergangene Jahrhundert ist ein demonstratives Beispiel für den Aufstieg und Fall potenzieller Ordnungsmächte im Nahen Osten. Ägypten und der Irak zählten in der zweiten Hälfte des 20. Jahrhunderts noch zu den ambitioniertesten Aspiranten. Heute stehen sie außen vor, weil andere Staaten sie überholt haben. In nur wenigen Jahren könnte die Machtkonstellation erneut ganz anders aussehen. Dieses Szenario ist folglich ein ‚Teufelskreis' und äußerst kostspielig, zumal es zahlreiche bilaterale Konflikte mit ungewissem Ausgang vorprogrammiert. In diesem Szenario ist Frieden, Stabilität und eine nachhaltige regionale Entwicklung ausgeschlossen.

(2) Die zweite Möglichkeit ist eine *Annäherung* zwischen den nahöstlichen Regionalmächten. Sie würde sofort eine beruhigende Wirkung auf die gesamte Region haben und kann schon mit kleinen Schritten eingeleitet werden. Teheran, Riad und Ankara müssen lediglich aufeinander zugehen und eine diplomatische Koordination ihrer Interessen gewährleisten sowie jeder Eskalation entschlossen entgegentreten. Dieses Szenario ist leicht umsetzbar, weil es mit wenig Aufwand verbunden ist. Doch es kann auch schneller torpediert werden, wenn Mechanismen für die Sicherung einer dauerhaften Annäherung fehlen.

(3) Daher ist noch ein anderer Weg möglich, nämlich eine institutionelle *Integration*. In diesem Szenario könnten die nahöstlichen Regionalmächte gemeinsam mit anderen Akteuren regionale Mechanismen entwickeln, die zur Einhaltung bestimmter Werte und Prinzipien verpflichten. Diese Mechanismen könnten einen leichtfertigen Verfall in alte Konfliktmuster verhindern. Stattdessen sollen Interessen in einem institutionellen Rahmen vertreten und dabei die Interessen der gesamten Region berücksichtigt werden. Dafür ist eine stärkere politische, ökonomische und kulturelle Verflechtung der Region unentbehrlich. Also ist für diesen Weg ein entschiedener Wille der nahöstlichen Regionalmächte nötig, weil sie sich von nationalstaatlichen Alleingängen verabschieden müssten. Die Umsetzung dieses Szenarios erfordert große Anstrengungen. Dafür verspricht es langfristige Lösungen zum Wohl der gesamten Region.

Fazit 7

Welche Funktion nimmt der Islam in der Außenpolitik nahöstlicher Regionalmächte ein? So lautete die Ausgangsfrage dieser Abhandlung. Fünf Schritte haben
eine Annäherung an diese Frage ermöglicht und folgende Ergebnisse geliefert:

Erstens (Kapitel 2): Im nahöstlichen Kontext ist der Realismus als theoretisches Fundament besonders geeignet. Er befasst sich mit der zentralen Stellung
von Staaten in der internationalen Politik und bietet Interpretationsansätze für
machtpolitische Rivalitäten. Im Nahen Osten dominieren unumschränkte Staaten
das politische Geschehen. Die Rivalität zwischen dem Iran, Saudi-Arabien und
der Türkei hat aus realistischer Perspektive eine logische Richtigkeit. Denn Staaten konkurrieren zwangsläufig um Macht und Einfluss, wenn sie keiner höheren
Autorität verpflichtet sind. Mit diesem Ansatz lässt sich die politische Situation im
Nahen Osten umschreiben. Die Region entbehrt einer übergeordneten Instanz und
ist daher anfällig für immerwährende zwischenstaatliche Konflikte. Aus regionaler
Sicht hat sie gegenwärtig mit dem Iran, Saudi-Arabien und der Türkei drei Machtzentren (nahöstliches Mächtedreieck). Aus globaler Hinsicht kommen mit den
Vereinigten Staaten und Russland mindestens zwei weitere externe Machtzentren
hinzu. Es ist ein multipolares System, das Waltz zufolge instabil ist. Die Fragilität
der nahöstlichen Staatenordnung bestätigt diesen Standpunkt. Neben dieser Ausgangslage erlebt Religion eine Wiederkehr in den politischen Diskurs. Seit 1979
werden erneut Debatten über das Verhältnis von Staat und Religion geführt, die
auch außenpolitische Folgen haben. Dabei stand Religion lange im Abseits der
Politik und wurde deshalb von der Politikwissenschaft kaum beachtet. Doch die
nahöstlichen Regionalmächte bedienen sich zunehmend der Religion als außenpolitisches Instrument. Die Politikwissenschaft sollte diese Entwicklung in den
Blick nehmen. Welche Konsequenzen ergeben sich für die internationale Politik,
wenn Staaten Religion als außenpolitisches Instrument nutzen?

© Der/die Autor(en), exklusiv lizenziert durch Springer Fachmedien
Wiesbaden GmbH, ein Teil von Springer Nature 2020
M. Özev, *Religion und Außenpolitik*, Globale Gesellschaft und internationale
Beziehungen, https://doi.org/10.1007/978-3-658-32220-5_7

Zweitens (Kapitel 3): Ein Blick in die innere Beschaffenheit von Staaten
ist notwendig, bevor ihre Außenpolitik analysiert wird. Schließlich sind innen-
und außenpolitische Prozesse eng miteinander verzahnt. Der heutige Iran geht
auf eine Revolutionsbewegung zurück, die vom schiitischen Klerus dominiert
wurde. Angeführt von Khomeini ist ein neues Staatskonstrukt entstanden, in dem
die Zwölferschia eine gehobene Stellung genießt. Die Welayat-e Faqih überträgt
dem anerkanntesten Religionsgelehrten die politische wie religiöse Führung und
begründet damit eine Theokratie im Iran. Schiitische Religionsgelehrte dominieren das politische System und besetzen zentrale Staatspositionen. Religion kann
in der Außenpolitik eines solchen Staates zwangsläufig nicht die gleiche Funktion einnehmen wie in der eines säkularen Staates. Ersterer führt sein Dasein auf
eine Religion zurück, während letzterer eine Trennung von Staat und Religion
praktiziert. Saudi-Arabien ist zwar kein theokratischer Staat, weil die politische
Herrschaft im Königreich nicht religiös, sondern dynastisch geregelt wird, dennoch bezeichnet es sich als ‚islamischer Staat'. In diesem Staatssystem genießt
der Wahhabismus eine gehobene Stellung. Der saudische König führt den Titel
‚Hüter der beiden Heiligen Stätten' und besitzt auf diese Weise eine religiöse
Autorität in der islamischen Welt. Auch in diesem Falle kann Religion in der
Außenpolitik nicht die gleiche Funktion einnehmen wie in der eines säkularen
Staates. Im laizistischen Staatsgebilde der Türkei hat Religion keine gehobene
Stellung. Dementsprechend ist ihre Einwirkung auf die türkische Außenpolitik
begrenzt. Allerdings gibt es deutliche Unterschiede in der Praxis. Kemalistische
Regierungen verfolgten einen Ausschluss der Religion aus Politik und Öffent-
lichkeit, während konservative Regierungen eine Reintegration der Religion in
den politischen Diskurs betrieben.

Drittens (Kapitel 4): Der Iran verfolgt eine revolutionäre Außenpolitik und
verletzt damit häufig die Souveränität anderer Staaten. Nichtstaatliche Akteure
sind die wichtigste Stütze seiner Nahostpolitik. Über proiranische Gruppen beeinflusst Teheran die politischen Prozesse in anderen Ländern. Religion nimmt dabei
eine gewichtige Funktion ein. Mit ihr begründet das iranische Regime seine
expansive Außenpolitik und die Beziehungen zu nichtstaatlichen Akteuren wie
die Hisbollah. Für Saudi-Arabien sind zwei Bedrohungswahrnehmungen von entscheidender Bedeutung: die Muslimbruderschaft und der Iran. Die Eindämmung
beider Akteure genießt für Riad höchste Priorität. Das Bündnis mit den USA ist
eine zentrale Konstante in der Außenpolitik des Königreichs. Der Golfkooperationsrat hingegen gilt als Instrument seiner Hegemonialansprüche. Allerdings ist
die Organisation aufgrund zahlreicher regionalpolitischer Differenzen fraktioniert.
Die Bedeutung der Religion ist in der saudischen Außenpolitik eher begrenzt,
stattdessen betont das Königreich gegenwärtig häufig den ‚arabischen Konsens'.

Denn die Hervorhebung eines ‚islamischen Konsenses' würde den Iran und die Türkei miteinbeziehen, die Riad jedoch aus der arabischen Welt fernhalten will. Doch in seiner Rivalität mit dem Iran nutzt das Königreich durchaus die Religion. Mithilfe konfessioneller Aspekte stigmatisiert es seinen Rivalen. Die Türkei indessen will Zugang in die arabische Welt erhalten und präsentierte sich unter der AKP lange Zeit als ‚alternatives Modell'. Sie verkörpere die Vereinbarkeit von Islam und Demokratie und sei eine wirtschaftliche Erfolgsgeschichte. Religion soll dabei den Zugang in die arabische Welt erleichtern.

Viertens (Kapitel 5): In den iranisch-saudischen Beziehungen ist Religion ein wichtiger Einflussfaktor. Vor 1979 hatten Teheran und Riad kaum nennenswerte Konflikte miteinander. Aber die Revolution hat schlagartig für ein feindseliges Klima in den Beziehungen gesorgt. Seither diskreditieren sich beide Seiten auch auf religiöser Grundlage. Ihre politischen Konflikte haben meist eine ausgeprägte konfessionelle Dimension. So kommt es während des Hadsch gelegentlich zu Auseinandersetzungen zwischen iranischen Pilgern und saudischen Sicherheitskräften, die schon mehrmals zu heftigen diplomatischen Krisen geführt haben. In den saudisch-türkischen Beziehungen dagegen ist Ideologie relevanter als Religion. Jedoch ist Religion nicht gänzlich unbedeutend, da beide Seiten ideologische und religiöse Aspekte kombinieren. Riad verbindet den Wahhabismus mit einem traditionell-monarchischen Konzept. Ankara vertritt ein populistisches Konzept, das islamische und republikanische Elemente verknüpft. Folglich ist die Nähe der AKP zur Muslimbruderschaft ein zentraler Streitpunkt. Saudi-Arabien sieht diese Kooperation als Gefahr für den regionalen Status quo. In den türkisch-iranischen Beziehungen ist Religion seit der Revolution ebenfalls von Bedeutung. Insbesondere in den 1990er-Jahren kam es häufig zum Disput zwischen den Nachbarstaaten. Ankara warf dem iranischen Regime Einmischung in innere Angelegenheiten vor. Im Zuge des Revolutionsexports kooperiere es mit antisäkularen Gruppen und unterminiere das politische System der Türkei. Ansonsten ist Religion nebensächlich, da wirtschafts- und energiepolitische Faktoren das Verhältnis beider Staaten dominieren.

Fünftens (Kapitel 6): Der Islam ist in der Außenpolitik nahöstlicher Regionalmächte nur ein Einflussfaktor unter vielen. Er dominiert keineswegs die Außenpolitik, auch nicht die des Iran und Saudi-Arabiens, da pragmatische und ideologische Faktoren ebenfalls einwirken. Doch sie nutzen Religion sachbezogen als außenpolitisches Instrument, das prinzipiell vier Funktionen erfüllt: Eine Politisierungs-, Legitimierungs-, Mobilisierungs- und Stigmatisierungsfunktion. Der Iran nutzt Religion als offensives Mittel und will die regionale Staatenordnung revolutionieren. Dafür mobilisiert er nichtstaatliche Akteure wie die Hisbollah. Saudi-Arabien verwendet Religion als defensives Mittel. Es will die

iranische Expansion, die es als ‚schiitische Bedrohung' bezeichnet, eindämmen.
Die Türkei gebraucht Religion als passives Mittel, mit dem sie den Zugang in
die arabische Welt erleichtern will. Da jeder ein eigenes Religionsverständnis
mit eigenen politischen Vorstellungen verknüpft, sind immerwährende Konflikte
zwischen diesen Staaten unvermeidbar. Dabei könnte ein anderer Blick auf die
Religion deeskalierend, statt konfliktverschärfend wirken, da der Islam auch ein
Friedenspotenzial aufweist.

In der Konsequenz ist die Region stark konfessionalisiert und polarisiert.
Unzählige Spannungen verhindern Frieden und Stabilität. Unverkennbar haben
die Konflikte eine religiöse Dimension, allerdings ist Religion nie der einzige und meist nicht der ursächliche Grund dafür. Sie haben handfeste soziale,
politische und ökonomische Ursachen. Für die weitere Erforschung dieser Thematik ergibt sich folgende grundlegende Frage: Ist der Einfluss von Religion auf
die Außenpolitik und auf Konflikte wissenschaftlich messbar? Außerdem bleibt
folgende Frage offen, obwohl sie in dieser Arbeit angesprochen wurde. Wie verändern unterschiedliche politische Systeme, Staatsführer und Regierungen die
Funktion der Religion in der Außenpolitik eines Staates? Damit diese Fragen
hinreichend beantwortet werden können, ist möglicherweise ein interdisziplinäres
Vorgehen unausweichlich. Denn neben der Politikwissenschaft können die Soziologie, Theologie, Wirtschaftswissenschaften und andere Zweige einen Beitrag zur
Erforschung dieser Thematik leisten.

Literaturverzeichnis

Acharya, Amitav/Buzan, Barry (2010): „Why Is There No Non-Western International Rela-
tions Theory? – An Introduction", in: Amitav Acharya/Barry Buzan (Hg.): *Non-Western
International Relations Theory – Perspectives on and beyond Asia,* Abingdon, Oxon:
Routledge, 1–25.

Ahmadian, Hassan (2018): „Iran and Saudi Arabia in the Age of Trump", *Survival,* 60
(2), 133–150.

Akbari, Semiramis (2007): „Grenzen politischer Reform- und Handlungsspielräume in
Iran – Die Bedeutung innenpolitischer Dynamiken für die Außenpolitik" (HSFK-Report
9/2006), Frankfurt am Main: Hessische Stiftung Friedens- und Konfliktforschung.

Akbari, Semiramis (2010): „Der Faktor Religion und Irans regionale Ambitionen im Nahen
Osten", in: Sigrid Faath (Hg.): *Rivalitäten und Konflikt zwischen Sunniten und Schiiten
in Nahost,* Berlin: Forschungsinstitut der Deutschen Gesellschaft für Auswärtige Politik
e. V., 47–70.

Akbarzadeh, Shahram/Ahmed, Zahid Shahab (2018): „Impacts of Saudi Hegemony on the
Organization of Islamic Cooperation (OIC)", *International Journal of Politics, Culture
and Society,* 31 (3), 297–311.

Akbarzadeh, Shahram/Conduit, Dara (2016): „Charting a New Course? Testing Rouhani's
Foreign Policy Agency in the Iran-Syria Relationship", in: Shahram Akbarzadeh/Dara
Conduit (Hg.): *Iran in the World – President Rouhani's Foreign Policy,* New York:
Palgrave Macmillan, 133–154.

al-Dakhil, Khalid (2009): „Wahhabism as an Ideology of State Formation", in: Hasan
Kosebalaban/Mohammed Ayoob (Hg.): *Religion and Politics in Saudi Arabia – Wahhabism and the State:* Lynne Rienner Publishers, 23–38.

al-Faisal, Turki (2013): „Saudi Arabia's Foreign Policy", *Middle East Policy,* 20 (4), 37–
44.

al-Jubeir, Adel (2016): „Can Iran Change?", *The New York Times,* 19.01.2016, https://www.
nytimes.com/2016/01/19/opinion/saudi-arabia-can-iran-change.html?action=click&mod
ule=RelatedCoverage&pgtype=Article&region=Footer (Zugriff: 11.12.2019).

al-Jubeir, Adel/Coleman, Isobel (2018): „A Conversation with Adel al-Jubeir", *Council
on Foreign Relations,* 26.09.2018, https://www.cfr.org/event/conversation-adel-al-jubeir
(Zugriff: 11.12.2019).

© Der/die Herausgeber bzw. der/die Autor(en), exklusiv lizenziert durch   189
Springer Fachmedien Wiesbaden GmbH, ein Teil von Springer Nature 2020
M. Özev, *Religion und Außenpolitik,* Globale Gesellschaft und internationale
Beziehungen, https://doi.org/10.1007/978-3-658-32220-5

al-Jubeir, Adel/Hermann, Rainer (2017): „Viele unterschätzen, wie gefährlich Iran ist", *Frankfurter Allgemeine*, 21.12.2017, https://www.faz.net/aktuell/politik/ausland/saudiarabien-viele-unterschaetzen-wie-gefaehrlich-der-iran-ist-15351890.html (Zugriff: 11.12.2019).

al-Rasheed, Madawi (2017): „King Salman and His Son: Winning the US, Losing the Rest" (LSE Middle East Centre Report 9/2017), London: Middle East Centre.

Alsultan, Fahad Mohammad/Saeid, Pedram (2017): *The Development of Saudi-Iranian Relations since the 1990s – Between Conflict and Accommodation*, Abingdon, Oxon: Routledge.

Ataman, Muhittin (2009): „Türkiye-Suudi Arabistan İlişkileri: Temkinli İlişkilerden Çok-Taraflı Birlikteliğe", *Ortadoğu Analiz*, 1 (9), 72–81.

Ataman, Muhittin (2012): „Turkish-Saudi Arabian Relations During the Arab Uprisings: Towards a Strategic Partnership?", *Insight Turkey*, 14 (4), 121–136.

Ataman, Muhittin/Gökşen, Ayşe Nur (2014): „Sembolizm ve Aktivizm Arasında İslam İşbirliği Teşkilatı" (Analiz Januar 2014 76), Ankara: SETA (https://file.setav.org/Files/Pdf/20140113194826_sembolizm-ve-aktivizm-arasinda-islam-isbirligi-teskilati-pdf.pdf). [Zugriff: 05.12.2019].

Auswärtiges Amt (2017): „Friedensverantwortung der Religionen", Dokumentation – Berliner Treffen, 21. – 23 Mai 2017, https://www.bundesregierung.de/breg-de/service/publikationen/konferenz-berliner-treffen-2017-friedensverantwortung-der-religionen--735170 (Zugriff: 05.12.2019).

Aviv, Efrat (2017): „Turkish-Saudi Relations: Cooperation or Rivalry?", *The Maghreb Review*, 42 (3), 307–328.

Ayhan, Veysel (2010): „Geçmişten Geleceğe Türkiye-Suudi Arabistan İlişkileri", *Ortadoğu Analiz*, 2 (23), 25–35.

Ayman, Gülden (2014): „Turkey and Iran: Between Friendly Competition and Fierce Rivalry", *Arab Studies Quarterly*, 36 (1), 6–26.

Baumgart-Ochse, Claudia (2016): „Substanziell, funktional oder gar nicht? Der Religionsbegriff in der Friedens- und Konfliktforschung", in: Ines-Jacqueline Werkner (Hg.): *Religion in der Friedens- und Konfliktforschung – Interdisziplinäre Zugänge zu einem multidimensionalen Begriff*, Baden-Baden: Nomos, 29–59.

Bergem, Wolfgang (2016): „Wann ist das Distinktionspotenzial religiöser Identitäten anfällig für eine Eskalation zur Freund-Feind-Schematisierung?", in: Ines-Jacqueline Werkner/Oliver Hidalgo (Hg.): *Religiöse Identitäten in politischen Konflikten*, Wiesbaden: Springer VS, 125–143.

bin Naif, Mohammed (2016): „Statement His Royal Highness Prince Mohammed bin Nayef bin Abdul Aziz Al Saud Crown Prince, Deputy Prime Minister and Minister of Interior", United Nations General Assembly – New York, 21.09.2016, https://gadebate.un.org/sites/default/files/gastatements/71/71_SA_en.pdf (Zugriff: 05.12.2019).

Bostancı, Mustafa (2016): „Türk-Suudi İlişkilerine Katkısı Bakımından Turgut Özal'ın Suudi Arabistan Ziyareti (16–20 Mart 1985)", *Yeni Türkiye*, 85, 651–662.

BpB (2016): „Karte Naher Osten/Vorderasien", 10.03.2016, https://www.bpb.de/internationales/weltweit/innerstaatliche-konflikte/54655/nahost (Zugriff 01.03.2018).

Brinkmann, Stefanie (2010): „Sunniten und Schiiten: Ursprünge und Dimensionen eines Konflikts", in: Sigrid Faath (Hg.): *Rivalitäten und Konflikt zwischen Sunniten und Schiiten in Nahost*, Berlin: Forschungsinstitut der Deutschen Gesellschaft für Auswärtige Politik e. V., 25–46.

Brummer, Klaus/Oppermann, Kai (2014): *Außenpolitikanalyse*, München: Oldenbourg.

Buchta, Wilfried (2009): „Die Islamische Republik Iran", 14.05.2009, https://www.bpb.de/internationales/asien/iran/40110/das-politische-system?p=all (Zugriff 05.12.2019).

Bunge, Kirstin (2016): „Die Krise der säkularen Staatsidee und das Potenzial der Religion zur friedlichen Identitätsbildung – Persönliche Integrität als Scharnier zwischen individueller und kollektiver Ethik", in: Ines-Jacqueline Werkner/Oliver Hidalgo (Hg.): *Religiöse Identitäten in politischen Konflikten*, Wiesbaden: Springer VS, 47–63.

Byman, Daniel (2014): „Sectarianism Afflicts the New Middle East", *Survival*, 56 (1), 79–100.

Çetinsaya, Gökhan (2004): „Turkish-Iranian Relations Since the Revolution", *Turkish Review of Middle East Studies*, 14, 143–161.

Chehabi, Houchang (2011): „Das politische System der Islamischen Republik Iran", in: Azadeh Zamirirad (Hg.): *Das politische System Irans*, Potsdam: Universitätsverlag Potsdam, 33–52.

Commins, David (2015): *Islam in Saudi Arabia*, London: Tauris.

Davutoğlu, Ahmet (2011): *Stratejik Derinlik – Türkiye'nin Uluslararası Konumu*, İstanbul: Küre Yayınları.

Demiryol, Tolga (2013): „The Limits to Cooperation Between Rivals: Turkish-Iranian Relations Since 2002", *Ortadoğu Etütleri*, 4 (2), 111–144.

Der Koran (2010): *Die ungefähre Bedeutung des Al-Quran Al-Karim*, Düsseldorf: IB Verlag.

Destradi, Sandra (2012): „Die Analyse außenpolitischer Strategien von Regionalmächten", in: Daniel Flemes/Dirk Nabers/Detlef Nolte (Hg.): *Macht, Führung und Regionale Ordnung – Theorien und Forschungsperspektiven*, Baden-Baden: Nomos, 137–153.

Donnelly, Jack (2000): *Realism and International Relations*, Cambridge: Cambridge University Press.

Ebert, Hannes/Flemes, Daniel (2018): „Rethinking Regional Leadership in the Global Disorder", *Rising Powers Quarterly*, 3 (1), 7–23.

Ehteshami, Anoushiravan (2009): „Machtstrukturen in Iran", *Aus Politik und Zeitgeschichte (BpB)*, 30. November 2009, 9–14.

Elik, Süleyman (2018): „The Arab Spring and Turkish-Iranian Relations, 2011–2016", in: Hüseyin Işıksal/Oğuzhan Göksel (Hg.): *Turkey's Relations with the Middle East – Political Encounters after the Arab Spring*, Cham: Springer, 105–116.

Embassy of the Kingdom of Saudi Arabia in Washington, DC (1992): „The Basic Law of Governance", https://www.saudiembassy.net/basic-law-governance (Zugriff: 10.12.2019).

Ennis, Crystal/Momani, Bessma (2013): „Shaping the Middle East in the Midst of the Arab Uprisings: Turkish and Saudi Foreign Policy Strategies", *Third World Quarterly*, 34 (6), 1127–1144.

Erdal, İbrahim (2012): „Atatürk dönemi (1923–1938) Türk-İran İlişkileri ve Sadabad Paktı", *Karadeniz Araştırmaları*, 34, 77–88.

Erdoğan, Recep Tayyip (2015): „İran Cumhurbaşkanı Ruhani ile Ortak Basın Toplantısında Yaptığı Konuşma", *Türkiye Cumhuriyeti Cumhurbaşkanlığı*, 07.04.2015, https://www.tccb.gov.tr/konusmalar/353/30099/iran-cumhurbaskani-ruhani-ile-ortak-basin-toplantisinda-yaptigi-konusma (Zugriff: 06.12.2019).

Erdoğan, Recep Tayyip (2017): „Cumhurbaşkanlığı Sistemi Sempozyumunda Yaptıkları Konuşma", *Türkiye Cumhuriyeti Cumhurbaşkanlığı*, 11.02.2017, https://www.tccb.gov.tr/konusmalar/353/71056/cumhurbaskanligi-sistemi-sempozyumunda-yaptiklari-konusma (Zugriff: 06.12.2019).

Erdoğan, Recep Tayyip (2018a): „Londra'da, Chatham House'da Yaptıkları Konuşma", *Türkiye Cumhuriyeti Cumhurbaşkanlığı*, 14.05.2018, https://www.tccb.gov.tr/konusmalar/353/94018/londra-da-chatham-house-da-yaptiklari-konusma (Zugriff: 06.12.2019).

Erdoğan, Recep Tayyip (2018b): „Saudi Arabia still has many questions to answer about Jamal Khashoggi's killing", *The Washington Post*, 02.11.2018, https://www.washingtonpost.com/news/global-opinions/wp/2018/11/02/recep-tayyip-erdogan-saudi-arabia-still-has-many-questions-to-answer-about-jamal-khashoggis-killing/?noredirect=on&utm_term=.79995d4308eb (Zugriff: 06.12.2019).

Esposito, John/Sonn, Tamara/Voll, John (2016): *Islam and Democracy after the Arab Spring*, New York: Oxford University Press.

Faath, Sigrid (2010): „Sunniten und Schiiten in Nahost und Nordafrika: Eine religiöse Unterscheidung mit politischen Konsequenzen", in: Sigrid Faath (Hg.): *Rivalitäten und Konflikt zwischen Sunniten und Schiiten in Nahost*, Berlin: Forschungsinstitut der Deutschen Gesellschaft für Auswärtige Politik e. V., 205–234.

Faath, Sigrid (2011): „Die arabisch-türkischen Beziehungen – Ausdruck pragmatischer Interessenpolitik", in: Sigrid Faath (Hg.): *Die Zukunft arabisch-türkischer Beziehungen: Nationales Interesse, nicht Religion als Basis der Kooperation*, Baden-Baden: Nomos, 259–278.

Fahd, ibn Abdulaziz (1992): „King Fahd's Speech on the Issuance of the Basic Law of Governance", *The Embassy of the Kingdom of Saudi Arabia, Washington, DC*, https://www.saudiembassy.net/king-fahds-speech-issuance-basic-law-governance (Zugriff: 06.12.2019).

Fawcett, Louise (2011): „Regional leadership? Understanding Power and Transformation in the Middle East", in: Nadine Godehardt/Dirk Nabers (Hg.): *Regional Powers and Regional Orders*, London: Routledge, 155–172.

Fürtig, Henner (2002): *Iran's Rivalry with Saudi Arabia between the Gulf Wars*, Reading: Ithaca Press.

Fürtig, Henner (2014): „Historisch gewachsene Symbiose: Das Haus Saud und die Wahhabiyya", *Aus Politik und Zeitgeschichte (BpB)*, 10. November 2014, 3–11.

Fürtig, Henner (2017): „Katars Beziehungen zu Iran: eher Taktik als Strategie" (GIGA Focus Nahost, Nr. 4), Hamburg: GIGA German Institute of Global and Area Studies.

Gaub, Florence (2016): „War of Words: Saudi Arabia v Iran" (2/Februar 2016), Paris: European Union Institute for Security Studies (https://www.iss.europa.eu/uploads/media/Brief_2_Saudi_Arabia___Iran_01.pdf). [Zugriff: 01.03.2020].

Göksel, Oğuzhan (2015): „The Impact of the Arab Spring on Turkey's Role and Relations in the Middle East", in: Hüseyin Işıksal/Ozan Örmeci (Hg.): *Turkish Foreign Policy in the New Millennium*, Frankfurt am Main: Lang, 47–63.

Gourlay, William (2016): „Mesopotamian Nexus: Iran, Turkey and the Kurds", in: Shahram Akbarzadeh/Dara Conduit (Hg.): *Iran in the World – President Rouhani's Foreign Policy*, New York: Palgrave Macmillan, 111–131.

Gül, Abdullah (2013): „4. İstanbul Forumu'nda Yaptıkları Konuşma", 04.10.2013, https://www.abdullahgul.gen.tr/konusmalar/371/87304/4istanbul-forumunda-yaptiklari-kon usma.html (Zugriff: 06.12.2019).

Gül, Abdullah (2014): „Türkiye-İran İş Konseyinde Yaptıkları Konuşma", *Türkiye Cumhuriyeti Cumhurbaşkanlığı*, 10.06.2014, https://www.tccb.gov.tr/konusmalari--abdullah-gul-/1724/18004/turkiye-iran-is-konseyinde-yaptiklari-konusma (Zugriff: 06.12.2019).

Gül, Abdullah/Tepperman, Jonathan (2013): „Turkey's Moment – A Conversation with Abdullah Gul", *Foreign Affairs*, January/February 2013, 2–7.

Gülener, Serdar/Miş, Nebi (2017): „Cumhurbaşkanlığı Sistemi" (Analiz Februar 2017 190), Ankara: SETA (https://setav.org/assets/uploads/2017/02/AnalizCumhurbaskanlig iSistemi.pdf). [Zugriff: 06.12.2019]

Habib, John (2009): „Wahhabi Origins of the Contemporary Saudi State", in: Hasan Kosebalaban/Mohammed Ayoob (Hg.): *Religion and Politics in Saudi Arabia – Wahhabism and the State*: Lynne Rienner Publishers, 57–73.

Hasenclever, Andreas/De Juan, Alexander (2009): „Kriegstreiber und Friedensengel – Die ambivalente Rolle von Religionen in politischen Konflikten", in: Irene Dingel/Christiane Tietz (Hg.): *Das Friedenspotenzial von Religion*, Göttingen: Vandenhoeck & Ruprecht, 101–118.

Haynes, Jeffrey (2013): *An Introduction to International Relations and Religion*, Harlow: Pearson.

Heibach, Jens (2017): „Saudi-Arabiens Krieg im Jemen: Keine Ausstiegsstrategie" (GIGA Focus Nahost, Nr. 2), Hamburg: GIGA German Institute of Global and Area Studies.

Heibach, Jens (2018): „Yet Another Scramble: Why Middle Eastern Powers Are Reaching Out to Africa" (GIGA Focus Middle East, Nr. 5), Hamburg: GIGA German Institute of Global and Area Studies.

Hermann, Rainer (2014): „Nach dem Staatszerfall – In der arabischen Welt zeichnet sich noch keine neue Ordnung ab", *Internationale Politik*, September/Oktober 2014, 8–15.

Hermann, Rainer (2015): *Endstation IS? – Staatsversagen und Religionskrieg in der arabischen Welt*, München: Deutscher Taschenbuch Verlag.

Herz, John (1961): *Weltpolitik im Atomzeitalter*, Stuttgart: Kohlhammer.

Herz, John H. (1974): *Staatenwelt und Weltpolitik – Aufsätze zur internationalen Politik im Nuklearzeitalter*, Hamburg: Hoffmann und Campe.

Hinnebusch, Raymond (2019): „The Sectarian Surge in the Middle East and the Dynamics of the Regional States-System", *Tidsskrift for Islamforskning*, 13 (1), 35–61.

Hobbes, Thomas (1970) [1651]: *Leviathan*, Stuttgart: Reclam.

Hubel, Helmut (2005): „Wie viel Religion ist in den Konflikten des Vorderen Orients?", in: Mathias Hildebrandt/Manfred Brockner (Hg.): *Unfriedliche Religionen? – Das politische Gewalt- und Konfliktpotenzial von Religionen*, Wiesbaden: VS Verlag für Sozialwissenschaften, 179–191.

Hunter, Shireen T. (2017): *God on Our Side – Religion in International Affairs*, Lanham, Maryland: Rowman & Littlefield.

Huntington, Samuel (1993): „The Clash of Civilizations?", *Foreign Affairs*, Summer 1993, 22–49.

Huntington, Samuel (1997): *Der Kampf der Kulturen: Die Neugestaltung der Weltpolitik im 21. Jahrhundert*, München: Europa Verlag.

İnat, Kemal (2015): „Ekonomik İşbirliği Örgütü'nün 30. Yılında Türkiye-İran Ekonomik İlişkileri" (Analiz Juli 2015 132), Ankara: SETA (https://file.setav.org/Files/Pdf/201507 03172909_turkiye-iran-ekonomik-iliskileri-pdf.pdf). [Zugriff: 09.12.2019].

International Trade Centre (2019): *Trade Map Data*, Genf.

Işıksal, Hüseyin (2015): „Turkish Foreign Policy during the AKP Era", in: Hüseyin Işıksal/Ozan Örmeci (Hg.): *Turkish Foreign Policy in the New Millennium*, Frankfurt am Main: Lang, 15–28.

Islam, Thowhidul (2016): „Turkey's AKP Foreign Policy toward Syria: Shifting Policy during the Arab Spring", *International Journal on World Peace*, 33 (1), 7–41.

Islamic Consultative Assembly (1989): *The Constitution of the Islamic Republic of Iran, 1979 – Last amended in 1989*, Tehran.

Jacobs, Andreas (2006): „Realismus", in: Siegfried Schieder/Manuela Spindler (Hg.): *Theorien der Internationalen Beziehungen*, Opladen: Budrich, 39–63.

Jacobs, Andreas (2011): „Die Rückkehr der Paschas – Kooperation und Projektion in den türkisch-ägyptischen Beziehungen", in: Sigrid Faath (Hg.): *Die Zukunft arabisch-türkischer Beziehungen: Nationales Interesse, nicht Religion als Basis der Kooperation*, Baden-Baden: Nomos, 221–233.

Jenkins, Gareth (2012): „Occasional Allies, Enduring Rivals: Turkey's Relations With Iran", Washington: Central Asia-Caucasus Institute Silk Road Studies Program (https://www.silkroadstudies.org/resources/pdf/SilkRoadPapers/2012_05_SRP_Jenkins_Turkey-Iran.pdf). [Zugriff: 01.03.2020].

Juneau, Thomas (2016): „Iran's Policy towards the Houthis in Yemen: A Limited Return on a Modest Investment", *International Affairs*, 92 (3), 647–663.

Kadayifci-Orellana, Ayse (2013): „Frieden und Gewalt im Islam", in: Reinhold Mokrosch/Thomas Held/Roland Czada (Hg.): *Religionen und Weltfrieden – Friedens- und Konfliktlösungspotenziale von Religionsgemeinschaften*, Stuttgart: Kohlhammer, 137–156.

Kamacı, Yüksel (2015): „Turkey-Iran Relations during Ahmadinejad Presidency (2005–2013)", in: Hüseyin Işıksal/Ozan Örmeci (Hg.): *Turkish Foreign Policy in the New Millennium*, Frankfurt am Main: Lang, 113–128.

Karacasulu, Nilüfer/Karakır, İrem A. (2011): „Iran-Turkey Relations in the 2000s: Pragmatic Rapprochement", *Ege Academic Review*, 11 (1), 111–119.

Kayaoğlu, Turan (2015): *The Organization of Islamic Cooperation – Politics, Problems, and Potential*, London: Routledge.

Keynoush, Banafsheh (2016): *Saudi-Arabia and Iran – Friends or Foes?*, Palgrave Macmillan.

Khamenei, Ali (2018): „The U.S. opposes anything that will make Iran powerful", 04.10.2018, https://english.khamenei.ir/news/5991/The-U-S-opposes-anything-that-will-make-Iran-powerful (Zugriff: 09.12.2019).

Kissinger, Henry (2014): *Weltordnung*, München: C. Bertelsmann Verlag.

Kocatepe, Damla (2017): „Suudi Arabistan-İran Rekabeti: Mezhep Görünümlü Çıkar Çatışması", *ANKASAM*, 1 (2), 67–101.

Koch, Christian (2010): „Der Golf-Kooperationsrat als regionale Sicherheitsorganisation", *KAS Auslandsinformationen*, November 2010, 24–39.

Legrenzi, Matteo/Lawson Fred H. (2016): „Saudi Arabia Calls Out Hezbollah: Why Now?",
  Middle East Policy, 23 (2), 31–43.
Machiavelli, Niccolo (1925): *Vom Staate*, München: Georg Müller.
Machiavelli, Niccolo (1986) [1532]: *Der Fürst*, Stuttgart: Reclam.
Machiavelli, Niccolo/Zorn, Rudolf (1954): *Gedanken über Politik und Staatsführung*, Stutt-
  gart: Kröner.
Malamud, Andrés (2011): „A Leader Without Followers? – The Growing Divergence Bet-
  ween the Regional and Global Performance of Brazilian Foreign Policy", *Latin Ameri-
  can Politics and Society*, 53 (3), 1–24.
Mandaville, Peter/Hamid, Shadi (2018): *Islam as Statecraft: How Governments Use Reli-
  gion in Foreign Policy*, Washington, DC: The Brookings Institution.
Mason, Robert (2015): *Foreign Policy in Iran and Saudi Arabia – Economics and Diplo-
  macy in the Middle East*, London: Tauris.
Mattes, Hanspeter (2010): „Die heterogene Wahrnehmung Irans in den arabischen Staaten:
  Für die einen „strategischer Partner", für die anderen „aggressiver Hegemonialstaat", in:
  Sigrid Faath (Hg.): *Rivalitäten und Konflikt zwischen Sunniten und Schiiten in Nahost*,
  Berlin: Forschungsinstitut der Deutschen Gesellschaft für Auswärtige Politik e. V., 71–
  98.
Ministry of Foreign Affairs of Saudi Arabia (2017a): „Saudi Arabia and the Yemen Con-
  flict", White Paper, 19.04.2017, https://www.saudiembassy.net/sites/default/files/WhiteP
  aper_Yemen_April2017_0.pdf (Zugriff: 09.12.2019).
Ministry of Foreign Affairs of Saudi Arabia (2017b): „Visit of President Trump", White
  Paper, 22.06.2017, https://www.saudiembassy.net/sites/default/files/WhitePaper_Trum
  pVisit_June2017.pdf (Zugriff: 09.12.2019).
Morgenthau, Hans (1963): *Macht und Frieden – Grundlegung einer Theorie der internatio-
  nalen Politik*, Gütersloh: Bertelsmann.
Morgenthau, Hans J. (1960): *Politics among Nations: The Struggle for Power and Peace*,
  New York: Knopf.
Müftüler-Baç, Meltem (2014): „Changing Turkish Foreign Policy towards Iraq: New Tools
  of Engagement", *Cambridge Review of International Affairs*, 27 (3), 538–552.
Nolte, Detlef (2010): „How to Compare Regional Powers: Analytical Concepts and Rese-
  arch Topics", *Review of International Studies*, 36, 881–901.
Nolte, Detlef (2012): „Regionale Führungsmächte: Analysekonzepte und Forschungsfra-
  gen", in: Daniel Flemes/Dirk Nabers/Detlef Nolte (Hg.): *Macht, Führung und Regionale
  Ordnung – Theorien und Forschungsperspektiven*, Baden-Baden: Nomos, 17–52.
OIC-Charta (2008): „Charter of the Organisation of Islamic Cooperation", https://www.oic-
  oci.org/upload/documents/charter/en/oic_charter_2018_en.pdf (Zugriff: 09.12.2019).
Okruhlik, Gwenn (2003): „Saudi Arabian-Iranian Relations: External Rapprochement and
  Internal Consolidation", *Middle East Policy*, 10 (2), 113–125.
Oktav, Özden Zeynep (2018): „Quo Vadis Turkey-GCC States Relations? A Turkish Per-
  spective", *Insight Turkey*, 20 (2), 107–124.
Ostovar, Afshon (2016): *Sectarian Dilemmas in Iranian Foreign Policy: When Strategy and
  Identity Politics Collide*, Washington, DC: Carnegie Endowment for International Peace.
Özcan, Nihat Ali/Özdamar, Özgür (2010): „Uneasy Neighbors: Turkish-Iranian Relations
  since the 1979 Revolution", *Middle East Policy*, 17 (3), 101–117.
Pabst, Martin (2017): „Die Katar-Krise und ihre Folgen", *Politische Studien*, 476, 62–73.

Pollack, Detlef (2016): „Was ist Religion? Eine kritische Diskussion", in: Ines-Jacqueline Werkner (Hg.): *Religion in der Friedens- und Konfliktforschung – Interdisziplinäre Zugänge zu einem multidimensionalen Begriff*, Baden-Baden: Nomos, 60–91.

Posch, Walter (2013): „Dritte Welt, globaler Islam und Pragmatismus – Wie die Außenpolitik Irans gemacht wird" (SWP Studien 2013/S 04), Berlin: Stiftung Wissenschaft und Politik (https://www.swp-berlin.org/fileadmin/contents/products/studien/2013_S04_poc.pdf). [Zugriff: 11.12.2019].

Pulat, Abdüssamet (2018): „Karşılıklı Bağımlılık Teorisi Açısından Türkiye-İran Ekonomik İlişkileri: 2002–2014", *İran Çalışmaları Dergisi*, 1 (2), 93–114.

Ramm, Christoph (2011): „Die Türkei und ihre Politik der „strategischen Tiefe" – Abkehr vom Westen, neuer Osmanismus oder nationale Großmachtphantasie?", in: Sigrid Faath (Hg.): *Die Zukunft arabisch-türkischer Beziehungen: Nationales Interesse, nicht Religion als Basis der Kooperation*, Baden-Baden: Nomos, 51–63.

Reissner, Johannes (2011): „Iran: Selbstverständnis und Verhaltensmuster", in: Azadeh Zamirirad (Hg.): *Das politische System Irans*, Potsdam: Universitätsverlag Potsdam, 132–144.

Rieck, Andreas (2011): „Der Libanon und die neue türkische Außenpolitik – Hohe Erwartungen, starke Resonanz", in: Sigrid Faath (Hg.): *Die Zukunft arabisch-türkischer Beziehungen: Nationales Interesse, nicht Religion als Basis der Kooperation*, Baden-Baden: Nomos, 201–220.

Riedel, Sabine (2017): „Pluralismus im Islam – ein Schlüssel zum Frieden" (SWP Studien 2017/S 14), Berlin: Stiftung Wissenschaft und Politik (https://www.swp-berlin.org/filead min/contents/products/studien/2017S14_rds.pdf). [Zugriff: 10.12.2019].

Rizvi, Mahtab Alam (2013): *Understanding Iran's Political and Military Institutions: An Indian Perspective*, New Delhi: Institute for Defence Studies & Analyses.

Rouhani, Hassan (2018): „Address by H.E. Mr. Hassan Rouhani, President Islamic Republic of Iran", United Nations General Assembly – New York, 25.09.2018, https://gadebate.un.org/sites/default/files/gastatements/73/ir_en.pdf (Zugriff: 10.12.2019).

Rumpf, Christian (2017a): „Das neue politische System der Türkei", 17.10.2017, https://www.bpb.de/internationales/europa/tuerkei/253181/das-neue-politische-system-der-tuerkei (Zugriff 10.12.2019).

Rumpf, Christian (2017b): „Verfassungsgeschichte der Türkei", 17.10.2017, https://www.bpb.de/internationales/europa/tuerkei/253182/verfassungsgeschichte-der-tuerkei [Zugriff 10.12.2019].

Rumpf, Christian/Steinbach, Udo (2010): „Das politische System der Türkei", in: Wolfgang Ismayr (Hg.): *Die politischen Systeme Osteuropas*, Wiesbaden: VS Verlag für Sozialwissenschaften, 1053–1095.

Sadeghi, Hossein/Ahmadian, Hassan (2011): „Iran-Saudi Relations: Past Pattern, Future Outlook", *Iranian Review of Foreign Affairs*, 1 (4), 115–148.

Sadjadpour, Karim (2013): „Warum Teheran das Assad-Regime auch künftig nicht fallen lassen wird", *Internationale Politik*, November/Dezember 2013, 42–47.

Sadjadpour, Karim/Ben Taleblu, Behnam (2015): „Feste Feinde – Die Prinzipien der iranischen Außenpolitik bleiben unverändert", *Internationale Politik*, November/Dezember 2015, 14–21.

Sailer, Matthias/Roll, Stephan (2017): „Drei Szenarien zur Katar-Krise – Zwischen Regime-Change, Konfliktbeilegung und Kaltem Krieg am Golf" (SWP Aktuell 2017/44), Berlin: Stiftung Wissenschaft und Politik (https://www.swp-berlin.org/fileadmin/contents/products/aktuell/2017A44_rll_sil.pdf). [Zugriff: 10.12.2019].

Salamey, Imad/Othman, Zanoubia (2011): „Shia Revival and Welayat Al-Faqih in the Making of Iranian Foreign Policy", *Politics, Religion & Ideology*, 12 (2), 197–212.

Sandal, Nukhet A. (2017): *Religious Leaders and Conflict Transformation – Northern Ireland and beyond*, Cambridge University Press.

Sandal, Nukhet A./Fox, Jonathan (2013): *Religion in International Relations Theory – Interactions and Possibilities*, Abingdon, Oxon: Routledge.

Sandal, Nukhet/James, Patrick (2010): „Religion and International Relations Theory: Towards a Mutual Understanding", *European Journal of International Relations*, 17 (1), 3–25.

Schäfer, Philip J. (2015): „Saudi-Arabien: Identität in Abgrenzung zur Schia? Der saudisch-sunnitische Sicherheitsdiskurs und die Konzeption eines schiitischen Feindbildes am Beispiel des Huthi-Konflikts", *Zeitschrift für Außen- und Sicherheitspolitik*, 8 (2), 221–241.

Scheffler, Thomas (2016): „Religiöse Identität, politische Mobilisierung und externe Allianzen im Libanon: Maroniten, Sunniten und Schiiten im Vergleich", in: Ines-Jacqueline Werkner/Oliver Hidalgo (Hg.): *Religiöse Identitäten in politischen Konflikten*, Wiesbaden: Springer VS, 265–288.

Scheiterbauer, Tanja (2014): *Islam, Islamismus und Geschlecht in der Türkei – Perspektiven der sozialen Bewegungsforschung*, Wiesbaden: Springer VS.

Schmidt, Helmut (2015): *Was ich noch sagen wollte*, München: Verlag C.H. Beck.

Schmidt, Renate (2011): „Die Welayat-e Faqih", in: Azadeh Zamirirad (Hg.): *Das politische System Irans*, Potsdam: Universitätsverlag Potsdam, 53–79.

Selinger, Leah (2013): „The Forgotten Factor: The Uneasy Relationship between Religion and Development", in: Nukhet A. Sandal (Hg.): *Religion as an Issue in Politics*, New York: International Debate Education Association, 221–239.

Seufert, Günter (2004): „Staat und Islam in der Türkei" (SWP Studie 2004/S 29), Berlin: Stiftung Wissenschaft und Politik (https://www.swp-berlin.org/fileadmin/contents/products/studien/2004_S29_seufert_ks.pdf). [Zugriff: 10.12.2019].

Seufert, Günter (2012): „Außenpolitik und Selbstverständnis – Die gesellschaftliche Fundierung von Strategiewechseln in der Türkei" (SWP Studie 2012/S 11), Berlin: Stiftung Wissenschaft und Politik (https://www.swp-berlin.org/fileadmin/contents/products/studien/2012_S11_srt.pdf). [Zugriff: 10.12.2019].

Seufert, Günter (2018): „Turkey's Shift to Executive Presidentialism: How to Save EU-Turkish Relations", *Südosteuropa Mitteilungen*, 03/2018, 6–19.

Shabafrouz, Miriam (2011): „Irans turbulente Außenbeziehungen und der Faktor Erdöl", in: Azadeh Zamirirad (Hg.): *Das politische System Irans*, Potsdam: Universitätsverlag Potsdam, 145–157.

Shevlin, Neil (1998): „Velayat-e Faqih in the Constitution of Iran: The Implementation of Theocracy", *Journal of Constitutional Law*, 1 (2), 358–382.

Sons, Sebastian (2017a): *Auf Sand gebaut – Saudi-Arabien – Ein problematischer Verbündeter*, Bonn: Bundeszentrale für politische Bildung.

Sons, Sebastian (2017b): „Hausarrest für Katar – Die Krise entpuppt sich als Kampf um die Vormacht in der Golf-Familie", *Internationale Politik*, Juli/August 2017, 98–102.

Soubrier, Emma (2014): „Regional Disorder and New Geo-economic Order: Saudi Security Strategies in a Reshaped Middle East" (GRM Papers 9/2014), Cambridge: Gulf Research Centre.

Statistisches Bundesamt (2019): „Iran, Islamische Republik – Statistisches Länderprofil" (Ausgabe 08/2019), Wiesbaden: Statistisches Bundesamt (https://www.destatis.de/DE/Themen/Laender-Regionen/Internationales/Laenderprofile/iran.pdf?__blob=publicati onFile). [Zugriff: 17.12.2019].

Statistisches Bundesamt (2019): „Saudi-Arabien – Statistisches Länderprofil" (Ausgabe 08/2019), Wiesbaden: Statistisches Bundesamt (https://www.destatis.de/DE/Themen/Laender-Regionen/Internationales/Laenderprofile/saudi-arabien.pdf?__blob=publicati onFile). [Zugriff: 17.12.2019].

Statistisches Bundesamt (2019): „Türkei – Statistisches Länderprofil" (Ausgabe 08/2019), Wiesbaden: Statistisches Bundesamt (https://www.destatis.de/DE/Themen/Laender-Regionen/Internationales/Laenderprofile/tuerkei.pdf?__blob=publicationFile). [Zugriff: 17.12.2019].

Steinberg, Guido (2004): *Saudi-Arabien – Politik, Geschichte, Religion*, München: Beck.

Steinberg, Guido (2008): „Saudi-Arabien als Partner deutscher Nahostpolitik" (SWP Studie 2008/S 35), Berlin: Stiftung Wissenschaft und Politik (https://www.swp-berlin.org/filead min/contents/products/studien/2008_S35_sbg_ks.pdf). [Zugriff: 10.12.2019].

Steinberg, Guido (2011a): „Thronfolge in Saudi-Arabien – Reformverweigerung und Auseinandersetzungen in der Herrscherfamilie bedrohen die Stabilität des Regimes" (SWP Aktuell 2011/53), Berlin: Stiftung Wissenschaft und Politik (https://www.swp-berlin. org/fileadmin/contents/products/aktuell/2011A53_sbg_ks.pdf). [Zugriff: 10.12.2019].

Steinberg, Guido (2011b): „Die irakisch-türkischen Beziehungen und die Einflussfaktoren Kurdistan, Iran, Wirtschaft", in: Sigrid Faath (Hg.): *Die Zukunft arabisch-türkischer Beziehungen: Nationales Interesse, nicht Religion als Basis der Kooperation*, Baden-Baden: Nomos, 159–180.

Steinberg, Guido (2011c): „Die Beziehungen zwischen Saudi-Arabien und der Türkei – Unterschiedliche Prioritäten bei ähnlichen Interessen", in: Sigrid Faath (Hg.): *Die Zukunft arabisch-türkischer Beziehungen: Nationales Interesse, nicht Religion als Basis der Kooperation*, Baden-Baden: Nomos, 119–140.

Steinberg, Guido (2014): „Anführer der Gegenrevolution – Saudi-Arabien und der arabische Frühling" (SWP Studien 2014/S 08), Berlin: Stiftung Wissenschaft und Politik (https://www.swp-berlin.org/fileadmin/contents/products/studien/2014_S08_sbg.pdf). [Zugriff: 11.12.2019].

Steinberg, Guido (2016): „Die Volksmobilisierung im Irak – Das schiitische Milizenbündnis al-Hashd ash-Sha'bi beschleunigt den Zerfall des Staates" (SWP Aktuell 2016/52), Berlin: Stiftung Wissenschaft und Politik (https://www.swp-berlin.org/fileadmin/contents/ products/aktuell/2016A52_sbg.pdf). [Zugriff: 10.12.2019].

Steinberg, Guido (2017): „Die Badr-Organisation – Irans wichtigstes politisch-militärisches Instrument im Irak" (SWP Aktuell 2017/27), Berlin: Stiftung Wissenschaft und Politik (https://www.swp-berlin.org/fileadmin/contents/products/2017A27_sbg.pdf). [Zugriff: 10.12.2019].

Steinberg, Guido (2018): „Die schiitische Internationale: Irantreue Milizen weiten den Einfluss Teherans in der arabischen Welt aus" (SWP Aktuell 2018/59), Berlin: Stiftung Wissenschaft und Politik (https://www.swp-berlin.org/fileadmin/contents/products/aktuell/2018A59_sbg.pdf). [Zugriff: 10.12.2019].

Sunik, Anna (2014): „Alte Ziele, neue Taktik – Saudi-Arabiens außenpolitischer Aktivismus" (GIGA Focus, Nr. 3), Hamburg: GIGA German Institute of Global and Area Studies.

Tadjbakhsh, Shahrbanou (2010): „International Relations Theory and the Islamic Worldview", in: Amitav Acharya/Barry Buzan (Hg.): *Non-Western International Relations Theory – Perspectives on and beyond Asia*, Abingdon, Oxon: Routledge, 174–196.

Thompson, Mark C. (2014): *Saudi Arabia and the Path to Political Change – National Dialogue and Civil Society*, London: Tauris.

Türkiye Büyük Millet Meclisi (1982): „Türkiye Cumhuriyeti Anayasası", https://www.tbmm.gov.tr/anayasa/anayasa_2018.pdf (Zugriff: 11.12.2019).

Udum, Şebnem (2012): „Türkiye'nin İran Nükleer Meselesindeki Siyaseti", *Ortadoğu Analiz*, 4 (43), 98–107.

Unver, Akin H. (2016): „Turkish-Iranian Energy Cooperation and Conflict: The Regional Politics", *Middle East Policy*, 23 (2), 132–145.

Uzun, Özüm S. (2013): „The Arab Spring and Its Effect on Turkish-Iranian Relations", *Ortadoğu Etütleri*, 4 (2), 145–164.

Voegelin, Eric (1993): *Die politischen Religionen*, München: Fink.

Waltz, Kenneth N. (1990): „Realist Thought and Neorealist Theory", *Journal of International Affairs*, 44 (1), 21–37.

Waltz, Kenneth N. (2010): *Theory of International Politics*, Long Grove: Waveland Press.

Warner, Carolyn/Walker, Stephen (2011): „Thinking about the Role of Religion in Foreign Policy: A Framework for Analysis", *Foreign Policy Analysis*, 7, 113–135.

Warning, Martina (2011): „Barriere, Brücke, Bruderstaat? Zur Neuorientierung der Türkei zwischen Europa und Nahost", in: Sigrid Faath (Hg.): *Die Zukunft arabisch-türkischer Beziehungen: Nationales Interesse, nicht Religion als Basis der Kooperation*, Baden-Baden: Nomos, 33–50.

Weber, Max (1972): *Wirtschaft und Gesellschaft: Grundriß der verstehenden Soziologie*, Tübingen: Mohr.

Weingardt, Markus A. (2007): *Religion Macht Frieden – Das Friedenspotential von Religionen in politischen Gewaltkonflikten*, Stuttgart: Kohlhammer.

Weingardt, Markus A. (2016): *Frieden durch Religion? – Das Spannungsverhältnis zwischen Religion und Politik*, Gütersloh: Bertelsmann Stiftung.

Werkner, Ines-Jacqueline (Hg.) (2016): *Religion in der Friedens- und Konfliktforschung – Interdisziplinäre Zugänge zu einem multidimensionalen Begriff*, Baden-Baden: Nomos.

Wiese, Inken (2011): „Die Beziehungen der kleinen Golfstaaten zur Türkei – Ungleiche Erwartungen an ein großes Potential", in: Sigrid Faath (Hg.): *Die Zukunft arabisch-türkischer Beziehungen: Nationales Interesse, nicht Religion als Basis der Kooperation*, Baden-Baden: Nomos, 141–158.

Wurm, Iris (2007): „Im Zweifel für die Monarchie – Autokratische Modernisierung in Saudi-Arabien" (HSFK-Report 13/2007), Frankfurt am Main: Hessische Stiftung Friedens- und Konfliktforschung.

Yilmaz, Battal (2018): *The Presidential System in Turkey – Opportunities and Obstacles*, Cham: Palgrave Macmillan.

Zapfe, Martin (2015): „The Middle East's Thirty Years' War?", in: Oliver Thränert/Martin Zapfe (Hg.): *Strategic Trends 2015 – Key Developments in Global Affairs*, Zurich: Center for Security Studies, 9–26.

Zarif, Mohammad Javad (2014): „What Iran Really Wants – Iranian Foreign Policy in the Rouhani Era", *Foreign Affairs*, May/June 2014, 49–59.

Zarif, Mohammad Javad (2016a): „Saudi Arabia's Reckless Extremism", *The New York Times*, 10.01.2016, https://www.nytimes.com/2016/01/11/opinion/mohammad-javad-zarif-saudi-arabias-reckless-extremism.html?emc=eta1 (Zugriff: 11.12.2019).

Zarif, Mohammad Javad (2016b): „Let Us Rid the World of Wahhabism", *The New York Times*, 13.09.2016, https://www.nytimes.com/2016/09/14/opinion/mohammad-javad-zarif-let-us-rid-the-world-of-wahhabism.html (Zugriff: 11.12.2019).

Zarif, Mohammad Javad/Haass, Richard N. (2018): „A Conversation with Mohammad Javad Zarif", *Council on Foreign Relations*, 17.07.2017, https://www.cfr.org/event/conversation-mohammad-javad-zarif (Zugriff: 11.12.2019).

Zarras, Konstantinos (2018): „Assessing the Regional Influence and Relations of Turkey and Saudi Arabia After the Arab Spring", in: Hüseyin Işıksal/Oğuzhan Göksel (Hg.): *Turkey's Relations with the Middle East – Political Encounters after the Arab Spring*, Cham: Springer, 117–131.

FSC
www.fsc.org
MIX
Papier aus ver-
antwortungsvollen
Quellen
Paper from
responsible sources
FSC® C141904

Druck:
Customized Business Services GmbH
im Auftrag der
KNV Zeitfracht GmbH
Ein Unternehmen der Zeitfracht - Gruppe
Ferdinand-Jühlke-Str. 7
99095 Erfurt